中国，我的红颜知己

〔美〕丹·特罗特（Dan Trotter）◎著
胡明志　田　广◎译

中国财富出版社

图书在版编目（CIP）数据

中国，我的红颜知己／（美）特罗特（Trotter，D.）著；胡明志，田广译．—北京：中国财富出版社，2015.6

ISBN 978－7－5047－5694－7

Ⅰ.①中… Ⅱ.①特… ②胡… ③田… Ⅲ.①中华文化—通俗读物 Ⅳ.①K203－49

中国版本图书馆CIP数据核字（2015）第088599号

策划编辑 张 静　　**责任印制** 方朋远
责任编辑 张 静　　**责任校对** 杨小静

出版发行	中国财富出版社		
社　　址	北京市丰台区南四环西路188号5区20楼	**邮政编码**	100070
电　　话	010－52227568（发行部）		010－52227588 转307（总编室）
	010－68589540（读者服务部）		010－52227588 转305（质检部）
网　　址	http://www.cfpress.com.cn		
经　　销	新华书店		
印　　刷	北京京都六环印刷厂		
书　　号	ISBN 978－7－5047－5694－7/K·0178		
开　　本	710mm×1000mm　1/16	**版　　次**	2015年6月第1版
印　　张	15.25	**印　　次**	2015年6月第1次印刷
字　　数	242千字	**定　　价**	35.00元

作为中国人，我们对西方人和西方文化有着自己的理解和看法，同时我们也很想知道西方人对我们中国、中国人和中国文化是什么样的理解和看法。本书的作者就是一个在中国生活了多年的美国人，他以自己观察事物的眼光和自在的文化价值标准，写出了对中国、中国人和中国文化的见解与看法，其独特犀利的观察、幽默风趣的文笔和善意的批评建议，相信都能引起读者的好奇和思考。

我们每天都生活在一个自己熟悉的环境中，可能已经习惯了周围的各种文化现象。在大多数情况下，那些极富我们民族特色的文化现象，可能只有在局外人指出时才被我们所发现。外国人的幽默所带有的独特的艺术魅力和思想张力，全然融入全书的文字之中，所以在阅读本书时，读者可能因为发掘某些独特的“西式幽默”而忍俊不禁。

序

当今的世界是一个全球化趋势越来越明显的世界。随着全球化的深入发展，不同民族之间和不同文化之间的交流比以往任何一个时期都更为频繁、更为重要。同时，我们也应该注意到在全球化发展的同时，不同区域和不同文化之间的差异也越来越明显，而正是这种差异性给我们带来了许许多多跨文化交流的问题。比如，作为中国人，我们对西方人和西方文化有着自己的理解和看法，同时我们也很想知道西方人对我们中国、中国人、中国文化是什么样的理解和看法。本书的作者就是一个在中国生活了多年的美国人，他以自己观察事物的眼光和自在的文化价值标准，写出了他对我们中国、中国人、中国文化的见解和看法，其独特犀利的观察、幽默风趣的文笔和善意的批评建议，相信都能引起读者的好奇和思考。从这个意义上讲，丹·特罗特博士的《中国，我的红颜知己》一书，的确是一本难得的好书，值得向读者推荐。

我与本书的作者丹·特罗特博士相识已十多年了。美国南卡州的库克大学在2002年时通过美国高等教育招聘系统，聘我为管理学教授兼国际教务主任和商学系主任。在这里，我结识了时任该校商学院终身教授的特罗特博士，他对我的工作给了很大的支持，并成为我的好友。尽管后来我因家庭原因而离开库克大学，前往纽约州的一家私立大学任教，但与特罗特博士一直保持着紧密的联系。特罗特教授非常喜爱中国文化和中国人，曾经在中国执教多年，我也先后介绍他到中国的几个教学机构任教。后因为我父母年事已高需要我回到他们身边，且自己久居海外，对家乡的怀想、对亲友的牵念和对祖国的思恋之情愈来愈浓烈，促使我越来越渴望回到我的祖国；终于在2011秋天通过汕头大学全球特聘教授项目而成为汕头大学商学院的教授。来到汕头大学之后，我就一直极力地推荐特罗特博士也选择到汕头大学执教，我成功地说服了他，于是他便成为我在中国的新同事。

当特罗特博士告诉我他打算将自己在中国的所见所闻汇集成一本书之后，我感到非常高兴。因为我知道特罗特博士是一位非常严谨的学者，在描述和分析中国人和中国文化时不会带有某些西方人的固执和偏见。而且，因为他非常热爱中国，喜欢中国文化，所以对中国历史和传统文化也有一定的研究，对现代中国事物有着独特的理解（当然，有些理解不一定正确）。书稿写好后，我成为他的第一个读者，并且给他提出了不少的修改意见。

在许多美国人的刻板印象里，中国是一个集权主义国家，中国人都吃猫肉和狗肉，中国人都是数学天才等。但在这本以一个美国学者身份而叙述中国的书中，却很少有西方人对中国所存在的那些固有偏见（包括正面和负面的偏见）。该书以作者从20世纪90年代中期至今在中国的所见所闻为事实依据，如实地说明了中国在这些年所发生的改变，是一本有叙述、有议论的自传体民族志作品。相信任何一个不存偏见的人阅读了本书都会从中得出这样一个结论：中国的文化的确博大精深，自成体系，与西方文化有着很大的差别；我们的一些文化传统也许并不能被西方人所理解和接受，这需要我们在以后的跨文化交往中加以关注。

我因为身兼美国北美商务出版社的高级编辑和副总裁，正计划在美国出版一套包含100本有关当代中国的系列丛书，所以这本带有幽默感的、旅游式自传民族志书籍，可谓是为此系列丛书而“量身”准备的作品。本书的英文第一版 *Redneck in Red China：An American Southerner's Life in Modern China* 已经由北美商务出版社于2012年出版。该书目前受到西方读者的一致好评，作者也应邀前往多所美国大学和其他类型的教育机构作学术报告。

正如特罗特博士在本书中所说，我们每天生活在一个自己所熟悉的环境中，可能已经习惯了周围的各种文化。在大多数时候，那些极富民族特色的文化可能在一个局外人指出时才被我们所发现。有鉴于此，我与特罗特博士商议，将其作品翻译为中文在中国发行，这或许可以让中国读者发现一些实际存在，但却从未发现和关注过的中国现实问题和文化特征。

中国共产党第十八次全国代表大会提出要根据中国经济社会的实际发展，在十六大、十七大确立的全面建设小康社会目标的基础上，努力实现新的发展目标，而大力发展中国文化软实力就是新的发展目标之一。优秀的文化价值系统，应当是兼收并蓄的开放的文化，具有海纳百川的胸怀，对新事物、新理念、新文化有创造性的融合能力。从这个角度看，我更加觉得有必要将此书在中国出版。

需要说明的是，本书的所有观点都是基于特罗特博士个人对中国的研究以及他在中国的亲身体验。尽管特罗特博士从主观上极力地想破除西方人对中国所存在的固有偏见，但作为一个西方学者他也难免会存在某些先入为主的观念，加之中西文化之间存在巨大差异，所以书中某些观点可能与我们的价值观和现实不一定相符。不过我们可以确定的一点就是，本书的绝大部分观点是中性的且非常深刻，从中可以看到作者分析问题时的独到洞见。

“例如有一个让我之前都无法理解的现象就是：为什么每年在毕业季的时候都会看到无数对大学情侣分手，并且这些情侣事先可能已经预料到了这种结果?”作者将此归结为现代中国的年青一代人的矛盾的爱情观。浪漫在中国传统文化中居于次要地位，婚姻爱情的主要目的是生儿育女。但是受到西方文化的影响，年轻人越来越向往西方浪漫的爱情，所以尽管知道因为财务、家庭的赞成以及工作地点等实际因素最终会战胜单纯的恋情，他们在远离父母管教范围的大学校园里面还是很享受这段浪漫的爱情插曲。

本书对中国事物的涉及面非常广，全书共分为十五章，包括对中国的日常生活、医学、教育、思想、道德以及文化等各方面的介绍。读者可能会发现，从外国人的视角看中国的事情是一种全新和奇妙的体验，可能会启发读者对中国目前所存在的某些社会现象和事物进行深刻的重新思考。不过通读全文之后，读者可能会发现作者在某方面存在一些并非完全正确的认识和理解，但是请相信特罗特博士的本意并非想恶意地抨击中国文化，他仅是以一名美国学者的身份，基于自身的经验和认知，对自己在中国所经历的事情做出他所认为的客观性描述和分析而已。

尽管本书的主题有一点儿偏向于学术和商业，但是外国人的幽默所带有的独特的艺术魅力和思想张力，也全然融入各个章节的文字之中。所以在阅读本书时，读者可能因为发掘某些独特的“西式幽默”而忍俊不禁。最后重申的一点就是，请读者用带有包容性和批判性的思想阅读本书，在文化方面海纳百川的同时，也必须有取其精华、去其糟粕的观念，这样才能真正增强中国的文化软实力。最后，请容许我代表作者和译者感谢汕头大学出版基金为本书的正式出版所提供的资金支持，同时也感谢中国财富出版社和默多特（北京）文化传媒有限公司的鼎力支持。

田　广

2013 年 12 月 22 日

于汕头大学教工宿舍

前　言

在西方世界，关于中国的书籍所讲述的内容几乎是千篇一律的。本书克服了内容普遍化的缺陷，同时也是为那些对神秘的中国文化有浓厚兴趣的西方人而写的。读者将会发现中国人并非都吃狗肉或猫肉，且大部分中国人也喜欢美国人，甚至有些中国学生穿上了印有美国国旗图案的T恤衫。

我非常热爱中国，喜欢中国文化，喜欢中国人。即使在中国住过数年之后，在美国的中式餐厅看到中国的收银员，或在西方电影中看到中国演员时我依然会很有感觉。在我看来，中国人是全世界最有趣和最有魅力的人。我有时会和一个乐于交谈的中国人聊上数小时。而且我发现许多中国人并没有意识到他们自己以及他们的文化是多么令人着迷。在我的第一次中国之旅结束后，我就迫切地希望能尽快地再次回访这个古老而又美丽的国家。我曾问过一个在中国生活了数年的外国人，为什么我对这片土地会产生这么强烈的感情。他说我患有“偏爱中国综合征”，许多外国人都患有这种病且没有治愈的良方，一旦“偏爱中国病菌”进入你的血液之后，就会一直蔓延在你的身上。

我有些惊讶自己会迷上中国，因为我之前仅仅从新闻中获得过一些关于中国的有限信息。长期以来，对中国缺乏深入了解的西方人会不可避免地导致好或差的认知偏见。一个正面的固有观念就是多年以来，西方人一直以为所有的中国人都是高智商的，而且都是数学天才。很久之后我才认识到，西方大学的中国理科生只是一个带有偏性的样本，因为到美国念书的学生必须是高智商且具有极高的学术能力，才能通过入学申请考核。因此，过去在美国高校观察到的中国人现象，与中国大学的实际情况是不相符的。正是因为美国人的这种“中国人是非常有才华的”固有观念，所以我记得在我服务过的美国大学，有一次讨论关于是否录用一位中国申请者的学术人力资源委员会上，有一位委员就直截了当地说到中国人是非常聪明的，聘请中国人应当是一个不错的选择。

让我来举一些其他带有负面且得到许多美国人认同的固有观念的例子。我原以为中国是一个共产主义国家，脑海中一直存有这样一幅画面，即在挂有表情严肃的毛主席俯瞰天安门广场的画像下面，中国人民解放军迈着整齐的正步向前行进。当我在 1995 年抵达上海之时，蓝色的“毛式”帽子和外套依然随处可见，拥挤的人们拖着慢吞吞的步子，穿梭在这座沉闷且灰暗的城市。在经济繁荣的中国，并没有出现老照片中解体前的苏联的人们排队等候面包派发的现象。相反，人们可以随处看到各种写有红色汉字的旗帜悬挂在大街小巷，女人们穿着时髦的黑灰色短裙和细高跟鞋，而手机在中国更是随处可见。当我在 1995 年和家人飞往中国时，由于我们雇用的旅行代理选择了一条错误的飞行路线，我和家人被迫在飞机上待了 48 个小时。当时我还在倒时差，但是我知道我对这种现象是无能为力的。因为这个不好的开端，当时觉得我到达中国之后的遭遇将是极具挑战性的。但是，在中国的首次公交车之旅却让我此生难忘——我和家人乘坐公交车顺利地到达我们在中国的住处。

美国人对中国固有的观念并不会那么容易消逝。我记得一个尴尬的情形就是我在美国时，一个中国学生来我家拜访，于是我将这位学生介绍给我的一个朋友，当我介绍一些中国正面的事情给我朋友的时候，他当着这个中国学生的面直接说：“一个共产主义国家能够完成那样的事情，真是令人不可思议。”他接着举了一系列他脑海中对中国的固有观念：“不人道的孤儿院、思想控制、缺乏自由、危险产品等。”我怀疑美国人普遍存在这些固执的偏见。我在本书叙述的某些事情，可能会让西方人感觉不舒服，但我的本意不是粉饰中国，只是试着全方位地展示真实的中国生活，让对此感兴趣的西方人形成一个关于中国和中国人的真实景象。

读者会发现从本书学到的是生活体验，而不是政治学或意识形态方面的说教。必须声明的一点是，我脑海中存储着大量的有关中国各地的人们及其相关故事的记忆，本书的内容完全基于我个人的经历和观点所写的，因此将不可避免地受限于本人的经验和先入为主的观念，正如其他的外国作者也会面临这种困境一样。我在中国十多年来的经历，极大地丰富了我的生活，所以我可以写出大量在中国经历的、令人愉快的故事。尽管本书的目的是描述中国各方面的生活，但是从未在中国生活过的西方人可能难以全面理解书中的某些内容。

现在的美国图书市场上有许多帮助外国人了解中国，或者如何与中国人进行跨文化交流的旅游书籍，但在我看来，这些作者对中国的了解就像是蜻蜓点水般地点到即止。我与这些作者的一个最大的不同之处在于，我在中国已经生活差不多16 年了，而那些旅游书籍的作者在一个国家一般仅待一周到两周。尽管我比他们要更了解中国，但是我却不敢说我对中国是无所不知的。了解中国其实是非常困难的，而这也是我如此喜欢这个国家的原因之一，每天我都可以发现一些有趣的东西。我认为中国人是世界上最具有吸引力的人。我依然记得很久之前的一个情景，当我和一位来自德克萨斯州的女士一段关于上海的谈话结束之后，她很好奇地问我："为什么你如此喜欢中国和中国人?"

我为什么如此喜欢中国和中国人？我的回答很简单，因为中国和中国人的确有许多可爱之处。当然也有令人难以理解的方面，当文化存在差异的时候，一些被当地人认为是"正常"的事情，可能会让我感到很生气。有一次我的一个学生在未经我允许的情况下，就直接翻看我的支票簿，尽管当时我感觉怒不可遏，但是深呼吸之后我提醒自己这是在中国，有些事情和美国是不同的。文化的差异创造了很多幽默的情景，例如星球大战场景的酒吧，身处小人国中的格列佛，电影《颠倒乾坤》中的非洲演员艾迪·墨菲在纽约，浪荡子潜伏在一个藏有犯罪分子的阿米什农场等。而幽默正产生于这些外来文化与本地文化所发生的一些意想不到的碰撞。

这种现象在中国时刻发生，所以写一些幽默的故事是非常简单的。当某人看到浪荡子因处于阿米什农场的窘况而自嘲时，阿米什人可能会认为发笑的人是在嘲笑他，所以我希望中国人不要认为我在取笑他或她，无论是在个人或者文化方面。我热爱中国文化，正如我热爱我本身的美国南方文化一样。作为美国南部的白人，我从来不为在美国广为流传的乡下人笑话（redneck[①] joke）而感到生气。而且我也喜欢家乡与美国其他地区的文化存在的不同之处，正是因为不同所以才能产生如此多的幽默。我希望阅读本书的中国人也能以这种态度来看待这类幽默。

我在中国的某所大学任职教授期间，我给家人和朋友发了许多邮件，内容包括很多令人发笑的经历或者所见所闻。之后有朋友和家人建议我将这些邮件写入一本书中，认真考虑之后我接受了这个建议。正好那个时候我的朋友和我曾经的上司田广博士——他是美国北美商务出版社的高级编辑和副总裁——正计划在美国出版100本有关当代中国系列丛书，田博士希望并鼓励我能以一个美国学者的身份，结合自己在中国生活多年的经历，写一本关于对当代中国认识的书，当时他还不知道我有写书的想法。我告诉他我已经打算写一本书了，但并非是为他所主编的系列丛书而准备的，因为这是一本带有幽默感、旅游记忆式的书籍。田博士建议我在书中补充一些我个人的研究经历和对中国的理性认识，并从历史和跨文化的角度写作，这样的话本书也可以被纳入他所主编的那个系列丛书了。

起初我认为将学术和幽默两种相互对立的写作方式融合在一起会产生畸形的中间物。我知道大部分读者可能会厌烦味同嚼蜡的学术写作，考虑到本书的可读性，我担心如此融合的写作方式可能存在缺陷。举一个例子来说明我为什么存在此种忧虑，以下是一位研究中国文化与生活的学者，对一位中国作者所写的书籍的评论：法夸尔选择了布尔迪厄对习性的定义。习性即为身体和欲望。习性由日常生活和身体实践的世俗条件所组成的，并且总是在社会集体的实践中形成。欲望集中体现在当代中国人习性的味觉、医药和性方面（Sisson，2003）。

很抱歉让你阅读了上面那段晦涩的文字，我想上段话的作者是想写中国对性的理解。即便如此，普通人也不会阅读那样“废话连篇”的文章。我在本书中也花了大量的笔墨来描述中国人的性观念，我希望读者能从中

---

① 译者注：redneck是一个贬义词，常指贫穷、没受过教育，尤其是来自美国南部的白人农民。

发现乐趣。正如上文所说，我融合了个人经历和学术研究的写作方式，但当我使用学术研究时，我尝试剥离和简化枯燥的学术内容。我想本书中所融合的一些学术知识是能够被大众所接受的，正如漂亮的中西方混血儿一样，尽管父母的文化看起来是极不相容的，但他们所诞生的后代却更加优秀。

本书各章节之间的内容基本上是相互独立的，所以读者可以任意选择阅读顺序。本书包含的所有主题，对那些打算去中国旅行的学者和商人，是很有帮助的。同时，本书同样也适用于对那些没有意愿去中国旅行，但是对中国的生活和文化充满好奇的人。因为我尝试用西方文化来对比性地了解中国，所以在本书中对某些主题的描述和分析，应用了人类学的民族志方法（Tian，Van Marrewlijk and Lills，2013）。最后再次说明，本书的内容有一点儿偏向于学术和商业，因为我曾是四所中国大学的商科学系的教授。

希望你会喜欢本书。

目录
CONTENTS

第一章　初来乍到

开始的时候我并不想去中国。1995 年的春天，库克大学（位于南卡罗莱纳州的哈茨维尔）的系主任马克先生急匆匆地跑到我的办公室门口，在我开门之后气喘吁吁地问我："你愿意去中国教书吗?"我除了答应之外真的别无选择，因为我刚成为一名教授，为了获得终身教授的资格，我已经对自己发誓绝不拒绝上级的要求。看起来马克先生已经和上海外国语大学的高层领导会面了，这所大学决定将其中的一个英语学院转型为法学院，我作为一名前律师看起来确实是合适的人选。当时我在想如果战俘在集中营可以存活的话，那么我在中国也可以活下去。所以不用说也知道，我当时的心情是非常糟糕的。

我和我的妻子琳达、15 岁的女儿塔拉、13 岁的儿子泰勒以及 10 岁的女儿布塔尼在 1995 年 8 月下旬抵达上海。那时候我不知道用汉语说"你好"和"再见"，不知道如何使用筷子，更不知道如何使用蹲厕。我仅听闻过关于中国地理的事情——两个大城市：北京和上海；两条大河流：黄河与长江，但是我不知道这些城市和河流的地理位置。

我糟糕的心情因错误的行程安排而加剧。我们的旅行代理人就是我朋友的妹妹，因为她安排了错误的飞行路线，从我们离开家门到抵达上海一共花了 48 个小时，这段时间我们一直不眠不休。当我们到达上海之后，友好的上海外国语大学教授于建华，近乎偏执地坚持要带我们到一家餐厅就餐。我发现，在中国人的灵魂里面有某种特性，即东道主在接待新抵达的外国客人时，必须首先带他们去餐厅，不论客人当时的身体或者精神状态是如何槽糕。比如在 2010 年，一位新来的教师因为病得很厉害，我的中国上司将他送往医院救治之后，在当晚就出院了，但是出院之后，上司首先带他去餐厅吃东西而不是回家！可能中国人对此已经习以为常了，但是作为一个美国人，我实在不理解为什么餐厅的地位如此重要。

我们终于在抵达后的第一天晚上到达了在中国的“新窝”，当时已经饱受睡眠不足的折磨。我们的公寓里面有一台老式的窗式空调，几只老鼠住在里面共享我们的公寓，空调扇发出咔嗒咔嗒的响声，将冷空气输送到其中一个房间。上厕所也不是一件简单的事情，只有当你确信会通过打开水箱顶盖而操作球阀或挡板时，你才能放心地使用。记得有一天，我站在浴室门口观察一个管道工维修厕所，当他手摸着脑袋坐在浴缸边缘思索如何处理这该死的麻烦的时候，一道水平的水流从厕所的某根管道中喷涌而出，水流疾射到对面的墙壁之后开始四处蔓延，喷头也开始漏水渗到墙里面了。几周之后，抽出时间赶过来的维修工终于将厕所修理好了，但是因为水已经沿着内墙到处渗透，房间里面的墙壁上长满了厚厚的霉菌，闻起来和街道下水道里面的气味差不多，混合着雨水和污水的味道。

睡了一晚之后，我在第二天早上醒来的第一感觉就是口渴，但是当时我们家并没有饮用水。我生长于美国的一个中产阶级家庭，所以我从未面临必须出去找水的困境。于是我拿着余建华教授给我的一沓人民币，连同我的家人一起“冒险”跑到大街上去买水。我们在一条名叫“广宁一路”的大街上闲逛，我看到街道两旁铺满了小摊位，路近塞满了自行车、三轮车、出租车、行人、摩托车和电动车，几乎没有我们的立足之地。稍后，我们看到一些中国的老年人在“练气”，他们倒着走过混乱的大街且没有回头，令人惊奇的是他们几乎是畅通无阻的。

而布塔尼在大街上行走（是正面行走）的时候还差一点儿掉进一个没有任何标记的检查井（这种井在中国有数百万个）。当我的一个孩子在街道上发现了一张麦当劳的包装纸时，他立即冲过去一把抓到手中，我从来没有看到过他在之前会如此地重视这类垃圾纸张。我们最终在街道的尽头找到一家日本超市，但是看起来和其他的中国超市并没有什么区别。我们很难看懂货架上的食物，因为包装盒上很少有英语的译文。我依稀记得当商店里的喇叭传来瑞奇·尼尔森的歌曲《旅行中的男人》时，尽管我在死命地扭曲我的脸，但也很难阻止眼泪流下来。这首歌是我年轻时候最喜欢的五首歌曲之一，在那天下午它成为我最喜欢的歌曲了，没有之一。

那种高涨的情绪在16年之后才再一次出现，那是我的一个中国学生问我是否听过一首特别的歌，在她以《什锦菜》的曲调开始用中文唱出来之后，我才知道中国人“发掘”了汉克·威廉姆斯①。我还不知道这首歌的译者当时是如何翻译“pirogue”和“bayou”的。我们在这家日本超市找到了瓶装水，我把它拿到收银台，同时将手中的一沓钱递给收银员，之后她如实地给我找零了。

这就是我被分配到上海之后的第一天生活，我算出在这个学期要在这里待大概120天。我决定效仿电影中囚犯的做法，每天过完之后都加一个标记，所以周末对我来说和其他日子没什么区别，日复一日地过着单调的生活，直到我回到美国南卡罗来纳州。

大概是在中国所待的第八十天，当我骑着生锈的自行车在上海市中心闲逛时，我感觉自己已经被周围的人群给淹没了。据我所知，上海在中国人的眼中也是一个非常拥挤的城市。记得有一次我和家人在一条人行道上的人群中“挣扎”，当时正赶上道路施工，此时的人行道宛如瓶颈那般狭窄。如同伯努利定律，接近狭窄的地方时人群会走动得更快。我们用实际经历证实了这一点，当我们到达最狭窄的地方时，我最小的女儿已经被挤得紧紧地贴近她身旁的行人，她的脚已经悬空了。而且我们走过瓶颈区域时候的速度奇快，就像在奔跑一样。回到我骑着自行车的场景，当时我处于人海之中等待红绿灯转换，不幸的是一辆摩托车碾过我的脚。看着闪烁的霓虹灯和特大的电视屏幕，想着上海是多么的漂亮啊！我突然意识到我既然忘记了我在“中国监狱”待了多少天。我只知道大概待了八十天的样子，我试着努力去回忆确切的数字，之后我放弃了，因为我知道我已经爱上了这个地方，正是这种不可名状的爱，令我已经不在乎到底过了多少天了。

---

① 译者注：《什锦菜》（*Jambalaya*）是汉克·威廉姆斯最有名的代表作品，赵薇将其翻唱为中文版歌曲《小冤家》。

很难解释我为什么会喜欢中国。曾经有一个外国人也跟我说他也不知道其中的原因，这种感觉已经融入了血液中，就像疱疹一样挥之不去。尽管本书的主要目的就是帮助读者理解中国人和中国文化，但是恐怕这种尝试将以失败而告终。一位西方记者在 1930 年曾问过一位年长的“中国通”回国后是否愿意为西方人揭开神秘中国的面纱。这位睿智的老人的回答是，“让我告诉你年轻人，没有外国人能够真正深入地理解中国。”事实确实如此，如同男人和女人一样，他们不可能真正地理解彼此，但是尝试去做可能是一件非常有趣的事。

我采取一种不同寻常的写作方式来完成这种尝试，即将这些年与家人通信的非正式的邮件作为学术研究的资料，这些充满了乐趣、幽默，甚至有些还带有一丝讽刺意味的邮件，可令我用来平衡本书中的其他略显枯燥的学术资料。此外，许多中国的工商人类学学者也写了大量的学术资料，我确信工商人类学研究是了解现代中国的一种比较合适的方法，同时我也相信很少有人接触过这种非常有用的方法。希望本书可以为西方读者带来关于一个非常复杂、古老、不断变化和至关重要的国家的一些知识。

第二章　现代中国的日常生活

中国的交通和运输

可以用以下几种方式在中国游历：乘坐（或自己驾驶）飞机、船、火车、公共汽车、小轿车、地铁、三轮车、摩托车、电动车和自行车，当然还有步行。除了两轮电动车之外，上述旅行方式我都尝试过。尽管电动车可能是一种合适的交通工具，但是它很难让人觉得安全和舒适。中国国内航空公司的航班飞行高度都比较低，并且总是晚点。尽管如此，乘坐飞机是足够安全的，除非你乘坐的是俄罗斯制造的飞机。有一次我乘坐的一艘从天津到上海的客船在上海与码头相撞，我和妻子都摔倒在甲板上，混凝土的码头也被撞出了一个大洞，里面的钢筋都露出来了。还有一次，一条旅游船带着我们游历著名的长江三峡。当时的三峡非常闷热，很多旅客都是穿着内衣走进餐馆的。让我感到奇怪的是，到了晚上我们四个人——导游、我和妻子，加上一个穿着印有加菲猫内衣的北京男人睡在一个房间里面。

记得是在 1995 年，当我在上海乘坐公交车的时候，汽车的仪表盘突然冒出火花，在这次出现连线被烧坏的事故之后司机表示会定期地检查仪表板。大概也是在那个时候，我乘坐在一辆慢速火车上，它看起来就像是 1917 年十月革命时期从西伯利亚开往莫斯科的火车，火车上挤满了农民、白酒瓶和鸡，时速约为 20 码；火车里面弥漫着蓝色的香烟烟雾。为了减少闷热，一位饱经风霜的老人不时地拨弄着风扇的黄绿色扇叶，于是风扇的扇叶就转动起来并发出“嗡嗡”的响声。遗憾的是，那些多姿多彩的岁月已经消逝了，大多数破旧古老的装备从我们眼前消失，取而代之的是能带你到任何地方的现代火车，乘坐环境更为舒适，速度也有相当大的提升；当然，你首先得祈祷没有引起伤残和死亡的脱轨事故发生。有一次我和朋友在一辆从北京开往哈尔滨的火车上。我们躺在舒适的床上，看着彩色电视机，整晚的旅途并没有带来一丝疲惫。现代中国的许多城市的公交车上同样配备有空调和彩色移动电视。

从上海到北京的一次火车旅行让我印象特别深刻。火车停在上海站并准备出发时，我看到火车上有卫生间于是想开门进去，却被列车员阻止了。之后我才发现原因，原来火车上的厕所没有储藏容器，排泄物被直接从便池底部的孔中排放到轨道上。只有当火车行驶到郊外或者农村的时候，乘客才可以使用洗手间。所以我必须等到火车在行驶的时候才能进去，但是我实在不想应付一个移动的便池，每次我都尽可能地推迟如厕的时间。我没有意识到等待带来的是其他乘客使用卫生间的优先机会，也没有意识到在整个旅途中没有人会清洗厕所。当我最终鼓起勇气进入洗手间的时候，眼前的景象让我悲伤透顶：行驶中的火车使得蹲厕东倒西歪，便池的两边有放脚的位置，在前面的墙上有一个把手可以握住用来平衡身体；最让我感到不安的是洗手间的地板上漫着一层 1 英寸厚的粪水，我必须跨过这些粪水，卷起裤管，小心地站在鞋垫上，每次当火车突然倾斜或者刹车的时候，我就得极力避免掉入粪水之中。之前我几乎没有过这样令人绝望的经历。

当我乘坐在一辆从山东到北京的夜班火车时，我根本不需要担心卫生间是否又是一片狼藉，因为我根本不可能走到洗手间。此时已经没有硬卧，我们必须坐一晚上，过道上也挤满了吃东西和玩游戏的人，没有一丝穿行的空间。我不理解为什么火车上的乘客如此地厌烦供应饮料、零食和饭菜的小车，我觉得你至少可以对询问者说一声“不需要，我已经有了”；而且和他们交谈也可以减少枯燥和烦闷。

在上海，我一般选择公交车、三轮车、地铁和自行车为本地的交通工具，而骑自行车则是我最喜欢的出行方式。公汽的票价非常低，所以公汽通常情况下都是非常拥挤的，当然在不同城市的拥挤程度也不相同。上海是世界上人口最为密集的城市之一，从公交的拥挤程度就可见一斑。犹记得20世纪90年代中期在上海地铁北站挤公交的场景。我和一些老妇人、学生和成年人都挤在公交门口，大家就像在争抢橄榄球。那些老妇人和其他的人似乎完全抛弃了他们曾经拥有的儒家礼仪，在我四周粗暴地推挤和撞击着我。因为当时我迷路了，且仅仅知道这一路公交可以到达我的公寓，所以我必须得挤上车。我利用我身高的优势，双手穿过人群直接抓住车门口两边的门框。就连我的屁股也派上了用场，我左右摆动的屁股就像破城槌一样为我开辟道路。当地人显然没有见过这种挤公交的招数，这也暂时缓解了他们疯狂挤进的步伐，使我顺利地塞进车内。

要想很好地描述车内的情形确实是一件非常困难的事情，我仅仅列举三个场景让读者自己去想象。有一次我坐在公交车内右前方、接近后门出口的座位上。当公交车停靠在某个站台时，车下的人群在前门口开始鱼贯而入，而车内的乘客也开始疯狂地朝后门挤去。我根本没有活动的空间，所以我仅仅坐在座位上。突然，一位年轻的妈妈将她手中的婴儿举过我的头顶，接着从我右边的窗口把婴儿递给窗外的亲戚！这一情景令我终生难忘，试想还有什么比这更惊险的?!

还有一次在上海，我乘坐公交车去参观世博会，为了能坚持下来，我必须尽可能地扩大我的肺活量来呼吸足够多的空气。因为受到周围拥挤人群的压力过大，我口袋里面的水瓶突然爆裂了。地铁经常和公交一样拥挤。有一次，我正在上海北站的轻轨上，列车到达某一站时一个年轻的女人想要上车，但是当时车内绝对没有多余的空间，于是车内门口的一个年轻男人轻轻地将她往门外推。这个女子再一次尝试上车，年轻的男人也再一次地将她推下去了。第三次，这个女子强行冲进车内，此后车门也立即关闭了，不幸的是，关闭的车门不小心刮伤了她的臀部。可以想象，这个女子上车后非常气愤，开始冲着她的“敌人”吼叫。因为车内非常拥挤，这位年轻男人不能移动，所以不得不面对她发怒的目光。女子开始试着用拳头击打年轻男子，但是她的手臂被拥挤的人群压住了，所以她改为用上勾拳击打该男子的腰部，但看起来好像是在做无用功。在她对这位男子吐出一大堆不文明的语言之后，她停止了肢体上的攻击，但是此时因为乘客的挤压，他们的头都被紧紧地挤压在一起而不能分开。此时，他们静静地凝视着对方，鼻子对鼻子，就像是在亲密地交谈。

后来，我听到这样一个笑话：两个青年男子在谈论地铁的拥挤情况，一位说“真倒霉前两天我媳妇因为挤坐地铁而流产了”，另外一位则更气愤地说，“你那还算好，我媳妇因为挤地铁而怀了孕。”当然，这是个笑话。因为乘坐火车、地铁和公交是如此的困难，所以除了骑自行车外我一般都尽可能地选择出租车，尽管费用比较昂贵。与出租车司机交谈也是一件快乐的事情。尽管有些司机是沉默寡言的，但是大多数都喜欢交谈，且许多都喜欢谈论政治。我经常问他们是怎样看待毛泽东的，大多数人说喜欢，也有的人说不喜欢。银川的一位出租车司机让我印象深刻。他表现得非常兴奋，因为我是他载的第一个美国人。上车之后他立即问我为什么美国喜欢在全世界发动战争（当时我觉得这位司机有点莽撞），之后就盛情邀请我去他们家就餐。当我下车时，他站在车门外面，不停地向我们鞠躬，手臂伸展、手掌朝下、手指颤抖以向我们表达敬意。

依我看来，在中国游历一个城市街道的最好交通工具就是换挡自行车。中国城市的交通主干道在一个方向有两到三个车道；此外，街道的两旁也通常会有较宽的自行车道。我以前经常在自行车道上骑自行车，但是后来发现自行车道上经常会有人泊车，小汽车和摩托车也会经常逆向行驶，所以骑车的时候得非常小心；车道上有路旁店铺老板泼出来的脏水，也有人在路旁边下象棋。我在想，如果汽车能驶入我的自行车道，那么我的自行车也可以在车道上骑行。骑着自行车穿行于中国城市的大街小巷，你需要铭记以下几点。

第一件事就是撞人的一方肯定是要负责的，所以汽车司机开车都会非常小心。一旦汽车接触到你的自行车，司机会在第一时间刹车的。如果此时你也刹车了，那么你会活下去；否则就是死亡。第二件事就是所有的交通规则并不是真正的法律——他们仅仅是经验法则，闯红灯的现象经常发生且未被惩罚。好几次我都发现好几个车道的车辆都迎面而来，引发的原因是有人想把车直接转入左边的车道。很遗憾的是不久之后我也和当地人一样直接转入左车道，按照中国的话说，这就是入乡随俗，有时候看起来必须要这么做。如果你陷入了此类情景，最佳的方法就是站立不动，迎面而来的车辆躲避一个移动的目标是不容易的。第三件事就是要记住在很多情况下根本无规则可言。假设你处于街道上最左边的自行车道，这与汽车道的行驶方向是相反的，如果迎面驶来一辆车，那么此时你应该骑在自行车道的右边还是左边呢？

实际做法在不同的城市是不相同的。所以在某个城市开始骑自行车的头几天天必须高度提高警惕。当对面开过来的是一辆两轮车，那么你必须减速并且注意它前轮的摆向，这是对面驾驶员做出他所选择行驶方向的信号。另一个小窍门就是关注跨道行人的脚后跟，注意不是脚趾。因为行人知道如何在涌动的自行车群中行进，所以你只要跟着他们的脚后跟走就可以了。在中国，骑自行车绝对和你玩过的任何视频游戏一样好玩，你必须时刻保持开阔的视野，因为一些物体在任何时刻都可能从任何方位驶入你的车道（如果树枝延伸到了路上方，你还得注意头顶）。在中国骑自行车与玩视频游戏所不同的是，在游戏中当你出现碰撞的时候还可以重来。

中国人对隐私的定义

在中国居住的外国人会在某一天不可不避免地发现自己的隐私受到了侵犯。记得有一次我坐在一栋公共建筑物下面的台阶上看一本英语书，当时正在等某个人。让我感到不快的是，当我抬头的时候发现有个好奇的中国男人蹲在我的上一级台阶上，把头伸到我的耳朵旁边，好奇地扫视着我的英语书，但是看起来他一个字都不认识。当我惊讶地看着他的时候，他只是对我笑了笑，然后继续和我一起看书。这种事情还有很多，比如有一个学生到我所住的公寓来拜访我，他看到我的桌子上有一本支票簿就直接打开翻看所有的条目。还有一次，当我在公寓里举办一个聚会时，有个学生抓住我放在电视机上面的除臭剂，然后拿着它问我这是什么。我只好解释外国人出汗后的汗味不好闻，必须得用除臭剂。还有我不时地被询问我的薪水是多少，不过这种事情在慢慢减少，因为中国人开始逐渐了解西方人的礼仪和习惯。

所有这些例子都表明，中国文化的一个有趣的相同点：隐私在中国的概念要远落后于西方，且对其非常不重视。我们从中国汉字“私”中就可以了解到，它很难让人联想到积极的含义，大多数情况下的含义是“肮脏的”“私密的”或者“自私自利的”。中国人在一起已经生活了数千年，他们不注重隐私也是可以理解的。比如医生当着其他人的面就直接对病人进行检查；居民穿着睡衣裤走在大街上；有人蹲在街道两旁的水沟边刷牙；恋人习惯于在公园里面接吻；中国人父母一般和祖父母以及成年的孩子住在一起，也习惯于在大庭广众之下做事，把别人都当成空气。

接下来描述的事件会让你明白中国人在人群中发掘别人隐私的能力。记得在上海外国语大学的一个聚会上，我站在洗手间的小便器的前面，当时洗手间的门是开着的，但是当我看到有几个女学生站在门口聊天的时候我确实是吓了一跳。中国的公共洗手间经常没有设计挡板或者转角来阻挡路人窥视的视线。为了挽救尴尬的局面，我想尽快地完成（小便），但那是不可能的事情。不过令我惊讶的是，这些女孩都没有向厕所内窥视，她们根本没有向我这么转过头。稍后我被告知，中国人在很小的时候就被教育要做到非礼勿视。

1995 年年初是我在中国度过最有趣的几段时光之一。有一天早晨，我和家人在上海的一个公共公园里面散步，早晨在传统上正是中国人做各种运动的时间，比如剑舞和太极。我当时看到的几件事情可以用来说明中国人对隐私概念独一无二的理解，或者可以说是缺乏隐私的概念。我看到有一个男人在湖边带着麦克风和扩音器正在大声地演唱西方歌剧，旁边有其他人在做他们自己的事情，根本就没有考虑到会不会影响他。例如，一个妇女在旁边放着高音量的音乐，并假装正和一个虚构的舞伴在跳舞，但她放着的音乐明显与歌剧的曲调相冲突，此外还有一个女孩在她旁边闭眼凝神地舞剑。在公园的另一处地方，有一个妇女双眼凝视一棵树，站着纹丝不动，公园的游客随意地从她和树之间的地方穿行，完全地把她给忽略了，好像他们的行为是再正常不过了。她在那里站了超过一个半小时了，我想她可能是在练气。同时在附近的一个小坡上，一个小伙子躺在上面然后滚下去，当他滚到底部的时候又返回小坡的顶部，然后又滚下去，他一次又一次地重复着这些活动。我当时不理解为什么他们会有那么奇怪的行为，他们在公众场所做那些私人的事情怎么会有安全感和责任感。

还有一次，我亲眼看到一个疯子在公众场所做他自己的私事，他的邻居选择视而不见。那是在宁波大学的一栋为外国人保留的公寓，每天早上我们都能看到一个精神紊乱的男人站在阳台上说出一大堆恶毒、诅咒的话。传闻几年前他被宁波大学解雇，而他现在正是在咒骂校领导以进行报复。这确实是一件非常恼人的事情，我到处询问是否有解决的办法，答案总是没有。所以我的宁静隐私在整个学期都被侵犯了。

通常，上述侵犯隐私行为只能算是小骚扰，公共厕所缺乏隐私的情景会使得外国人极度不适。我清楚地记得我第一次进公共洗手间面临的场景：洗手间里面没有隔墙，映入眼帘的是一长排蹲在一起的男人，他们之间的障碍物除了空气之外什么都没有，他们快乐地做着各自的事情而完全忽视他人，有人甚至在看报纸。都是中国人的话可以做到彼此忽视，但是对他们来说很难忽视一个突然出现的外国人，不过无论如何他们都必须加快动作，因为火车就要开了。对外国人来说，一个好消息就是越来越多的公共洗手间开始建有隔墙，装备有西式的抽水马桶，这是汤马斯·克拉普先生对中国和谐社会所做出的最杰出的贡献。

中国餐厅

中国有三类餐馆：面馆、家常菜馆和高档饭店。许多外国人不敢去前面的两类餐馆，因为害怕吃了不卫生的食物而中毒。其实，他们的担心是毫无根据的，我在这类餐馆已经吃了16年了，而我依然健康地活着。仅有一次，我在此类餐馆就餐后出现了中毒的现象，尽管非常折磨人，但是与在上海的一家高档餐厅中毒后的情形相比并不算什么。在小店就餐“中毒”的原因可能是我吃了生莴苣，这违反了外国人在中国生存的一条基本原则——所有的蔬菜必须在煮熟之后才能吃，原因就是有人告诉我蔬菜是在浇有粪便的土地上生长的。一般外国人在这类小餐厅会变得心烦意乱，因为这里会有难闻的气味，也可以在墙壁和桌子上看见苍蝇。但是，他们忽视了这些小店所提供的美味食物。这里食物美味的一个原因就是中国人并不过于担心味精的副作用，我在一家餐厅就餐时就发现桌子上的盐瓶里面装有味精。中国人应该为产出味精而自豪。味精的发明者是一个宁波人，他在现代中国获得了味精发明的第一个专利。

在中国工作的外国人通常选择到高档餐厅就餐，一般是五星级酒店。在我看来，这些酒店中精致的食物远不及家常饭店中的小菜美味，除非你偏爱放在单独小酒杯中的鱿鱼、鳗鱼、古巴牛蛙、蝎子、猴脑和蛇等，那么高档餐厅是你最好的选择。此外，大多数中国人并不吃狗和猫。但是，广东人吃狗和猫等其他各种动物的事情确实已经声名远扬了。在中国有这样一句谚语："天上有翅膀的除了飞机不吃，地上有脚的除了凳子不吃，水里游的除了轮船不吃，广东人没有不敢吃的。"这绝对没有夸张的成分。广东汕头的报纸最近刊登了的一则新闻，政府为了保护猫的数量，将吃猫视为违法的行为，同时也有几个广东人告诉我他们不吃狗和猫，但是我还是认为有些人不可能做到。有一个汕头大学新闻专业的学生认为即使政府颁布了类似的法律，还是不能阻止广东人吃猫的行为。有一次她看到一个妇女正在享受猫肉大餐，于是跑过去问为什么要吃猫，这个妇女说猫肉对她身体的某个部位有好处。我对此一点儿都不惊奇，因为我逐渐了解到中国人吃的每一种食物似乎都对他们身体的某个部位有好处。每一次我与中国人在一起吃饭，都感觉自己是在医生的办公室，因为我每吃一样东西就有人告诉我它对我身体内部的某个器官有好处。广东人也毫不忌讳地承认他们吃蛇。我记得在中国北部的一家广东风味餐馆里面，一个服务员用两只手勒住一条五六英尺长的蛇朝我的邻桌走去，一只手紧抓其尾部，另一只手放在头部的位置。这条蛇的头部朝前，分叉的舌头欢快地抖动着，似乎正在享受眼前的景色。

食客必须习惯中国餐馆高分贝的噪声，这些噪音的分贝量就处在引起耳朵疼痛的临界值下面一点点儿。因此，当你想要叫服务员的时候，必须朝他大声喊"服务员"，以便让他听见。但是服务员似乎对这种口头"侮辱"毫不在意，仅仅微笑地走向你的餐桌。服务员经常被客人没有礼貌地呵斥，他们的感受被完全忽视。他们也经常身穿制服整齐地站在街道旁倾听领班滔滔不绝的训斥，有时还在一起做健美操。尽管如此，他们没有收到过小费，中国并没有给小费的习惯。

中国内衣

当你决定去中国的时候，你最好带上足够多的内衣。如果你想到中国之后再买的话，你将面临一些难题。首先，中国的男士内裤是没有前开口的，不过这个问题现在似乎已经不是问题了，有人曾经告诉我现在可以买到有前开口的内裤，只是我自己还从来没有看到过。下面几段文字是从我写给家人的邮件中摘出来的，你也可以看到在中国买合适的内衣是非常困难和尴尬的。

“八个月来我一直没有规律的饮食，每天都是在中国餐馆解决吃饭问题，自然我的肚子变得更加肥胖了，腰围从 34 英寸变为 38 英寸。所以，在电视访谈就要开始的那天早上，我惊慌地发现我不能扣上长裤子的扣子了。为了扣住裤子，我拼命地收腹、转换裤子的角度，凡是你能想到的方法我都尝试了。终于在大概 20 分钟后我成功了，但是令我沮丧的是我穿的是一条中国内裤。显然中国人是不需要去洗手间的，因为他们设计的内裤根本就没有前开口。此时，我意识到如果今天我去了公共厕所，就不会在公共场所露面了。所以我必须憋一整天，这是非常令人沮丧的。幸运的是访谈节目的主持人说可以带我去买几条合适的内裤。

“到了集市之后，我们在一家内衣店铺中挑选，女老板拿给我几条我选中的内裤，但是我想在买之前先试穿。于是我问老板这里有没有试穿的地方，这位女店主便在小店内的一个转角处拉上了一条齐腰长的床单，我在床单之后脱下裤子，同时和店主、主持人交谈。我常在想，那些老电影中的女演员在做这类事情的时候她们会有什么感觉。我穿戴完毕之后和主持人走进另一家内衣店，此时店内有三位女士，主持人当时也选中了一条内裤，让我吃惊的是他当着她们的面直接在店中脱掉身上的短裤，然后把新的内裤穿上了！当时我就在想，天啊，刚才那位女店主肯定在想我站在床单后面换内裤是多么装正经。所以，为了坚持入乡随俗的传统做法，我决定效仿主持人。尽管尴尬的场景让我全身出汗，但是我还是解开了我的裤子，并开始准备脱下内裤。让我吃惊的是，这时我看到在店中的主持人正在脱他刚试完的长裤子，长裤子已经脱到他的内裤边上了，所幸的是他没有当众脱下内裤，之后我以最快的速度换上内裤并穿戴整齐地走出来。

“女人的处境比男人更加糟糕，比如说中国的胸罩。中国人设计的胸罩堪称工程学的奇迹，图板、背脊、层面和褶边以不可思议的方式组合一起就形成了罩杯，仅仅达到了支撑的目的，一点儿都不能展示出女性的美——没有曲线，只有角度。罩杯下面是带有弹性的厚系带，这些系带是用来托住罩杯的，以防止罩杯不能胜任支撑的工作。这样的设计非常奇怪，也是没有必要的，因为一般的中国女性并不需要支撑，这完全是一个建造模型而非胸罩。在路边摊和沃尔玛都可以看到中国胸罩的影子，购买者除了可以挑选各种颜色之外，还能选择你能幻想出来的各种样式，包括心形、泰迪熊、星星、条纹、圆形、英语字母、美国大学的名字等。1996年我听说在上海大使馆区域有一家商店开始出售西式的胸罩，但是当时中国的女顾客并不知道胸罩的尺码是如何测量的，所以这家商店雇用了老妇人帮助女顾客测量罩杯的大小。”

我和妻子过去经常猜测银川的女人和集美大学（位于福建）的女学生在冬天时内衣外面是不是都不穿短裤或者短裙。这两个城镇的时装习惯让我们产生了上面的推测，从我下面摘取的邮件内容可以大致地说明原因。

“初中和高中度过的那段时光是非常有趣的。那时候在校园里面经常想的就是女教师齐身的毛衣里面是否穿有可辨认的短裤或短裙，是否可以看出毛衣下面从上身直到小腿（有时候是膝盖）的紧身内衣。但是，中国女人的过分正经是出了名的，穿成那样子的女人会被认为是妓女，而且没人会关注她。”

中国的洗手间

传统的中国厕所是一种亚式蹲厕。基本上，蹲厕就是在地上挖的一个洞。许多外国人可以轻易地适应用筷子夹菜和吃饭，但是当他们看到蹲厕的时候感觉实在是无法忍受。我试着尽量驱除对蹲厕可能存在的负面印象。据说这种形式的厕所对消化、排泄过程大有好处，或许还有其他所谓的优点，我现在也想不起来了。但是，现在越来越多的中国家庭的卫生间装了西式的抽水马桶，如果计算周到和足够幸运的话，在外出的一个月你可以不用和那该死的“粪洞”打交道。

也许会有热心的中国人教你如何使用筷子，但是没人会教你怎么使用中国的厕所，我想是因为他们感觉这样非常尴尬。但是我不觉得尴尬，所以我将花一分钟告诉你如何使用中国的厕所，以避免你将来到中国旅游或者生活的时候遭受我曾经忍受过的痛苦。如厕的时候需要铭记的注意事项非常多，比如衣服不能太过下垂，否则后果将是灾难性的；你的身体也不能左右摇摆，否则有可能会“脱靶”。在你上完厕所之后可能会双腿发麻，以至于你根本就没有力气站起来。在你庆祝终于成功地使用了一次中国厕所的时候，你有可能忘了带卫生纸，因为在中国大多数洗手间是没有提供卫生纸的。在所有事情完成之后，你可能发现没有任何按钮或者把手可以按或者拉，因为根本就没有安装冲洗的设备。当地人知道可以到业主那里拿一桶水来冲刷，但是你不是本地人，也可能不会说汉语，所以只能带着困惑离开。但是一旦你的这种行为被发现，肯定会引起针对野蛮的外国文化的议论。

让我们继续卫生纸的话题。外国人必须随身携带卫生纸，除非他能够控制好自己在每天早晨离开住处前先解决好，并且外出的时候不需要大便。其实，这样控制自己并非想象中那么难。出于某些原因，中国的食物可以让外国人没有便秘。但是对于新来的外国人或者由于时差等因素导致大便依然不规律的外国人，他们最好的选择还是在离开住处的时候带一些卫生纸。

为了避免衣服被弄脏的尴尬情景，有一条简单的规则你必须严格遵守，那就是在下蹲的时候必须蹲到脚后跟处，然后放松下来。如果你在排泄的过程中遵守这样的规则，那么你就绝对不会“脱靶”。我知道有一位外国人，他的名字在这里不方便透露，在农村旅行完之后，在一家“硬石咖啡馆”里看到一间铺有瓷砖的、非常干净的卫生间之后便欣喜若狂，立即快乐地开始他的排泄过程。他完全不知道“下蹲到脚后跟”这个非常重要的规则，保持的是半蹲的姿势，但是他很快便意识到自己的双腿是如此酸麻，以至于很难支撑他完成整个排泄过程。尽管隔间墙壁的间距比较小，两只手臂不用完全张开便可以触及，但是墙上根本没有任何扶手。不幸的是，由于某些未知的原因，卫生间出现了大量的水雾，所以他的手开始慢慢地从墙壁上往下滑，而且排泄过程一旦开始了就无法终止。如果这位外国人之前蹲到了脚后跟处，尽管之后的恐慌情景会出现，但是至少可以成功地对着洞眼排泄。遗憾的是他不知道半蹲的姿势会让腿部发麻，也没有想到卫生间会出现那么多水雾，从而导致肢体扭曲，因此，他的内衣不可避免地与排泄物接触在一起。这让他在和东道主的晚宴上感觉相当不舒服。

这件事同样说明蹲厕存在其他的缺陷，那就是要蹲多久才能保证排泄过程完毕！如果你年轻且腿部有弹力，这对你来说不是问题。如果你不年轻但你足够幸运（比如墙壁上有抓的把手），这也不是问题。但是如果你不年轻也比较倒霉，你将陷入大便之中（请允许我这样表达）。此刻你唯一的选择就是将使出全身的力气使劲地站起来，否则，你只能寻求他人的帮助。我想这会让你理解中国词语“丢脸”的概念。

除此之外，蹲厕还存在其他潜在的问题。记得有一天晚上，我在郊区的一家未达标的旅馆中发现里面的蹲厕是刚被人用过的，便槽里面还留有未冲走的排泄物，但是我找不到按钮或者拉杆来冲刷。我想即使这是在中国的厕所，我也不能蠢到连冲厕所这样的事都做不到。所以，我略显羞愧地走到前台，然后告诉工作人员我这个愚蠢的外国人不知道如何冲厕所。前台的一位女士笑了起来，然后递给我一只塑料桶，告诉我到洗手间的水龙头下装满水，然后倒入便槽中。

最后，在结束这个略显尴尬的主题之前我指出一个许多中国卫生间都存在的问题，那就是卫生间里面的气味实在是让人难以忍受！可喜的是，中国卫生间的装置正朝着现代化迈进，许多卫生间都装有非常高级的设备，里面有驱除异味的化学药品，当然也有抽水马桶和卫生纸。但是，中国依然存在不少让西方人皱眉的卫生间。我有一个朋友在进入公共厕所之前就先用卫生纸捂住鼻子。我已经学会进去之后如何屏住呼吸，以及如何在下次换气之前保持不呼吸。但是从 1995 年我来到中国开始，这个国家的洗手间就在朝着更为科学与和谐的方向飞速发展，或者说我变得更加坚强了。

第三章　现代中国的医学

中国的按摩

有时候我在想，如果到中国仅仅是为了享受中国人的按摩的话，我是否愿意前往？答案是我愿意。中国的按摩可以让你感受到肌肉放松时候的感觉，而且花费很少，一小时的服务仅需 8 美元。

愤世嫉俗者经常将按摩和性交易联系在一起，而不是医学。之所以存在这样的想法，是因为在很多场所都可以发现按摩服务与性服务是紧密相连的。可能有人会怀疑这样的场所提供的服务是否是正规的，但是我认为享受这个星球上最好的按摩服务，与保持道德品质的纯洁性并不冲突。如果你找不到提供按摩服务的正规场所，那么在非正规的场所你可以拒绝“超时服务”，仅仅选择正常的按摩服务就可以了。这个时候你需要做的仅仅是放松自己，并假想自己并非处于青楼之中。

中国的按摩和医学之间的联系是：中国的医学理论表明人的身体表面有许多与内部器官相连的穴位，所以如果按摩师按摩穴位得当，那么对身体的器官是有好处的。别人告诉我穴位按摩在中国有着悠久的历史，相传古代皇后召唤太医看病时，太医是不允许观看皇后威严的身体的，所以皇后一般是坐在帷帐后面，伸出一只手给太医把脉看病。太医也别无选择，只能在面临必须治愈这位尊贵的病人的巨大压力下为她把脉（他的诊断基础是皇后手上的穴位和身体内部器官所存在的某种联系）。我想肯定有读者会怀疑这种治疗手法的真实性，下面发生的事情可以打消你的疑虑。我听说银川有一位女按摩师非常热衷于中国传统的治疗手法，她的按摩水平在当地非常有名，于是在一次空闲的假期我和一位年轻的美国朋友一起去她那里“享受”按摩服务。这位女按摩师首先捏住我朋友手掌的某个部位，然后用力挤压，之后我朋友因为疼痛而大声喊叫，于是她说我朋友平时抽烟很厉害（正确）；用同样的手法，她接着捏住他的另一只手，挤压过后我朋友依然痛得大叫，她说我朋友酗酒很厉害（正确）；重复上述过程，我又听到我朋友在大叫，她继续说我朋友平时饮食不规律（正确）。

我想此时肯定有读者会产生疑问，认为她能正确诊断的原因是因为她知道所有外国人都存在抽烟过多、酗酒和不规律饮食的行为。如果你有这样的想法，请接着往下读。在她帮我朋友按摩完之后，她用同样的手法在我手上相同的部位按摩，每次当她用力挤压的时候，我都没有一丝疼痛的感觉，她对我说我不抽烟（正确）、不酗酒（正确）、饮食也很有规律（正确）。还有一次，我一个美国朋友的妻子走进一家中国医生的诊所，医生在拿着她的手把脉之后就直接告诉她子宫肌瘤的具体位置、乳腺癌的具体位置以及她母亲的患病史（她之前从来都没有见过这位医生）。在街道旁和诊所都能看到中国医生的身影，他们会抓住你的手腕，感觉穴位中流动的血液。通过感知血流的特征，他们能够诊断你是否怀孕，尿道是否发炎，或者其他你可能存在的症状。

如果你还是不相信这些，请接着读以下发生的一件事。有一个中国人是富布莱特学者，他是我所在美国大学的访问教授。教授的薪水是学校的最高机密，所以，尽管我在这所大学已经任教十年了，但我仅仅知道自己的薪水是多少。有一天，这位中国教授抓住我的手腕，稍微隔开看了几眼之后又用手拿捏了几下，然后告诉我精确到美分的薪水。显然手腕上的穴位与大脑是相连的，掌握了中国传统医学精华的中国人可以通过把脉知道你的想法。在台湾的一个即时辩论上，也有一位中国教授准确地说出我的薪资收入。

中国按摩的种类有很多，包括全身按摩、足部按摩、刮痧按摩、精油按摩、脚踩背按摩、医疗按摩、盲人按摩和芳香按摩等。很多外国人都喜欢足部按摩，大致过程就是首先用“香”水洗脚，然后有按摩师帮你按摩双脚。我只“享受”过一次足部按摩，这是一次相当痛苦的经历。当然，如果你让女按摩师放开手脚去做的话，所有类别的按摩服务都能让你的身体经受折磨。我选择最多的类别是全身按摩，刚开始一般也会告诉女按摩师“力道越重越好”，因为我看到许多女按摩师都是十几岁的中国女孩，看起来身单力薄，连一只蚂蚁都拍不死。但是正如中国的其他事物一样，外表是具有欺骗性的。这些年轻的女孩的按摩力道实际上相当大，尤其是在做脚踩背按摩的时候。她们在做脚踩背按摩时善于应用杠杆原理，抓住悬挂在天花板上的扶手在你的背上或走或跳。而且她们总是会彬彬有礼地问你是否力道过重，但是在你被痛得直哭的时候是很难讲出汉语的，所以她们继续毫无保留地肆虐你的背部。

其实，中国按摩的目的并不是让你在按摩过程中有舒服的感觉，而是让你在按摩完之后倍感舒爽。在按摩完成之后，你可以选择“拔火罐”服务，其大致过程就是首先将一小块沾有酒精的纱布点燃，然后丢入一个木制或者玻璃罐中，在纱布被移除之后将拔火罐盖在你的背上。燃烧的纱布消耗了罐内的氧气从而减小了罐内的压强，使得灌口盖住的皮肤往内凸起。因为有很多这样的拔火罐覆盖在你的背部，所以当你离开的时候背部会有很多巨大的红色圆点，这些圆点在数天之后才能消失。拔火罐的目的是将身体内的毒素吸出来。最后，中式按摩的行家都不会错过盲人按摩，即盲人按摩师用针灸活络你身体的穴位。

我有幸认识一位对传统医学非常感兴趣的中国女按摩师，就是通过她我才认识到按摩和医术之间的联系。有个问题困扰我多年，那就是为什么我去过的每个按摩室都挂有一幅展示人体穴位和内部器官的标准图画。我相信这么做自然有它的道理，下面的邮件摘要就展示了按摩和治疗之间的关联。

> 现在我有一位为我定期服务的按摩师，这确实是非常奢华的。她是一位经受挫折的针灸和中药医生，经常在为我看眼、把脉等服务的时候说出一些医学术语，这不时蹦出来的词语听起来就像是在上一门晦涩难懂的课。她告诉我人的耳部有大约200个穴位，脚部有600到

700 个，耳朵、舌头、眼睛等也会因相关部位的内部器官的运动而改变颜色。有一次，她在背上发现了一个“跟随”我数十年的肿块，她从她朋友在楼下开的一家理发店里拿上来几把剪刀，然后在肿块的位置剪开一条直径约为四分之一英寸的口子，取出一块如黑曜石般的圆球。我在整个过程中并无疼痛的感觉，而且是免费的。你知道美国的皮肤科医生会为此收取多少费用吗？她还说如果我能早些告诉她关于琳达患有白内障的事情，她可以卖给我一些可以治愈白内障的中草药。在帮我按摩胸骨和胸腔（这两个部位有大量的穴位）时，她也告诉在她的家族中有一位能够“集气”的老妇人，运气之后手指一下远处点燃的蜡烛就可让其熄灭。

很多中国按摩师看起来都是 18 岁左右的瘦弱女孩，好像一阵风就能把她们吹走，但是实际上她们有能力把你劈成两半。帮我定期按摩的按摩师是一位 35 岁左右的胖女人，所以我从不担心在按摩的时候肋骨会插入我的心脏和肝脏。按摩之后那放松的感觉就像置身于天堂一样：肌肉就像液体一样围绕着骨头流动。我在琳达做完白内障手术后往她的眼睛里面滴入一些包含“小牛血清去蛋白”的液体，但是根本就不管用，说明书上都是汉字，所以我束手无策。我经常想，在使用中国医药的时候，一些差劲的翻译确实会影响后果。

中国除了有很多种按摩方法之外，不同的按摩师的按摩技术也可能各不相同。有些按摩师喜欢将你的肘关节弯到屁股上，有人喜欢抓着你的手使其反到背部。有一项技术一般是为游客设计的，具体为首先将顾客手中的血液往手臂上挤，然后用手紧紧地箍住顾客的手腕不让血液流入手中，接着按摩师用她们头发的末端刺顾客的手指头，最后慢慢地松开手，让血液流回手中，整个过程确实让客人体会到了“痛并快乐着”的感觉。也有一些按摩师会往你的后背抹油，起初感觉会非常冷，但是因为抹油之后背部按摩的摩擦力大大减少了，所以她们能以更快的速度按摩使你的背部慢慢地热起来。有些按摩师还喜欢不时地敲打你的耳朵，发出“砰砰”的响声，这些声响掩盖了她们与顾客交谈的话语，使得本来就只懂一点汉语的外国人更加难以理解他们所说的话。有一次，一位按摩师免费地培训了我的一个朋友之后，她们两个人开始为我按摩，之后我就明白了女人们口中“客观化”的含义。这两个女按摩师（当然一个是大师，另一个是“菜鸟”）从按摩开始就一直愉快地讨论我的任何缺点，比如稀疏的头发和肥胖，任何我与中国人的不同之处都可以成为她们的谈资，我想她们肯定是认为我当时安静地在享受按摩而没有过激的反应，所以并不会在意她们的言行。

顺便提一点，许多中国人对西方人的体毛感兴趣。比如有一次我在银川的一家诊所排队等待抽血化验时，一位30岁左右的回族女人溜到我的身后然后触摸我手臂上的汗毛（之前我从未听说过中国人有这种习惯，我想她的行为是有点前卫的）。当我转身看着她的时候，她微笑着对我说：“你手臂上的体毛真多！”于是我也摸了摸她的手臂，微笑着对她说，“你的手臂真光滑！”我在银川的时候写给家人的两份邮件可以说明中国人存在客观化外国人的倾向。

尽管大家都说中国人喜欢绕着弯子说话，为他人保留面子是最为突出的中国文化之一，但是令人费解和矛盾的是，他们也会经常面带微笑地、温和地告诉你关于你自己的一些尴尬的事情，尽管说的是事实，但有时候确实没有考虑到你的感受。比如一位报社摄影师的年轻妻子对我说：“我知道银川有一个美国人的汉语比你说得好。”好吧，真是个大惊喜！我碰到过数百个汉语说得比我好的外国人，可这有必要告诉我吗？另一个中国女人说我和我的上司都有啤酒肚，然后指出那是男人变老之后所发生的事情。有几个本校的学生对学校的工作人员说我长得像哈兰德·桑德斯①，也有一点儿像圣诞老人。也有些集美大学和宁波大学的学生同样觉得我长得像哈兰德·桑德斯。这些做法都是为了保留我的面子吗？

在医生将要开始为琳达做白内障手术时，让琳达周围的人散开，

① 译者注：哈兰德·桑德斯是肯德基（KFC）的创始人。他的照片一直被贴在肯德基的包装上，并且脸部图画成为了肯塔集团的一个商标。

但是令我吃惊的是，他接下来开始观察琳达的深眼眶和漂亮的眼睛，观察完成之后说："她年轻的时候肯定非常漂亮！"我的天，你觉得我应该说"谢谢"吗？更为夸张的是，有一天晚上，一个21岁的实习护士在她下班之后跑到琳达的房间，临近琳达的床位坐下来之后开始检查她的眼睛、下巴、耳朵等（当你看到一只别人养的特别的小宠物狗后也会做出类似的动作），检查完之后她首先做的事情就是重复医生的话："你的眼睛真的是太美了，你年轻的时候肯定非常漂亮。"在说话的时候她还用手指磨蹭琳达的眼部，接下来移到琳达的酒窝处，最后滑倒脸颊处，然后接着说："噢，有皱纹！"我想医生和实习护士在说这些话的时候没有带一丝恶意的情绪，这让我想起曾经有一个学生对我说："你不仅是一个好老师，而且还是一个好爷爷。"好吧，他们喜欢老人！

当中国人将外国人或者其他中国人客观化时，他们其实并没有冒犯的意思。比如在一次教职员工的宴会上，一位非常消瘦的中国教授被介绍成一位"非常瘦小的人"。也有一位美国的英语老师告诉我，在医务人员对她和同事为了获得签证而做例行检查时，她听到医生说："看这个人有多胖！"确实，外国人除了慢慢地习惯之外别无他法。我将医生对琳达所说的话告诉了我几个中国朋友，听完之后他们对我解释，医生的本意完全没有"琳达的眼睛现在不漂亮了"的意思，因为中国人并不认为变老是一件糟糕的事情，类似那样的话在中国看来其实没有任何不好的含义。但是对于崇尚年轻的美国人来说，确实会认为年老之后事情会变得更糟。

中国的医学

中国传统的医学就像乒乓球和爆竹一样已经扎根于中国人的思想中。在中国，很多企业管理专业的学生告诉我他们其实更想学习传统中医学知识。生活中到处都可以看到干草药的影子，甚至在旅游区的宰人黑店中也可以发现。与大多数西方人一样，我起初也非常怀疑这些中药的效果是否有中国人宣扬的那么好。有一次一个中国北方的学生告诉我有一种简单有效的方法可以消除我的啤酒肚，那就是将一种神奇的中药涂抹在肚子上，然后等药物慢慢地渗透进入皮肤之后就可以了。听完之后我就笑了起来，但是在我看到他确实是一本正经的样子后我停止了笑声。还有一次听到类似的神奇故事时我也忍不住发笑了，一位同学告诉我，为了治愈导致他不能正常行走的关节炎，他吃了很多狗肉和很多各类的中草药。令人惊奇的是，这位学生现在非常健康，能和正常人一样行走！我现在相信传统中药确实有治疗的功效。记得在我发烧、鼻塞还有肺结石的时候，我将同事递给我的一颗黑色的圆药丸放入口中咀嚼，它的味道真是让我此生难以忘怀，咽反射[①]在我咀嚼的过程中多次试图将药丸推出口中，之前我一直认为蓖麻油和白陶土是世界上两种最令人恶心的药物，但是现在这颗黑色的药丸明显已经跃居榜首了。但是在一个半小时后，我就庆幸自己没有在咀嚼的时候将药丸吐出来，因为我发现感冒、鼻塞和肺结石全治好了！

中国的药物非常便宜并且购买方便，各种类型的抗生素不仅在医院可获得，还可以在大街上的药店购买。一瓶五片装的 Z – Pac 仅需 1.5 美元，而在美国的价格是 75 美元！但是并不是所有的西药都是如此便宜，例如我发现一个机场内的药店并不比美国便宜，具体请看下面的邮件摘要。

> 琳达最近经常腹泻，所以我跑到机场内的一个药店买腹泻药。让我吃惊的是，女店员直接递给我一瓶大概两英寸长的西力士[②]！我告诉她这种药可能对琳达的病不起作用。不可思议的是她转而递给我一瓶稍小一点的万艾可[③]！我不知道如何用汉语说“需要解决的疾病并不是勃起功能障碍”，所以我再次对她说：“请拿一些腹泻药给我妻子”。我的天！她并没有拿药，只是对我说西力士要 600 元。当我再次叫她拿一些腹泻药的时候，她的回答令我目瞪口呆：“如果你不想要，你可以带一点给你的朋友！”所以我只有回应她：“为什么你不买

① 译者注：咽反射是一种防止吞咽异物的生理反应，例如早餐刷牙可能出现的“干呕”现象就是咽反射引起的。

② 译者注：西力士是壮阳药。

③ 译者注：万艾可是壮阳药。

一点儿送给你朋友呢?”

如果不讨论牙齿和眼部护理，那么对中国医学的讨论就不能说是完整的。我一直都不敢去找中国的牙医治疗牙齿疾病或者做牙齿护理，因为即使是在中国人的眼中，牙医都是非常“恐怖”的存在。当小孩子闹脾气的时候，很多中国的父母都会说“牙医就要来了”来吓唬他们。有一次，当我患有牙齿疾病时，我问一个中国人我应该去哪里看病，他的回答很简单，“千万别去”。只有在万不得已的情况下他们才会去看牙医，比如无法忍受的牙痛。曾经有一个19岁的大三学生向我请假去看牙医，事后她和我说这是她生命中第一次与牙医相见，并且牙洞填补仅仅花费1.45美元。像这样的低收费，我想钻牙的疼痛完全可以被付款时的快感所弥补。并且在牙齿填补后的第二天，我看到这位学生竟然可以喝冰冻的水果牛奶汁了。不愿意看牙医必然会带来不好的后果，很明显的一点就是当很多中国人在笑的时候，你可以看到他们破损和不整齐的牙齿。看完下面一个例子，我想你应该会明白为什么中国人不愿意去看牙医。有一个美国医生告诉我，有一次他看到一个前来看病的中国人的牙齿都变成粉红色了，他在之前从未碰到过这种病例，所以问一个替很多中国人看过病的同行是否有可行的医治办法，同行的回复是这位病人以前应该做过中式的牙根管治疗。中国医生首先掏空牙根管，然后插入一根之前被浸泡在含砷液（俗称砒霜）的锥形纸管，从纸管中散发出来的有毒蒸汽在清除了感染物的同时，也杀死了根管中的神经。当牙齿的神经都被杀死之后，牙齿就会变成粉红色。我非常好奇的是当砷蒸汽进入食道后会引发怎样的后果呢？不过我现在确实知道坤蒸汽会使得内部器官变成什么颜色，而且也不会有在中国做根管治疗的想法。

另一方面，我对中国人的眼部护理习惯的影响非常深刻，下面的邮件摘要可以说明原因。

我知道在银川，很多18岁以下的近视的人会选择做针灸治疗，而且这种治疗手法确实会消除近视，价格大概是600美元。但是美国人的做法一般是买一副眼镜，于是我在小村庄中心的店铺买了一副价格为45美元的眼镜，还包括免费眼科检查（我知道该项眼科检查通过了政府的测试）。外国人与店主交流是否能清楚地看见景色以及能否分辨正常行走和下楼梯确实是比较难，但是因为我懂一点汉语，所以测试很顺利，于是琳达也买了一副。我们的住处之外有裁缝店、自行车维修店、邮局、药店、医院、餐馆，以及水果蔬菜市场等。邮件的附件中有一张这个小村庄的照片，我想让你知道的是别看这样的村庄看起来比较原始，其实许多方面或许比美国都要好。

中国的医院

我多次到中国医院看病，所以对中国医院的事情有大概的了解。1995年我首次到达中国之后，发誓绝不去当地的医院。但是在一个国家待上十几年而不去医院看病显然是一件不可能的事情。至今我依然记得第一次去医院的情形，当时我带着好奇和一丝兴奋的心情走进一家空军医院。因为中国医院没有在大厅供暖的习惯，所以医院里面非常冷。医院里面穿着绿色军大衣的护士微笑地询问病人的情况。有一位护士递给我一支体温计，于是我坐到一个靠墙的长椅上准备将体温计塞入口中，但是照顾我的护士在这个时候抓住我的手臂，然后解开大衣，将我塞在裤子里面的衬衣拉出来。当我意识到她是想将体温计放到我的衬衫下面好让我放到腋窝处时，我在想这位护士的动作真是太不专业了。而且，我打算将体温计塞入口中的动作显然让她大吃一惊。

在量完体温之后，我们坐电梯到医生的办公室。在他的办公桌前面有一长排的病人，并且病人手中都拿有自己的医疗记录，医院并不负责保留病人的病例。排队的病人都在观看最前面的病人拉起衬衫给医生检查的情形，之后听他们向医生说明病情。如果队列的最前面是一位女病人，那么她会被引导走进几英尺外的一个角落，拉下墙上的对角布单，然后拉起衬衫给医生检查。终于轮到我了，医生在检查完之后递给我一个药方，同时指示我去做血液抽样检查。于是我被护士带到一个略显阴暗的走廊中，他从我的手指中取出少许血液之后送往化验室。

后来我发现中国的医生不管你得什么病，他们最喜欢做的两件事就是血液和小便化验。医生首先化验你的血液和小便，并将化验结果打印在纸上，然后告诉你患有什么病。如果需要静脉注射的话，他们会带你到输液室打点滴。输液瓶被挂在输液室的椅子的上方，你可以与其他同样在输液的病人一起在输液室看电视或聊天。所以你能看到在中国，病人的血管并不像在美国一样是神圣不可侵犯的，医生喜欢将药物注射到病人的身体里面。记得有一次，我在宁波医院的一个输液室里看到有一个护士尝试将针头插入一个约三个月大的婴儿的脚上，失败之后她将针头插入婴儿头部的太阳穴附近！这样的事情在美国简直是不可想象的。

我曾经在一家宁波医院的神经科度过春节，这是一段特别的经历，所以我想好好描述一下我在当时的所见所闻。

> 在除夕之夜，为了锻炼身体我在宁波大学的校内骑自行车闲逛，但是不小心骑到了驾校训练学员的场地。场地的前方是一个高斜坡，斜坡后面的底部有一个未标记的减速带。我的骑行速度在下破的时候很快，不知道前面有减速带所以我没有刹车减速，因此车子急速地撞到了斜坡底部的减速带上，我直接从车上飞了出去。我的脑袋撞到了混凝土路面上，但是我没有移动身体，因为我知道在救护车到来之前我最好待着不动。呼救的方法不是可行的，而且我根本不知道我身处何方，因为这条道路看起来非常偏僻，路旁长满了芦苇和杂草，四周也看不到行人和建筑物，所以我拿出手机向宁波大学的工作人员求救，遗憾的是找的第一个人不在本地，另一个人的号码是空号，所幸的是这个人的父亲是我所住公寓的门卫，于是我打电话给琳达，叫她去找门卫要他女儿的电话。一个半小时之后，我才被抬上救护车。门卫的女儿雪莉是负责外国人生活事物的负责人之一，她是我在一个外国留学生和老师的聚会上认识的，而且正巧是她在聚会的前一天回答我“当我需要去医院的时候我应该打电话给谁”的问题，因为我知道春节假期很多人都会离开工作岗位。之后我才知道我不该问那样的问

题，因为中国人不喜欢提及不好的事情，甚至不喜欢谈论预防措施。以前有人对我说我在买飞机票的时候最好不要询问飞行保险，因为那样做可能会出现飞行事故。我过去认为那是迷信的行为。现在，我对这种行为的了解更加深入了。

入院之后，检查我的医生试着向我解释我的病情："头部创伤，且体表内有血肿。"他掌握的英语水平和我所掌握的俄语水平差不多，我想可能他是想说我的头部有皮下血肿，大概意思应该是："你的头部遭受重击，在接下来的日子里必须待在医院。"感谢上帝，CT扫描显示我的大脑是正常的。医生给我开了消炎药之后还要观察是否有脑溢血。在新年之夜，我除了有过一阵眩晕之外，其他时候感觉很正常。整晚我都躺在病床上安静地看着窗外，璀璨的烟火不时地照亮整个夜空。几天之后，医生说我的脑部一切正常，所以我又可以正常地行走了，感谢上帝我还活着！在那场事故中我并不能确定别人可以找到我，所以即使是在医院我也不觉得有多么糟糕。

此外，我在医院也经历了一次别样的文化体验。我所在的是头部损伤治疗的楼层，该楼层的神经科有很多"长驻"患者和陪伴的亲属。在这个特殊的节假日期间，医院内几乎没有什么安保人员和机构，任何人都可以在医院内的任何地方自由出入。雪莉叫我要小心看着我的电脑，因为有外地人到医院来偷东西。雪莉也雇了一位患者的母亲照顾我。这位患者在一次车祸中不幸伤到了头部，他的母亲为了更好地照顾他也住在医院里。因为照顾我的这位阿姨是一位不会说普通话的乡下老妇女，所以我们之间的交流非常吃力（其实她并不老，年仅58岁）。她就像母亲一样无微不至地照顾着我。有一次我去洗手间，这位阿姨在我如厕的时候就站在我的身后，在我方便完之后还帮助我起身。尽管这位阿姨的亲人随意地出入我的病房，可是这个时候我真的一点儿都不介意。有时候她的外孙会在我的电脑键盘上一通乱敲，她的儿媳妇也来和我聊过两次，她的儿子更是扶着我在医院走了一圈。还有一位好心的陌生人一只手扶着我的肘部，另一只手抓住我的手帮助我在医院散步，我很感谢他，不过我不怎么喜欢的是这种抓手的风俗，这看起来他就像是我女朋友一样！这位热心的人来这里陪他妻子患有中风的弟弟，刚在这里住了10来天。他说他很无聊，所以过来找我聊天。这些人都是乡下人或者工人，所以他们说的普通话我很难听懂。尽管这样，他们也愿意花较长的时间来表述他们的意思以确保我能听懂，因为确实是无聊的。这些人把我的房间完全当成他们家那样随意：有个人手里拿着一只剥了皮的鸡，然后用酱油涂抹准备烹饪；还有一位女士拿着沾有黑色染发剂的刷子帮照顾我的阿姨和她丈夫染发。

走廊的尽头有一间特别的房间，里面有两根横跨墙壁的长条，病人换洗的被子和衣服可以挂在上面。我床上的被子非常硬（但并不是我见过最硬的被子），并且很短，如果我直躺在床上，我的脚就会伸出被子外面大概12英寸。有一次我正在床上睡觉，突然觉得有人在拍我的脚，醒来发现一个我不认识的乡下人正在试着把我的脚推入被子中。在大多数时候情况下，当他们看到我的脚露在被子外面时都会说我的被子盖得不对，但是他们看起来从来没有试着考虑过是不是被子太短的原因。我不想被别人看起来是一个连被子都盖不好的人，所以在他们在我房间里面的时候我一般将脚缩在被子里面，等他们离开的时候我再伸出来。

还有一件令人苦恼的事情就是照顾我的阿姨晚上会打鼾，而且声音比较大（她就睡在我房间里面的另一张床上）。有一次医生在半夜的时候来查房（以确认病人的情况是否正常），我告诉他阿姨在打鼾，于是他把阿姨叫醒，告诉她晚上不要打鼾。但是等医生离开后不久阿姨又在打鼾！

护士长是一个叫杨艳萍的女人，她想让我教她英语，于是我们经常在一起聊天。我问她做护士多久了，她说有17年了。我觉得这是不可能的，因为她看起来仅有25岁的样子。她叫我猜她的年龄（这在美国是不可能发生的，并且询问年龄是很不礼貌的行为），我说25岁，她说有39岁了，真是令人难以置信！不久之后，我在走廊看到她在修理一个呼吸器，她抽出时间告诉我墙壁上的数字是用来标识病人的号码，因为医院病房里面的病人实在是太多了。我在走廊上闲逛的时候碰到一个看起来非常无聊的年轻人正在大口地吸烟，之后把烟头直接扔在地板上。我指着墙壁上“禁止抽烟”的标识牌问他：“这个标识牌的含义是什么？”杨护士长看到后只是笑了笑，这对她来说可能只是一件再普通不过的小事。

我在医院一共住了四天三夜，但是当我拿到账单时，我发现全部开销仅为600美元左右，这几乎让你有种想生病再来住院的冲动。当然，医院不提供食物、毛巾和卫生纸，而且卫生间有蟑螂，地板上也满是烟头。但是在美国的医院，一卷卫生纸的收费大概为100美元，毛巾是200美元，并且绝对会否认卫生间的地板上有蟑螂。尽管抱怨的事情有很多，例如住院期间琳达让我“享受”了一次海绵擦洗浴（用海绵当作浴巾），并且护士老是叫我把体温计放在腋下量体温，但是对于这样的价格而言，你也没有什么可埋怨的了。

医院的故事到此就完美地结束了，但是另一件事的结局就没有这么美好了。故事发生在2010年的冬季，那时我在银川的一个小店里面吃了一些羊肉，同时也喝了一些冷牛奶，之后我的肚子非常难受。按照当地人的习俗，我已经犯下了不可饶恕的饮食罪，所以那些难以忍受的疼痛是我应受的惩罚。在听到十几个当地人都对我说“我所干的蠢事使我体内的阴阳不平衡”之后，我确实不敢混吃羊肉和牛奶了。之后我去医院检查了我的身体，经历此事之后我写了如下的一则简短的故事。

我发现有些事情在这里是不可以做的，比如在吃羊肉的时候喝冷牛奶。我这样做了，所以我受到了肠胃绞痛的折磨，三天内去了两次医院才完全康复。医院里面的医生、护士、病人甚至旁观者都说我做的事情确实很糟糕，导致身体内的阴和阳失衡，具体为阴太多而阳过少。你能在中国之外的任何地方做这类事情，但是请相信我，在中国你最好不要这样做！听到医生说他需要我的小便样品的时候我的心情很沉重。我预想他们会给我一个5到6英寸的特百惠容器装小便样品，但是不幸的是我得到的是一个由塑料薄膜制成的小杯子，杯底差不多只有1/4英寸，杯口仅有半美元硬币那么大。拿到杯子之后我走进了卫生间。或许你极不情愿去安德鲁斯或格里利维尔（美国南卡罗来纳州的两个小镇）加油站里面的卫生间，但是现在我会不惜一切代价去那样的卫生间。厕所里面到处都是脏东西和管道，墙壁上粉刷的石灰也成块地脱落。地上有一条长长的水槽就是公共厕所了，你如厕的时候必须横跨水槽然后往下蹲。因为腹泻已经缠绕我24小时了，所以我在第一次没能成功得取得小便样本。但是医生说小便样本是非常重要的，于是在医院外面的一个小餐馆里面吃了一碗汤面，终于在一个小时之后我又蹲在充满恶臭的水槽上。水槽底层的物质就像是污水处理厂里面还未处理的既漆黑又神秘的脏东西，非常不幸的是它们现在与我的脸是如此的接近，因为我选择了一个错误的下蹲位置。正当我憋住呼吸，扯紧衣服以避免与地板亲密接触、忍受发麻的双脚准备接小便样本的时候，一个男人走了进来。中国文化注重和谐、团结，所以我必须和他一起"享受"公共厕所。进来之后他开始在我身旁方便，因为我蹲在水槽的下方并且此时双腿因麻木而不能挪动位置，所以我只能眼看着那些液体在我鼻子下面约18英寸远的水槽里面流动。因为我体内阴阳失衡，所以我的胃部一直以来都好像在翻腾，当时我就想以后打死我也不混吃羊肉和牛奶了。最终，我成功收集到了宝贵的小便样本，并把它交给了护士，在她把样本放入机器化验之后得到了一张打印出来的化验单，我们拿着化验单前往医生的办公室。你知道医生的诊断结果是什么吗？他说我有腹泻！

但是不要为我感到太难过，因为我在医院的所有花费仅有7美元左右（包括各种我不知道名字和功效的神奇的药物）。

每个想要得到学习或者工作签证的外国人都被要求做一次非常彻底的医疗检查，包括心电图检查、眼科检查、血液和尿液化验、核磁共振成像检查、X射线照影检查等，所有检查的花费合计30美元左右。大部分的检查是通过操作西方的现代化仪器而完成的。每次在某台仪器的牌子上看到我熟悉的品牌时我都感觉很亲切。尽管在一般情况下检查都是非常顺利的，但是有时候也会有令人费解的事情发生。下面的邮件摘要描述了我妻子有一次在银川的一家医院做检查的时候所发生的事情，这可能是银川所独有的现象，因为我在其他城市从未看到过。

> 中国人所谓的“五官”是指耳朵、鼻子、喉咙、嘴唇和舌头。我和琳达走进医院的“五官科”房间做检查，但是看到房间里面有6个包裹头巾的穆斯林妇女，她们看到我之后指着门口让我离开。我想这是因为她们必须解开头巾来检查五官，那是不庄重的行为，所以不能让外人看见。所以我离开了，而琳达留了下来。事后她跟我说医生让她们排成一列之后全部拉起衬衫，然后一起做五官的检查。我至今还不明白医生如何在她们站成一排的情况下同时检查她们的五官，并且检查五官需要拉起衬衫吗？

必须承认的是，中国医院的医疗水平和服务质量在快速地提高。1995年，一位患有一种具有生命威胁疾病的美国教授访遍美国各大医院的名医都收效甚微，但是上海第一医院却治愈了他。北京和睦家医院也成功治愈了我的一位美国朋友的镰状细胞性贫血疾病。因为镰状细胞性贫血疾病的主要患者是黑人，但是在中国的黑人是很少的，所以这项手术的成功有着重要的意义。2011 年，我的妻子琳达在银川做了两次白内障清除手术，尽管银川远不如诸如北京和上海等大城市的医学那般发达，但是手术还是做得相当成功，医生也告诉我们琳达是第一位在银川市做白内障手术的美国患者。在琳达做完手术后的第一次眼部检查的时候，主治医生、几个助理医生和护士，以及主任都挤在机器旁观看她的检查结果。所有的花费为大概 2000 美元（没有医疗保险），手术之前的四次眼部检查仅需 0.6 美元，而且在琳达做手术的时候还为我做了免费的眼压检测。五个护士和实习生看到我眼球后面有塑料构件的时候发出惊讶的声音，那是我在美国做修复白内障和视网膜脱离手术后才有的眼内奇异景观，几乎每个检查过我的眼部的中国医生都会称赞手术是非常成功的。

另一个故事同样反映了中国医院高技术的医疗水平，但同时也说明了中国医疗事故管理制度存在某些缺陷。我认识一个在美国 500 强企业上海分公司工作的美国人。他告诉我有一次由于一位经验不足的员工错误的操作，这个员工的手指被机器齐根切掉了，然后被立即送往医院，但是断指被保留在事故发生现场。其他的员工此时面临的一个难题是：他们应该将断指立即送往医院还是让它留在事故现场。送往医院的话断指可能被连接，但同时也破坏了现场，不利于日后的事故调查。这位美国商人告诉我如果断指在切断后被及时地送往医院是可以很容易地被接上的。我丝毫都不怀疑这家上海大医院的医疗水平，但是我没有想到的是那家公司严格遵守规章制度的“优秀员工”竟然让断指留在原地！我想他们被灌输太多的儒家思想，过于强调秩序和礼节，即使死板的遵从意味着他们的同事将来会过着没有手指的悲惨生活。

因为中国的医院享受政府的各种补贴，所以病人也能享受低廉的医疗费。此外，中国医院的医疗技术也在突飞猛进，某些方面甚至超过了西方国家。但是，中国医院也存在一些事情让人诟病，除了呆板的医疗事故管理制度外，我还发现一个让西方人无法理解的现象：看病之前必须缴纳一定的现金。有一次走在北京的一条大街上，一只手拿着美国捐赠给北京一家孤儿院的捐款，另一只手打电话给这家孤儿院的院长。但是，我在电话里面听到这位院长在哭泣，于是我问她发生了什么事情。她手里抱有两个被父母遗弃在垃圾堆里的患有脊柱裂的婴儿，因为手里没有现金，所以北京儿童医院拒绝为这两个婴儿挂号住院，她只能眼看着这两个生命慢慢地消逝。我急忙赶到那家医院，将捐款交给院长，她拿着钱冲向挂号窗口，之后两个婴儿才得以住院。第二天，其中的一个婴儿存活了下来。

第四章　现代中国的教育

教育对中国人来说是一件非常严肃和重要的事情。几千年来，个人荣誉和职业发展与考试成绩息息相关。古代的中国是学者们的天下，根本就没有律师的立足之地（我之前就是个卑微的律师）。传统中国尊师的儒家文化虽然在现代中国有所淡化，但是在1995年我第一次来中国教书的时候还是深有体会的。在我坐到座位上之前就有学生帮我擦拭椅子上的灰尘，下课离开教室之前争着帮我收拾公文包，也有学生争着帮我擦黑板。就像一些大领导一样，我坐电梯的时候有人护送；当我站在门口让一些女生先进的时候，她们说什么都不肯先我而入；当我在一个小学里面经过一群学生时，他们向我鞠躬致敬。我也看到教室里面的小学生整齐地穿着统一的制服，坐在各自板凳的边缘，双手叠放在他们桌子的边缘上，时而异口同声地回答老师提出的问题。我原以为那样的情形不会消逝，但是事实证明我错了。

相隔十五年之后，我和妻子回到银川的一家英语培训学校任教，在和几个中学、高中的老师交谈之后，我们意识到在学生群体中再也看不到昔日儒家尊师传统的影子；在银川一家学生全部来自富裕家庭的私立中学尤为明显。但是，我并没有说中国学生完全摒弃了尊师的传统，他们其实并不像美国学生一样完全没有尊重师长的概念。实际上，中国的学生，尤其是正在接受高等教育的大学生，是非常有礼貌的，给他们上课也是一种乐趣。下面我将介绍我和妻子琳达在中国几个城市的中学和大学里面任职时所发生的一些有趣的事情。

中国的中学

中国的中学生在很多方面都与西方国家的中学生相像，比如都喜欢玩恶作剧、丢纸团、崇拜明星（如迈克尔·杰克逊、贾斯汀·比伯和女神卡卡）。中国的初、高中生的不同之处在于他们都能用英语和能懂英语的外国人交谈，显然只有极少数的外国学生掌握了中文。此外，中国的学生读书非常刻苦，他们的上课时间和生活习惯基本上是差不多的，一般是早上 8 点到学校，中午 12 点左右午餐，午餐时间 2 小时，下午 6 点放学，然后吃晚饭，之后一直学习到晚上 11 点或 12 点才睡觉。即使在周末，他们也要参加一些自认为是薄弱科目的私人补习班，比如数学、物理、英语。

一个高中学生告诉我她所在的高中有很多学生的家属帮他们做除了学习之外的任何事情，比如做饭、清洁卫生、购物等，学生唯一的任务就是读书！他们每天晚上 2 点才睡觉，然后早上 6 点就起床，连每次上厕所的时候手里都会拿着书本。尽管如此，学校还有老师整天抱怨学生花在学习上的时间不够多，我非常同情这些学生的遭遇。为了让孩子顺利通过高考的独木桥，学生的父母给孩子施加了巨大的压力。有一个高中生曾经对我妻子说她希望电影中所描述的 2012 年世界末日的场景会在现实中上演，这样她就再也不用做家庭作业了。我想她是过于“乐观”了，因为我确信她妈妈肯定会从废墟中爬出来，然后对着她大喊：“快去读书！”

中国中学生的纪律和秩序给我的印象非常深刻。每天早上他们排成整齐的队列做广播体操，而且在没有老师在教室的情况下也会跟着教室里面的眼保健操音乐的节奏按摩眼部。每个班级都有一个班长和一个副班长，他们负责分发和收集老师布置的作业和其他的东西，在老师进教室之前先要打开电脑。在没有老师的情况下，每天都有值日的同学打扫教室的卫生，在课间休息时有很多学生在操场上玩耍。每当这些画面在我脑海中浮现，我的眼中就会挂满泪水。下面是我在经历一次地震之后在家里面写的记录，当时我正在银川高中的某一个教室里面。

我所在的教室位于第四层，当时我站在讲台上对着25名学生说：“大家好，我叫丹·特罗特，我来自美国。”接下来发生的事情你可能不会相信，若不是亲身经历的话我也不会相信。在我说完最后一个字之后地震发生了！我感觉自己的演讲像是和奥巴马的演讲那样，充满了可以撼动地球的魔力。尽管只有轻微的震动，但终究还是地震。从地震开始到建筑物停止摇摆之后，并没有学生四处乱串，他们只是充满恐惧地相互看着。之后有一个老师用手指向楼上说：“大家不要怕，这不是一个地震，只是楼上有什么东西砸在地板上。”但是这个老师才刚说完，教室里面所有的学生就突然同时朝门外涌去，我也跟着跑了出去。当我跑到走廊的时候，我看到有2000~3000个学生在楼梯间蜂拥着朝下挤去，显然只有等他们走完我才有机会冲出教学楼。几分钟之后，在没有老师指引的前提下，这2000~3000学生全部安全到达了足球场。在大概一个半小时之后，学校里面所有的人都聚集在这里，校方的领导叫我向大家致辞，于是我照做了。

之后有一排中学生代表站在我前面向我提问，有一个小女孩问我是否喜欢科比·布莱恩特。说实话这是一个令人头疼的问题，因为布莱恩特是我最不喜欢的球员之一，他所在的湖人队在不久前打败了我最喜欢的队伍波士顿凯尔特人。所以我的回答是“我不喜欢”。这个小女孩继续问我为什么不喜欢，我说因为他在为湖人队效力。我原以为这是一个非常不受欢迎的答案，因为我知道几乎每个中国人（至少是所有的男性）都喜欢湖人队和崇拜布莱恩特。但是出乎我意料的是她微笑地说：“我也不喜欢湖人队。”让我特别高兴的是，当时操场上所有的人都开始鼓掌！我简直不敢相信我的眼睛。在我微笑着与这位可爱的小女孩握手之后，掌声更加热烈了。这是大家走出地震阴霾的时刻。

学生的穿着同样说明了他们的纪律性。所有的学生都身穿同样的校服，我觉得这可能是学校的规定，但是当我问几个没有穿校服的同学为什么没有穿校服时，他们的回答是在那一天不想穿。我接着问“穿校服是不是学校的规定，你们不穿的话会不会有麻烦”，他们说学校没有强制要求穿校服。但是我很好奇的一点就是学校的老师为什么不穿校服，穿着普通衣服的老师与身穿校服的学生在一起显得有点格格不入。

我有时候会推测中国教育中国学生要时刻遵守纪律是为了防止他们产生危险的思想。西方人一般认为中国学生缺乏思考、分析、综合以及权衡、比较事物的能力，大部分受过大学教育的中国学生和几乎每个在中国教过书的外国教师也都会认同这个观点。下面的邮件摘要描述了中国的高中生缺乏自我思考的一个小故事。

> 有一次我让一个学生站在讲台上用四个问题介绍他自己，有一个问题就是“你不喜欢什么?”他首先说“我的名字叫某某，我不喜欢日本人”。在之后的提问与回答的环节中，有一个学生问我对日本人的看法。我仅仅认识两个日本人，其中一个是非常漂亮的库克大学的学生，另外一个是北京某所大学的毕业生，但是我觉得这个时候我最好不要说我认识日本人，所以我告诉他们政府并不代表人民。尽管日本政府和中国政府正在争夺钓鱼岛，以及日本政府在“二战”的时期对中国人所犯下的罪行，但是我们也没有理由去憎恨某个普通的日本人。正如尽管我很多时候也讨厌美国政府，但是我一点儿都不讨厌普通的美国人，正如他们或许也痛恨美国政府，但是他们没有理由痛恨我。在我说完之后，看起来这些学生对我的答案很满意。接下来有另外一个同学问我：“美国人会看不起黑人吗?”我的回答是：“我们有一个黑人总统，你觉得是谁给他投的票?”我说完之后大家都笑了起来，并且点头表示同意。但我很惊讶他们为什么不独立思考这个问题。

在某些外国人很少的中国城市，你必须有习惯成为名人的准备。因为不时地有人围着你照相，还有中学生会将你堵在走廊上，争抢着递给你笔记本索要签名。下面叙述的是我在宁夏回族自治区的小坝镇偶然遇到一群小学生的故事，当时我在一家英语培训学校工作，到这个小镇就是为了宣传这个学校。

我被指示站在人行道上，说不说话都没关系，看起来就像是吸引别人眼球的车模。我的助手是我见过最魁梧的中国女人之一，但此时已经被一群小学生所淹没，这些可爱的小家伙正在疯抢她手中的宣传册。我叫她把册子举在头顶上，但是即使是这样也不能阻止他们。于是我一把抓住她举在头顶的册子，想依靠我的身高优势护住它们。但是因为我手中持有引起争抢的源头物，所以我看到这些小孩子像骚乱中的足球观众一样朝我践踏而来。我的膝盖是扭曲的，感觉有点儿站立不稳。于是我觉得不再扮演礼貌的外国人的角色，我开始推开周围的小孩子以平衡身体。我不知道孔子看到这样的情形会作何感想。

很多银川的初中生都是“追星族”，下面的记录是我在同一时期，在几所银川的初中所发生的事情。

当我们在校园里面行走时，尽管学生的反应不一样，但是都显得有点夸张。我记得在拐角处看到两位盯着我们看的同学，当我们经过的时候我听到了他们巨大的吸气声音，好像在惊讶于会有外国人闯入他们的世界。许多学生之前都没有见过外国人，所以他们在说完“你好吗?”之后就“咯咯”地笑着走开了。当我来到走廊的时候，许多学生挤在我的身旁，大多数人仅仅是盯着你看，也有几个鼓起勇气的学生用英语说几句问好的话。我和琳达在好几个班级都被学生淹没，他们争先恐后地向我们递笔记本和笔，但是他们挤得太紧了以至于我有一点儿呼吸困难。当我们走在路上的时候，在我们前面有很多逆着行走的学生朝我们疯狂地拍照。有一个中学女生用英语对我说：“我喜欢你！”但是这与不久之前一个高中男生的热情相比并不算什么，之前有个高中小伙子对着我用英语大声喊叫：“我爱你！”这实在是令人感动！

中国的大学

在过去的16年里，我先后在中国四所不同的大学里面任教，既有名牌大学也有一般的普通大学，因此我可以很好地观察这两类大学生的不同表现之处。不过必须提到的是，如今的大学生和过去大不相同，毕竟16年是一段很长的时间。并且中国在这些年来发生了翻天覆地的大变化，我也经常听到周边的人在感慨事物所发生的改变。

因此，即使我在中国有16年的教学经历，但是我也很难全面地概括中国的大学和大学生，所以下文的叙述和评论只是我本人对中国的大学生的看法，可能与实际情况有一些出入。首先，无论是衣着还是教学方式，中国教授都是规规矩矩的。记得我在集美大学任教期间，我发现这所大学里面所有的中国女教授在上课的时候都穿得非常正式，因为当时要防止H1N1猪流感的传播，所以没有开空调。即便如此闷热的环境，她们依然穿着职业装：灰色裙子、丝绸衬衫、珍珠项链、黑色高跟鞋以及淡口红。但是我和其他的西方教授可没有如此正经，我们穿着短裤、凉鞋以及短袖衬衫，我个人认为这样的穿着更为舒适和凉爽。

中国教授在上课的时候要么是一本正经地站着，要么正对着麦克风坐在讲台旁边，他们基本上不与学生交流和互动。曾经有一个学生告诉我在上课的时候提问题是一种对老师的不尊重行为，因为这代表你在质疑老师所传授的知识，会让老师丢面子。1995年的某一天，我坐在教室的一个窗沿上休息，当时学生正在抄写我写在黑板上的东西。突然教室里面所有的学生都看着我哄堂大笑，我谨慎地检查了我的裤子拉链，然后又看了看周围，觉得并没有什么值得发笑的事情。之后有个同学告诉我，是我“夸张”的动作引发了大家的大笑，显然，这些学生之前从未看过教授坐在窗檐上。

中国学生习惯被动地接受老师所教的知识，因此当外国教授走在过道上，向从未接受过外教授课的同学提问的时候，他们通常会感到不知所措。他们不习惯到处跑动的外国教授，更不习惯在课堂上回答老师提出的问题。当你和中国学生交谈时，他们通常会很拘谨，而女学生的反应尤为明显。首先，她们看起来根本不像是女大学生，而更像初中生或高中生。当你和她们交谈的时候，她们会因害羞而低头，接着一只手放在嘴上开始不由自主地吃吃地笑；如果你继续看着她们，那么她们的脸会变红，然后转过头。我想任何学术探讨都不可能在这种方式下进行。但是幸运的是，中国的学生逐渐适应了西方的教学方式。而且，我现在碰到的所有学生都认为西方的教学方式比中国传统的教学方式要好，他们也更愿意接受西方的教学方法。

尽管中国在飞速发展，但是中国很多大学教室的学习环境比较差。尽管几年来我所教过的大学教室都装备有电脑、高射投影仪以及空调，但是很多大学教室的空调根本就没有开动过，它们更像是室内的装饰品。多年以来，我在冬季必须穿着两件外套在教室里给学生上课，学生们手上也带着露出指尖的手套，全身上下裹得严严实实，他们呼出来的热气就像白色的雾一样。但是奇怪的是，他们好像从来没有抱怨过。下课的时候还有同学会欢快地打开窗户呼吸清新的空气，而丝毫不在乎室外零度以下的温度。夏季的时候室内是非常闷热的，我看到很多同学在下课的时候趴在桌子上，我猜可能是因过热而全身乏力。我妻子在上完课回来的时候全身都湿透了，就好像刚才穿着衣服游泳一样。尽管有些学校的教室装备有吊扇，但是它们扇动的时候所发出来的声响足以匹敌一群人的喧哗声，因此学生很难听清外教口中的英语。但是，他们似乎也习惯了这些，因为我从未听到过他们对此有任何怨言。

另外一件奇怪的事情就是，很多中国的大学生都喜欢欺骗别人，我说的欺骗可不是善意的谎言。欺骗对他们来说就像是一种需要相互协作的团体游戏，但是被贴上这样一种标签可不是一件好事。很多中国大学的大学生在大学四年里面的上课教室只有那么固定的几间，而且选修课很少，因此长期都和一些固定的同学在一起上课，彼此容易产生信任感和互相帮助的行为。这种关系在生活上是好事，但是对学习而言可不是什么好事。如果班上或者他们那个小团体中有少部分人的学习成绩表现不佳，那么整个班级或团体就会丢面子。因此，大家在考试的时候就会通过作弊的方式帮助那些学习不好的人。过去在我任教的一所大学，我听到有一位来自常春藤联盟的教授因为一个同学剽窃论文而给他一个“F”（F是最低分数）。同样在这所大学，有一次在一次考试中有一个同学竟然问我一道考题该如何解答！当然，我对她说我不能那么做。但是令我惊奇的是，她之后欢快地扭头问她旁边的同学，当时我离她只有6英寸远！在另一所大学，我发现一位女同学在作弊后没收了她的考卷，我不能理解的是她竟然笑着走出教室，看起来根本没有一丝难过的感觉。我猜测这种欺骗行为背后的驱动因素是获得一个好的成绩，以便毕业之后能找到一份好工作。

我曾经帮助过一个中国学生申请美国某所大学的研究生项目，她问我在她的大学成绩单上应该有多少个“A”（A是最高分数），以前在这位同学所在学校任职的一位教授也问我如何帮助她篡改成绩。曾经有一次，当我在美国南卡罗来纳州的时候，我接到一个北京人叫我帮助他申请到美国政治避难的电话，他之前在北京经营一家补习班，并且有渠道获取大学入学考试试题，他将这些题目泄漏给补习班上的学生，显然我不可能答应帮助他。申请到西方大学攻读研究生的中国学生一般首先要缴纳1500～3000元的报名费，还需要填写包括申请信件和个人简介等资料，学生所缴纳的这些额外的报名费显然被某些人或者机构纳入私囊中。

从我第一次踏入中国大学的校门开始已经过去16年了，我发现中国大学生的世界观也发生了极大的变化。过去的大学生一般会向外国教授请教一些关于哲学和宗教的问题，他们非常担心中国的传统文化受到西方思想的入侵，现在的大学生看起来更加担心如何在毕业之后找到好工作以及如何赚钱。尽管他们意识到了政府存在腐败的问题，有时候也会抱怨，但更多时候是表示无能为力，所以再怎么担心也是多余的。此外，中国的大学生对民主问题比较敏感，比如为了抗议日本巡逻船在钓鱼岛冲撞中国渔船的事件，无数中国的学生涌向街头组织或参与游行活动。我最近对一个非常聪明的中国大学生说，中国的大学生可以分为三类：第一类为被父母强制性地要求上大学的学生；第二类为学习成绩非常好的学生，但是上大学是为了将来能找到更好的工作；第三类学生不仅聪明，而且非常喜欢探索真理，不过这类学生的比例非常小。这位学生听完之后立即认可了我的分类方法，并且把自己划入第三类。以我的经验来看，近年来第三类学生的比例是相当少的，甚至在西方也是如此。

我目前在一所以模仿西方高校的教学模式为发展战略的高校任教（大学名字暂时保密），下面我叙述两段在这所高校任职时候的经历来结束本节。第一段记录的是在一个教室里面发生的事情，第二段则是在一个教职员会议上。

六个同学在我的商务英语课上以 PPT 为背景进行角色扮演的课堂活动。他们制作的 PPT 上面首先展示的是一个穿着非常暴露的女人，她被假定为“性感内衣公司”女代言人职位的应聘者。我一看到 PPT 之后就立即起身，跑到教室门口把门给关上，之后所有的学生都在大笑（后来我才发现学生模仿的角色 1，即那个 PPT 上面穿着暴露的女人其实是韩国非常著名的一个变性人）。学生模仿的角色 2 也是该职位的竞争者，我敢肯定她确实是一个女人，但是班里面的同学看到照片之后也都开始大笑起来，有学生告诉我这就是“凤姐”，她是一个非常令人恶心的女人。我好奇地问他们凤姐为什么被认为是恶心，学生们的回答是她为了在网上相亲的时候能吸引优质男生的注意，声称自己在一家全球 500 强的公司工作，但是其实是沃尔玛公司的一个小职员。正因为如此，凤姐在中国一下子变得火爆起来。上面所有的问题都是在角色扮演活动完成之后进行的，因此在学生们扮演活动的时候我根本就不知道他们为何发笑。让我特别感到惊讶的是有一个参加活动的女生为了使扮演更加逼真，竟然模仿 PPT 里面的女代言人竞选者，穿着一条超短裙把脚放在了桌子上，然后双手在腿上上下移动！这引发了全班学生的大声呼叫。当时我在想如果是在以前，毛主席会不会允许这样的事情发生。

下面我所叙述的故事发生在我参加过的最有趣的一次教职员会议上。

这次会议仅有我一个外国人参加，此时我们正在听一个在美国和加拿大生活以及任职多年的同事向大家说明跨文化所存在的陷阱。他提到，他以前在美国大学任教的院长告诫他千万不要穿印有数字“69”的 T 恤衫，否则会被解雇的。因为我不懂汉语，所以我问一个助教（一位 25 岁的中国女孩）这位教授在讲什么事情。她非常庄严地告诉我是关于“69”的一些事情，这个数字组合在西方带有一点宗教象征的意味。令我惊讶的是，此时站在院长、副院长还有其他15个企业管理专业的教授身边的一位中国教授想让我解释“69”的含义。我站起来表情严肃地对他们说：“它的含义是非常可怕的，所以我不能告诉你们！”

中国的英语培训学校

英语在中国非常受重视，中国人对英语的学习热情程度简直可以用“疯狂”两个字来形容。我非常努力地学习过汉语，所以我知道对于一个以英语为母语的外国人来说，学习汉语有多么的困难，我想反过来也是一样的。但是为什么还有如此多的中国人在学英语呢？我曾经在英语培训班做过一些调查研究，发现2008年中国英语培训班的市场规模大概有200亿元，这是一个多么令人震惊的数字！这也从侧面说明了英语学习在中国的普遍性，因此，这对想要到中国来旅行或英语教学的西方人来说是一件值得高兴的事情。

引言

EFL（English as a Foreign Language）和ESL（English as a Second Language）分别是“英语作为一门外语”和“英语作为第二语言”的简称，两者有着明显的差别。规模庞大和日益发展的中国EFL市场孕育了一大批培训机构。“英语作为第二语言”是指对生活在以英语为母语的国家的非本地人教授英语，而“英语作为一门外语”是指对生活在以非英语为母语的国家的非本地人教授英语。“英语为第二语言”的例子如生活在英国和美国的难民、移民，对他们来说英语就是第二语言，而学习英语的中国人正是“英语作为一门外语”的典型代表。两者的共同点可用涵盖性术语TESOL（Teaching English to Speakers of Other Languages）来概括，即向说其他语言的人教授英语。

中国有一些非常著名的英语培训机构，包括新东方外国语学校、华尔街英语学校和东方剑桥教育集团。新东方创办于1993年，目前在中国各大城市有36所学校，共有500万个学员。它以首个在纽约证券交易所上市的中国教育机构而闻名（China Easy Booking, 2011）。华尔街英语学校是一个投资约4000万元的上海英语培训机构，创办之后其学员数量迅速超过1000名（People's Daily Online, 2002）。东方剑桥教育集团创办于1986年，目前有18个组成机构，约有1200万个学员（China Easy Booking, 2011）。

为什么EFL在中国如此受欢迎呢？其背后有几方面的推动因素。首先是政府对EFL的大力支持，中国当地的各级政府都将英语作为小学、初中和高中的必修科目。据政府官方新闻的报道，北京早在2000年年初就将英语作为小学某些高年级的必学科目，开始是在三年级以上的班级试行，之后在全年级实行（People's Daily, 2001, a）。之后不久，教育部就发文规定英语为全国所有小学的必修科目（People's Daily, 2001, b）。从2007年开始，中国政府就对非公立的英语培训学校进行补贴，发布了一系列规范和发展民办教育的法律法规（China Market Intelligence Center, 2008）。此外，英语也是大学入学考试中的一项重要的科目。中国政府对英语教育大力扶持的原因在于中国在全球化经济中的参与活动逐渐增多，而英语是一门全球性的通用语言（Market Avenue, 2009）。另外一个推动EFL规模日益壮大的原因是中国人自身的需求。如今中国父母在其自身和孩子身上的英语培训开支越来越多，因为他们清楚地认识到了英语在职场中的重要性（Market Avenue, 2009）。

很明显，中国的英语培训市场是巨大的。但是它究竟有多大呢？遗憾的是不可能精确地估计其具体的数值。尽管有政府公布的数字，但是那可能也不太准确。因为提供英语培训的个人、团体和机构随处可见，就连英语培训市场的定义都是模糊不清的。例如，小学生或初中生在英语学习方面的开支是否应划入英语培训市场呢？这确实是一种英语培训的活动，但是所有花费都是由政府承担的。另外一个例子就是语言相互交换的互惠项目，例如一个说中文的学生教一个会说英语的学生普通话，反过来这个会说英语的学生为另外一个学生提供英语学习的指导，这种情况根本没有货币交易（Fons，2002）。

此外，也很难说清楚是否应该将那些未达标的英语培训学校纳入 EFL 市场中。在中国有很多提供英语培训的“夫妻学校”，有些是非法经营的，有些是通过雇用一些英语水平没有达到教学标准的中国英语老师来经营的，而且很多培训学校的授课地点就是大街门店上层的某个小房间。一个经常去中国旅游的外国人说许多中国的英语培训学校的教学质量并没有他们宣传得那么好，他们雇用没有英语教学资格的“老师”，学校给这些“老师”的薪水很少，但是学员的学费通常都很高。在英文版的中国报纸中，也可以经常看到报道很多培训机构的英语教师所存在的缺点。其中有一个作者指出他和他的妻子曾经碰到过这类学校的一位英语老师，他的学员都是保险业务员，但可笑的是这位老师连一个汉字都不会说，也从来没有过教学经验（Fons，2002）。

甚至是创办已久的大规模的培训机构，它们所提供的教学质量也经常受到外界的批评。有一个评论员说像华尔街英语学校之类的大型培训机构的学费过高，这类机构的关注重点是其盈亏底线而不是它们的学员，也倾向于雇用“背包旅行者”而不是专业的培训老师（Allison，2010）。尽管华尔街英语学校这类大型培训机构所提供的教学质量遭受外界的批评，我们也能信心十足地将其纳入 EFL 市场的范畴，但是我们不知道是否应该将那些教学水平不高、规模较小以及不知名的培训学校划入这一市场中。

中国 EFL 市场的规模

尽管衡量中国 EFL 市场的规模是非常困难的，但是无论何种测量和分类方法，我们都有足够的数据表明其规模是相当大的。我们可以从利润、培训学校的数量、学员的数量以及英语教师的数量等方面来考察其市场规模。

利润

下面列出来的是几个中国英语培训学校的利润额。

- 2008～2001 年，北京英语培训行业的总利润约为 7 亿元（Xinhua News Agency，2002）。

- 2001 年，北京新东方外国语学校口语课程的年收入为 9000 万元，同时东方英语服务和华尔街英语学校在北京的年利润也在飞速增长（Xinhua News Agency，2002）。
- 2009 年，东方英语服务声称其在北京创办了四家学校，每家学校的月利润大概为 50 万元（Xinhua News Agency，2002）。
- 2008 年，英语培训在中国市场的总产值约为 200 亿元，还具有相当大的开发潜力，其在中国的总市值在 2010 年有望达到 300 亿元左右（Market Avenue，2009）。

培训学校的数量

中国英语培训学校的估计数量目前还没有一个公认的数字，有一位专家的报告表明这类学校的数量在“数百”和“数千”之间（Allison，2010）。估计的非精确性也反映了定义培训学校的难度和此类数据的难以获得性。根据另一家专业营销公司的报道，中国在 2007 年有超过 5 万家英语培训学校（China Market Intelligence Center，2008）。

学员的数量

尽管我们不可能知道英语培训学员的精确数量，但是可以通过官方公布的数据对其有一个大体的认识。例如，人民日报报道在 2001 年北京 EFL 培训行业的学员差不多有 20 万个（People's Daily Online，2002）。同时在 2001 年 7 月，新东方在北京招收了约 3 万个新学员（People's Daily，2001，b）。同年，新东方在上海创办分支学校，到 2002 年 1 月共有约 1 万新生接受培训（People's Daily Online，2002）。除了北京之外，上海的 EFL 市场规模也比较大。例如华尔街英语学校上海分校在成立之初就迅速招募到了超过 1000 名学员，且大部分学员是在外企工作（People's Daily Online，2002）。

除了传统的实习授课式的 EFL 培训市场，网络英语培训市场也颇具规模，数百万的学员正是通过这种学习方式来提高英语水平的。根据一家专业营销公司在 2009 年所发布的报告，当时有差不多 1 亿名网络英语培训学员（Market Avenue，2009）。

英语教师的数量

据人民日报的报道，国家外国专家局（SAFEA）在 2001 年一共提供了 1221 个 EFL 工作岗位，且所招聘的人员全部是以英语为母语的外国人。该专家局的高鹏飞指出，在过去数十年中，数万个以英语为母语的外国人被中国各大高校聘为英语教师（People's Daily，2001b）。

中国 EFL 市场的多样性

以上的统计数据仅仅说明了中国 EFL 市场的总体规模，没有深入地描述它的多样性特征。正如本小节将要说明的那样，这个市场不仅在地域上具有多样性（即在不同的地区具有不同的特征），而且构成市场本身的培训机构也不尽相同。其多样性体现在不同类别的英语学生、不同的收费水平，以及不同的学习科目。一般来说，报名英语培训的学员可以选择实地授课和网络教学两种培训的方式。参加英语培训的学员也可谓是形形色色，他们来自各行各业以及不同的年龄阶段。例如，一家在广东的国际英语培训学校招收 3 岁到 12 岁的英语培训学员（Xinhua News Agency，2002）。还有亲亲袋鼠（一家在中国许多城市都设有学校的英语培训机构，该机构强调婴幼儿早期教育的重要性）的学员年龄全部为 3 个月到 3 岁的婴幼儿，所教授的课程全部由澳洲专家团队研发，当然其学费非常昂贵。中国的网络英语培训市场的规模是相当大的。截止到 2008 年年底，一共有 3 亿中国人报名了网络英语学习（Xinhua News Agency，2002）。不同的学校所要求缴纳的学费差异也相当大，例如在中国西北部地区的一家小型英语培训机构，每学期的学费仅为 2000 元，而在北京的华尔街英语学校每学期的学费高达 2 万元（Xinhua News Agency，2002）。

中国 EFL 市场所面临的挑战

因为中国有着规模巨大的 EFL 市场，且其规模正在日益扩大，所以会不可避免地吸引大量新的加入者，尤其是在进入门槛相当低的条件下。目前英语培训服务具有高扩展性的特征（即创办一个小的培训机构是非常容易的），而且小机构很容易逐步发展成为数千人的培训学校。尽管市场潜力巨大，但是对于新进入者来说还是面临了很多挑战，他们必须要处理很多麻烦的事情，比如：招聘合格的教师，安排合理的课程，面临激烈的竞争，应付官僚主义，处理与教师的关系。

招聘合格的教师

一般来说，英语培训学校有两种方式招聘英语教师，一种是通过经纪人介绍，另一种是通过专门的教师招聘网站，例如 www. seriousteachers. com。尽管学校可以比较容易找到有教学资格和经验丰富的 TESOL（国际英语教师资格证）教师，但是就我个人的经验来看，想要招募一个合格且工作稳定的教师是比较困难的。因为你所招聘的老师可能存在很难解决的家庭问题，比如该教师的随迁配偶并不适合学校的岗位，或者父母可能突然生病，年轻的已婚教师也会面临抚养孩子的难题，对这类教师来说，住房和交通也是一个大问题。一般来说，教师与培训学校所签的工作合同的最长期限为一年，而且经常只有六个月。培训学校任教老师的流动性非常大，这对学校来说可不是一个好消息。因为学生通常会喜爱某一位特别的老师，当该老师离职后这些学生可能会感到非常失望，从而直接退学。

安排合理的课程

对中国的英语培训学校来说，合理地安排培训课程可不是一件容易的事情。因为公立学校每学期的上学时间一般是从周一到周五的早上 8 点到下午 6 点，当然特殊节假日除外，因此英语培训学校的课程一般全部安排在晚上和周末。参加英语培训的学生很多时候也同时报名了那些他们认为是自己比较薄弱的科目，例如数学、物理、化学等。对于高中生的课程安排尤为困难，因为这些高年级的学生为了在高考中取得好成绩，几乎将他们所有的时间都花在学习上。如果你的课程安排与他们习惯性的学习计划稍有冲突，他们就不会报名你的补习班。

面临激烈的竞争

在一个典型的中国城市里，英语培训机构所面临的竞争压力是相当大的，除了数量庞大的同业竞争者之外，我发现父母在为孩子挑选学校的时候也是十分挑剔的，他们将仔细地比较学费、教授的课程、学校的位置、授课时间安排、教师、教学设备以及课程的实用性。

应付官僚主义

每个英语培训学校必须取得当地政府颁发的营业执照，因为各种原因这一过程可能要花很长一段时间。例如，我知道有一家培训机构的执照被耽搁了一个多月，因为必须等一个正在外出度假的官员回来签字。

此外，在学校获得当地政府签发的正式邀请信以及外国专家证书之前，外籍教师是不能获得签证的，而且政府在任何时候可以拒绝签发为获得签证所必需的文书。我知道有一位老师因为不能获得签证而不能到北京的一家英语培训学校就职，因为当时中国即将举办奥运会，在那个时候中国政府不办理任何外籍教师的签证。

最后，学校必须要获得的执照实际上是为了证明学校所提供的教学质量是符合规定的。而且，每个班级的课程计划和课程大纲都必须转发到相关的政府监管机构。

处理与教师的关系

除了招聘教师及其培训成本非常昂贵之外，较大教师流动性也会影响学员对培训机构的忠诚度。因为教师向外界证明其有能力提高学员的英语水平需要一段较长的时间，因此学员一般比较信赖他们熟悉的老师，他们会因某个他们喜爱的老师的离职而离开。所以通过提高外籍教师的满意度从而减少其流动性是每个英语培训学校必须要保证的最基本的事情之一。但是遗憾的是，且不谈薪酬待遇等其他条件，外国老师一般来说很难满意他们在中国的日常生活，其中语言障碍是他们面临的最大的挑战。对于一个不会汉语的外国人来说，简单的家居活动变成了一件非常让人头疼的事情，例如喝水、打开热水器、找零食、洗衣服、存钱以及交通等看起来都是如此的困难。

第五章　现代中国的思想自由

中国的政治

在中国，我从不谈论这个国家的或国际的政治，我这么做是有原因的。首先对于一个外国人来说，要很好地理解东道国的政治是困难的。其次，我对中国向来是友好的，我不想在任何方面对中国做出负面的评价，而事实上在我的主观意识当中，有关对中国的正面评价远远高出对中国的负面评价。我在1995年到达中国，和其他外国人一样，当时我也非常担心我的通话会受到控制。我将这种担忧告诉我的一个中国学生，她听完之后立即拿着我的手机在我眼前将其摔成粉碎，然后问我窃听器在哪里。尽管我在中国多年的生活经历可以说明之前西方对中国所存在的很多固有的偏见是毫无根据的，但是有一种得到了证实——政治思想教育还在进行。有一个非常聪明的大二学生告诉我她从不背诵高中历史教材上的东西，因为她害怕被灌输进大脑的历史并不是真实的。之后她小声地对我说“课本中的错误无处不在”，她的这种忧虑是绝对有必要的。中国的学生大多都倾向于不对老师和教科书进行批判性的思考，事实上很多大学生都不知道如何批判性地思考问题，几乎所有在中国任教的外国教师都可证实这一点。

尽管如此，现代中国人的思想确实比之前要开放很多。中国报社的编辑每天都可以收到很多公开抱怨贪污和其他社会弊病的信件。当我在研究生课堂中对学生说西方人不会和新的生意伙伴谈论国家政治或者宗教时，有一个学生回应我说中国人几乎时刻都在谈论政治，因为大家都知道许多政府官员的腐败问题。当时我立刻指着教室内的闭路监视器开玩笑地说："领导同志，这是他说的，不是我！"这也是当我听到有人说一些冒犯官员的话语时的标准回应。在我看来，教室内的摄像头就是典型的行政官僚管理体制的标志，可能中国的大学领导们都担心学生和老师对他们进行批评，但是也有人告诉我这些摄像头仅仅是用来监测教授的出勤和教学方法的。

很多中国的知识分子经常向我抱怨他们的自由受到了束缚，尽管我无法在中国自由登录 YouTube、Facebook 和 Twitter，我在网上和有线电视中也可以不时地看到报道这类消息的新闻，但我感觉到中国人现在所享受到的自由度正在提高。尽管很多方面都表明中国缺乏像西方人所习惯的那种自由，但中国的宪法却赋予人民示威游行的自由。例如，当厦门市政府决定在本城市范围内建立一家有污染性的化工厂时，很多市民都游行反对，最终工厂撤离到了市郊。最近还有一个学生告诉我他参与了广州的一次反对限制粤语广播的游行示威活动。

但是让我感到惊奇的是，昔日共产党的敌对党派的领袖人物蒋介石，如今在中国人心中形象似乎并不是那么差。之前蒋介石住在南京的旧址现在是一个公共博物馆。有一次我去那里参观，看到主卧的墙壁上挂有一幅明显是基督教的油画，表明了蒋介石妻子的信仰。蒋介石的妻子是著名的宋氏三姐妹的老三宋美龄。宋美龄的大姐是宋蔼龄，1914 年在日本与孔祥熙结为夫妇。二姐宋庆龄在 1915 年和孙中山结婚。三人都曾在美国卫斯理女子学院留学。她们对 20 世纪的中国有不可思议的影响力，在一定程度上影响了中国的历史进程，也因而成为世界关注的焦点。蒋介石在南京市溪口镇的旧址如今已经是一个热门的旅游观光胜地，每年接纳游客近 30 万。下面记录的一个小故事是我在 2010 年到溪口旅游之后而写的。

我们的目的地是蒋介石的故居溪口镇。在大巴上有一个上海人告诉我他父母那一代人都仇恨蒋介石，但是当代的年轻人根本就没有这样的情绪，而且事实是很多人钦佩他。在溪口镇的一个广场上，我们看到有大概 40 名游客坐在板凳上看大屏幕的电视，电视里面正在播放宋美龄用英语清晰、大声地朗读杰斐逊的独立宣言的片段。宋美龄能说一口流利的英语，是一个漂亮且极具政治头脑的女人。她认识埃莉诺·罗斯福（美总统罗斯福的夫人）和美国其他高层人物，并且多次出现在时代杂志的封面上。

当我们来到蒋介石母亲的墓地的时候，我在入口的阶梯处看到一个身穿黑袍，且看起来非常老练的男人。我突然发现这个男人和孙中山长得非常像，于是过去和他握了握手，然后说："你好，请问你是孙中山吗?"他并没有笑。当时我想以后不能和中国人开玩笑了，因为跨文化的笑话几乎是不可能有效果的，而且还可能激怒别人。但是真正的结果是出乎意料的，他告诉我他没有笑的原因是他其实就是孙中山的外孙！我们参观完最后一处景点"雪窦山"之后就离开了，雪窦山的主峰叫乳峰，乳峰下面有一个石洞，洞内喷出来的泉水，如乳如雪，当地人称之为雪窦或乳窦。

中国人的宗教信仰

大多数中国人都是无神论者，但事实上却经常会有中国人跟你说中国是一个宗教自由的国家，我在第一次听到的时候确实有点惊讶。有一个受聘于上海市某行政机关的学生希望我指导他翻译与宗教相关的城市法令。他手里面拿着含有"不许聚众扰乱社会秩序以及在不恰当的场所谈论宗教"的法令文本，非常自信地对我说"中国是一个有宗教自由的国家"。由此我意识到一般的中国人口中所说的"宗教自由"其实是指"信仰的自由，但不能不分场合地对公众宣扬"。

现代中国有三种有影响力的宗教，分别是佛教、基督教和伊斯兰教。著名的玄奘和尚从中国的古京都长安出发，历经艰难抵达印度，之后返回长安进行研究和翻译佛经直到圆寂。自此之后，佛教就极大地影响了中国的文化。玄奘的传奇经历在民间广泛流传，以此为题材的电视剧和电影也相当多，例如风靡国内外的电视剧《西游记》的中心人物唐僧即是以玄奘为原型的。佛教现在更倾向于是一个“文化宗教”，其略显模糊的文化理论也仅被知识分子所了解。中国有相当多的寺庙，每个寺庙的设计平面图和建筑风格也有大体相同。佛教的信徒跪在金色的佛像前面，手持燃香，跪拜之后将香插入铜鼎中。

许多佛教文化的遗迹在“文化大革命”中存留了下来，比如新疆吐鲁番的千佛洞、山西大同的石窑佛像以及四川乐山的乐山大佛。据估计，现代中国一共有1亿名佛教徒和2万座佛教寺庙，佛教徒的数量与当代中国基督徒的数量相当（Xie，2006）。在现代中国，你可以不时地看到身穿橙黄色沙衣的光头和尚在麦当劳里面排队点餐，手里拿着手机和别人欢快地交谈。政府看起来对处于主流的佛教文化的态度是非常温和的，支持佛教的原因可能是因为它有助于世界和平和社会和谐（Xie，2006）。

伊斯兰教在中国西部地区的影响比较大，因为这里少数民族人口的比例相对较大。例如回族人就是虔诚的穆斯林，他们在西部地区的许多地方都建有清真寺。“文化大革命”中大量的清真寺被破坏、损毁或者关闭，很多可兰经被烧毁（Wikipedia，2012）。我曾经想去参观一座位于天津的清真寺，但是被告知现在已经被改建成为一个非宗教的公共场所了。然而，事实却是当代中国已经掀起了一股信奉伊斯兰教的小高潮（Wikipedia，2012）。在宁夏回族自治区的永宁县建有一座巨大的回族博物馆，旁边也有一座颇具规模的清真寺，看起来采取的是自主经营模式。我曾经在中国东部的一所大学任职，这所大学为穆斯林同学设有符合民族习惯的菜肴。

基督教是在中国发展速度最快的宗教，对现代中国的影响也最大。实际上，基督教在中国无论是发展速度还是规模都比其他国家都要大，初步估计中国有大概1亿个基督徒，而且据我所知，中国大部分的基督徒是由性格温和的农村人组成，而且大概有70%为女性。

基督教会的成员从人口统计学的角度来看是不平衡的，具体为女性多于男性、乡下人多于城市人、年轻人多于老年人。据估计，女性基督教徒所占的比例在70%到80%，中国基督教徒对此的一般解释是女性多为心地温和的，也更愿意接受基督信息，而男性更热衷于赚钱。有一位外国人曾对我说过，男人不愿意加入基督教的原因是该教会大部分信徒都是女性，他们认为该教会是一个“女人气”的宗教，根本不值得浪费时间。如果中国的男人看到了中国的女基督教徒在面临困难时候的英勇表现，我想他们会抛弃这种想法的。

中国基督教会的历史是非常年轻的，所以你会看到很多教会领袖只有30多岁。因为他们渴望成为肩负传播福音的“精神之父”，所以经常忽略了家庭。我听说有一位年轻的农村妇女包揽了家里面的全部农活，而丈夫整天在外面传播福音。当问她如何看待这种情况时，她的回答是：“一切都是为了传播福音，这是我应该做的！”由于这种普遍的牺牲式态度，所以许多中国基督教的婚姻家庭过得都比较清苦，但是他们在内心上其实很渴望幸福的家庭生活。

第六章　现代中国的年轻女人

单身女人和中国人的浪漫

浪漫在中国的传统文化中居于次要地位，婚姻爱情的主要目的是生儿育女，新的家庭组合必须要有足够的经济来源才能更好地完成这个任务。因此，在整个悠久和动荡的中国史里，中国人的父母和他们的未婚女儿找一个有财务保障的丈夫、家庭的故事在不时地上演。这种对待婚姻的态度并没有随时间而消逝，现代的中国女人依然对金钱有着强烈的渴望。某名网络红人说的一句话引起了轰动，她说“宁愿坐在奔驰车上哭，也不愿坐在自行车上笑”。我曾在 1990 年看过一位北京大学的教授所做的一项调查，调查的方式是要求年轻的未婚女人对潜在配偶的要求做出排序，结果表明“爱情”没有跻身前十项要求，而“金钱”列居第一，其后排列的依次是“教育水平”和“父母的背景”。在现代中国，年轻的中国女孩选择嫁给年老的外国人并不是一件稀奇的事情，她们的目的在大多数情况下仅仅是为了得到一张绿卡。我在上海的一则电视报道里面看到这座城市要新开一个为帮助中外结合的婚姻家庭的政府办事处，因为上海现在有太多这样的家庭组合了。

所以从传统的观点来看，中国式的浪漫是一个矛盾的结合体。在年轻的中国女孩眼中，看着父母为她们挑选一个在结婚日之前没见过面的如意郎君并不是一件多么浪漫的事情。传统的中国一定严重缺乏浪漫，因为现代中国充斥着各种浪漫的什物，大量 T 恤衫等其他衣物上面印有“Love”

的字样，相亲类的节目也在黄金时段热播，速配俱乐部在各大城市也随处可见。此外，中国音乐电视年复一年地播放着那些陈旧而又催人泪下的爱情故事。中国女孩最后嫁的那个人并不是她们最爱的大学男朋友，但是彼此确实在大学期间在一起度过过一段美好的时光，直到毕业之后因为在不同的城市工作和生活而分手。许多陷入这类浪漫爱情的女人尽管知道彼此不会长久，因为财务、家长的意愿以及工作地点等客观因素最终会战胜单纯的恋情，但是他们在远离父母管教范围的大学校园里面还是很享受这段浪漫的爱情插曲的。

1995 年，电影和书籍《廊桥遗梦》在中国风靡一时。电影中的女主角与一个优秀但比较单板、不懂浪漫的农场主结婚了。有一天，一个极富激情的摄影师来他们的农场拍摄一些旧式的棚桥，就这样女主角与摄影师慢慢地相恋了。但是在她浪漫的激情逐渐冷却下来之后，她开始认识到自己的责任，之后悉心地照顾大病中的丈夫，最终与丈夫过着平静的生活。这部电影中的妻子这一角色简直就是中国女人的真实写照，我相信这也部分解释了为什么这本书能在中国女性群体中畅销的原因。中国女人的浪漫情感一直受到束缚，我觉得她们渴望有机会享受真正的浪漫；即使她们知道，最终还是会回到现实的。而现实，通常与她们父母的期望是紧密相连的。

我有一个学生与一个她所爱的年轻男子的恋情遭到了父母的极力反对，这段恋情最终被扼杀在襁褓之中，她忠诚地遵从了父母的意见，正如大多数中国女孩所选择的那样。这位学生的前男友最后与她的闺蜜结婚了，而且两个人的新家就在她的隔壁，现在她经常帮忙照看前男友的小孩！我仅仅碰到过一个敢于抵抗父亲意愿的女学生，尽管当初她在父亲的安排与一个不喜欢的男人结婚了，后来这位女大学生的丈夫发现她和另外一个年轻的男人（她最初想要嫁的男人）睡在一张床上，于是两人就离婚了。让我感到惊奇的是，她大学里面的同班同学竟然在某种程度上视她为下贱的人！而且在那之后，父亲和她很多年都没有交往。类似这样伤感的故事在中国并不少见。

当然，也有很多受父母影响的婚姻是幸福美满的，但是至少在最初的时候，这样的婚姻并不是这些年轻人想要的，而且这样成功的婚姻也占少数。有一次一位北京的单身男士给我看他未婚妻的一张照片，看完之后我称赞他的未婚妻非常漂亮。这位年轻人说确实很漂亮，但是并不是他爱的人。我问他为什么还打算和她结婚，他说他父亲要求他在30岁之前结婚，而他快要30岁了，所以只能与一个根本不喜欢的人结婚。这项30岁之前必须结婚的道德律令在中国是非常普遍的，给我的感觉就是中国每个年轻的单身女性在她30岁生日那天将要执行死刑，唯一可以取消执行的条件就是结婚。一个30岁的已婚女人对我说她有一个朋友整天被父母念叨，要她在30岁之前随便找个人结婚，生完小孩之后与丈夫离婚！显然这些中国父母渴望抱孙子的态度对与希望他们的女儿有一个快乐的婚姻家庭是相矛盾的。

2011年，我叫两个大学生（一位男生和一位女生）在课堂上展示一段即兴表演，第一个要求的备选题目就是将来的择偶标准。男同学对未来妻子的首要要求就是身材要“凹凸”，即有曲线美；他的第二个要求就是这个女孩必须得到父母的认可。女同学关注的第一点就是将来的丈夫必须非常有钱，最好是一个外科整形医生；第二个要求也是必须征得父母的同意。通过表演，我发现他们在婚姻方面有取悦父母的强烈意愿，对此我感到非常震惊。而且，我发现在他（她）的要求中，“爱情”并没有“父母的意愿”重要，尽管这两位学生确实提到了“爱情”是前五大考虑因素之一。

2010年，我在银川的一次工作面试中看到一位40岁左右、菲律宾和中国的混血应聘者，我问他为什么选择到遥远的中国西北部来找工作，他的回答是迫于祖母（中国人）要他找一个中国妻子的压力。我告诉他中国的女人可能是迷人的，但是同时也得谨慎一点，因为中国女人也是非常难以理解的。但是他说想要中国女人开心其实是非常简单的，那就是在结婚之前买给她任何想要的东西，结婚之后直接把信用卡给她就可以了。

出于浪漫和现实两个对立面的要求，中国年轻的单身女人经常处于矛盾状态。她们喜欢看浪漫的爱情小说、肥皂剧，听中国流行的情歌。在婚姻方面，经过研究之后我发现传统的中国女性对经济方面的考虑还是占主导地位，她们依靠好的婚姻而获得经济保障，但是现代的中国女性则看好未来伴侣的教育水平和个人的素养，特别是受过高等教育的现代女性。我从未听过哪个中国的女大学生，希望将来在经济上完全依赖于丈夫。因此，教育和经济独立的思想造成了一种现代中国独特的剩女现象（剩女是指接近或者已超过了30岁的未婚女性，而且她们还没有找到合适的结婚对象）。剩女一般接受过良好的教育，而且工作也很好。我也发现中国男人在家庭方面有点儿大男子主义，我猜测可能是受到传统儒家文化的影响，即妻子应该始终顺从丈夫和儿子。毫无疑问，拥有高学历以及好工作的女性很难满足这一要求。因此，与婚姻和家庭相对立的是剩女在经济上的独立。我曾经建议一位非常出色的大四女生攻读博士学位，但是她没有接纳我的建议，因为害怕这会影响她的婚姻前景。

红颜知己

中国很多异性之间存在一种介于婚姻和恋爱之间的特殊关系，这些人可能在其配偶身上不能获得慰藉，因此渴望“灵魂伴侣”，但是他们并不想与别人发展一段与道德传统相悖的情人关系。有一个大学生推测，因为对于丈夫来说很难有效地解决“新家庭”（夫妻和孩子）以及“出生家庭”之间的矛盾，且在多数情况下婆媳之间的关系比较紧张，所以他渴望找到一个可以倾诉的异性，打开心门以寻求精神上的安慰。这位女性朋友一般来说是单身的，两人的关系随着交谈次数的增多而变得更为亲密。慢慢地，她就成为这位苦恼丈夫的红颜知己。男人和红颜知己之间在字面或者行为上都不会触及“性”；如果这条准则被打破，那么红颜知己将转变为情妇。一般来说，单身的男性倾向于发生这种关系，他们同时拥有女朋友和红颜知己。不过，已婚的男士可能也有红颜知己。在大多数情况下，他们的女朋友（妻子）并不知道男朋友（丈夫）有红颜知己，所以她们在某方面是值得同情的。红颜知己比她们更了解她们的男朋友（丈夫），但是却没有肩负家庭的责任。

红颜知己起源于中国的历史与文学。在封建时代，通往财富和名望之路一般依靠科举和官僚关系。为了在著名的科举考试中取得好成绩，许多有抱负的乡绅名士苦读中国经典的文学和哲学。当然，其中有很多感觉中第无望的人放弃了当初的壮志雄心，将闲暇时间都浪费在消遣娱乐中，但是他们的娱乐方式比较风雅，包括文化和文学谈论等。这类人喜欢逛青楼：中国古代的青楼中一般有两类女子：一类为普通的妓女，另一类即为红颜知己。后者脸上涂了红色的胭脂，为顾客唱歌献舞、讨论文学、诗歌和其他较为深刻的事情，但是她们并不提供“性”服务。所以“红颜知己”在字面上的意思就是“红色脸蛋的女人帮助你了解自己”。在现代有一种与红颜知己相对应的称呼，即“蓝颜知己”。后者是对拥有“红颜知己”的男性的称呼，字面上的意思是“蓝色脸蛋的男人帮助你了解自己”，蓝色为红色的对立颜色，正如男性相对女性一样。“蓝颜知己”也可以分为两类：一类为拥有“红颜知己”的已婚或者有女朋友的男士；另一类为拥有红颜知己的单身男士。第二类“蓝颜知己”比较少，至少我从来没有碰到或听到过。

多疑的西方人也许会怀疑“红颜知己”的存在，确实这种关系是不稳定的，有时候“红颜知己”会逐渐变为情妇，或者取代其“蓝颜知己”的女朋友或者妻子。令我感到相当震惊的是，这种关系持续的时间不仅一般都比较长，而且男士的妻子或女朋友也经常和他的“红颜知己”成为朋友！我是在上海的公交车上第一次发现这种比较奇怪的两性关系。那是在1995年，我的两个年轻研究生助理（一位男生和一位女生）陪同我去访问上海的一所模范高中。我在车上看到这两位学生有说有笑，相处得非常融洽，而且我注意到他们几乎是形影不离的，于是我以为这是一对情侣。所以我问这位年轻的男士打算什么时候迎娶他的女朋友，他略显惊讶地笑着说：“哦，不！她仅仅是我的朋友，而非女朋友，我的未婚妻在另一座城市。”我想她肯定就是他的红颜知己，因为一般的异性朋友之间不可能保持这种亲密和融洽的关系，而且两人之间也没有任何挑逗性的言语。他们给我的感觉就是一对结婚多年的夫妻。

2010年，我终于在银川第一次接触到了一位我很确定是“红颜知己”的女子。她是一位只有22岁的年轻女子，在我们学校工作。这个女孩很健谈，从她的话语中我了解到她是在大学的时候被父亲与现在丈夫撮合在一起的。尽管这个人不是她的合适人选（至少在她眼中是这样的），她还是遵从了父亲的选择，与父亲为他挑选的男人结婚了。从她的语气来看，此处所说的“结婚”可能仅仅代表两人在民政局婚姻登记处领取了结婚证，我不知道他们两人是否在一起生活，是否有过性生活，是否举行了结婚典礼。这位年轻的女同事在她毕业之后就返回银川老家了，所以并没有和新婚丈夫生活在一起，令人惊讶的是两人相处得非常和睦。她还给我看了某位“朋友”送给她的礼物，是和他晚上出去吃饭的时候送给她的。我当时以为是她丈夫送给她的，但是她说是她的“蓝颜知己”送的。她和她的“蓝颜知己”大概一个月一起吃一次饭，每一次他都会给送给她一束花或一个精致的礼物。“你丈夫不介意吗?”我问的时候眉毛上扬，但是她的回答着实让我感到意外，她说她丈夫不但不会介意，而且和她的“蓝颜知己”还成了好朋友！但是她想了想又补充了一句：“如果我和‘蓝颜知己’每月外出超过一次的话，他确实会介意。”

我的妻子琳达曾经碰到过两位“红颜知己”，她们和琳达聊了她们与蓝颜知己之间所发生的“浪漫”故事。第一位女士的“蓝颜知己”在和她相处的时候交往过好几个女朋友，后来因为他去了英国，所以两人结束这种浪漫的关系。第二位女士的“蓝颜知己”在和她相处的时候也交往过三个女朋友，但是这位女士看起来取得了最终的胜利，他们两个最终成了真正的男女朋友。她看起来非常开心，而且一点都不介意她男朋友过去的浪漫史，因为她知道他与前女友们交往时候的所发生过的所有细节。

我也曾经和一位“红颜知己”交谈过。她是一位在校的大三学生，她的“蓝颜知己”的女朋友与他分居两地，因为两人相隔遥远，所以几乎没有太多的接触。她说她现在很厌烦，想尽快结束这种微妙的关系。于是我告诉她：“你并没有嫁给他，甚至从未和他约会过，所以为什么不直接把你的想法告诉他呢?”她说她办不到，因为他会伤心。我有点儿不可思议会听到这种回答，之后我问她这个男孩是不是亲过她，她说只有一次在脸上碰了一下。好吧，她是一个善良的女孩。

我有一位非常出色的新闻专业的学生，关于“红颜知己”最为离奇的故事就与他的叔叔有关。这位学生的叔叔有60来岁，居住在广州，却与一位素未谋面的沈阳女孩发展了一段网络情谊，而这个女孩才20岁！不幸的是，这个男人的妻子最终发现了这段微妙的关系，之后勃然大怒。如果这种事情发生在美国，你应该可以预见接下来将会发生什么事情：吵架，暴力，摔玻璃杯，头破血流，上法庭。但是请记住现在是在中国，所以你可以停止上面的推测了。这位同学睿智的叔叔给他妻子看了两人之间所有的聊天记录，他妻子发现里面没有任何关于“性”或其他不合适的话语，所以两个人很快就和好了。这一对老夫妻还带着礼物去沈阳看望这位女孩，见面之后三人一起出去吃饭。最终，他的妻子和他的“红颜知己”成了好朋友。他真是太幸运了。

跨文化的浪漫

我发现尽管西方女人很少在中国寻觅到她们的心灵伴侣，但是反过来的现象时刻在发生，我还没有彻底弄明白其中的原因。一些愤世嫉俗者认为年轻的中国女人嫁给比自己大很多岁的外国人完全是出于金钱方面的考虑。尽管我不能如此武断地去评判这类中国女人的心理，但是对于选择嫁给那些肥胖和秃顶、但是相对比较富裕的外国老男人的中国女人，我确实怀疑她们的动机。正如所罗门王所说，一个男人与一个少女的组合是一件令人惊奇和不可思议的事情。请相信我绝没有污蔑这类中国女人的意思，下面是我给家人写的一封与这个主题相关的邮件，它或许可以解释为什么中西结合的婚姻是最佳的组合。

> 琳达发现了一个中国教授写的文本文件，打开之后发现是在教外国人如何接吻。根据文件中的指导纲领，外国人在亲吻中国人时头部可以摆正，但是亲吻外国人的时候必须稍微倾斜头部，因为外国人的鼻子一般比较大。因此，中西结合的婚姻是最好的，因为一个挺直的头部和一个稍微倾斜的头部刚好吻合，就像阴和阳的象征。这位博学的中国教授继续指出，白人比中国人更喜欢发起战争；但是我不知道他如何解释战火纷飞的战国时期，更不用说中国的朝代更迭和叛乱时候所发生的战争。

此外，一位专栏评论员所写的一篇攻击外国人的文章引起轩然大波，这篇文章发表在中国日报英语版上面。文章中有一句这样写道：“为了引起女朋友的母亲的注意，外国人吃鸡爪的时候总是不吐骨头，这使得未来可能的丈母娘总是担心外国女婿会因窒息而致死。”但是我猜测这些母亲担心的不是这个，她们可能是怕女儿失去富裕的外国丈夫以及宝贵的绿卡。

中国的妓女

我和中国的妓女有过大量的接触，但请相信我绝对不是她们的顾客。我只是站在人类学研究的角度，以一个客观观察者的身份观察她们的行为或者与之交谈，而且我并没有刻意地去寻找这些群体。正如许多外国人所发现的那样，这类女性通常成为众矢之的，且被中国人冠以“小姐”的称谓。当她们看到外国人走在街道上时便欣喜若狂，因为在这类人群中存在一种固有的思想，那就是“外国人都是有钱人”。记得有一次当我和一个华裔美国人（上海出生）走在著名的上海南京东路时，突然有两个20多岁的年轻女子和我们走到了一起。因为当时我根本不会说普通话而且不认识任何中国人，所以我只能以羡慕的眼神，干巴巴地看着我朋友和她们一起说笑。终于，我忍不住问我朋友他们在聊什么，朋友说她们想和我们一起到附近的餐厅吃饭。

西方人一般比较直率，但中国人说话比较含蓄。我的这位朋友没有拒绝也没有接受她们的要求，于是她们一直跟着我们走。最后，我首先打破僵局，认真地看着朋友问：“这些女孩是妓女吗?”他说他也不知道，于是我建议他直接一点，要么请她们离开，要么一起去吃饭。但是之后他们还是在一起愉快地聊天，我想如果我继续保持沉默的话可能会有糟糕的事情发生，于是我鼓起勇气对旁边的一位女孩说：“很高兴和你们一起散步，也很感激你们邀请我们吃饭，但是霍（我朋友的姓）和我都是已婚人士，所以我们不能保证我们的妻子是否介意我们和两个像你们这样漂亮的女孩一起就餐。”尽管事实上这两个女孩是比较丑的，我说“漂亮的女孩”是因为我想这是在中国，我应该帮她们保留面子。但是她显然误解了我的意思，因为她的回答是：“漂亮的女孩？我们可以帮你们找到很多漂亮的女孩！”

实际上对于外国人来说，想要体验“掮客”① 这个角色所带来的不太正当的乐趣是完全没有必要的。我有一个成长环境比较保守的学生，她从来不让男士帮她收衣服，也不将自己的名字告诉任何陌生人，因为这与中国传统的礼仪相悖。有一次我和她打赌，如果我站在上海外滩上，5 分钟之内就会有妓女来找我。尽管我的学生不相信我有这么大的“吸引力”。我按下手表上面的电子表，当我站在那里等了 2 分半钟的时候，迎面走过来一个年轻的“小姐”。在我和这位“小姐”接触之前，我的学生急匆匆地跑了过来帮我解围。她非常惊讶作为教授的我竟然会赌这种事！显然她还没有理解教授是有在研究道德的。

中国的妓女被称呼为“小姐”，我并不知道这个称谓的由来，但是听起来是对这类女人的一个描述性词语。中国妓女的穿着非常得体，完全不是西方人脑海中的那种放荡的形象。她们经常有刘海，看起来就像是可爱的高中生模样。在和她们接触时，西方人经常会被问到是否需要中国茶，或者收到她们递过来的剪纸，所以你会对她们的行业类别感到困惑。中国的旅馆一般有年轻女孩提供的按摩服务，但是你应该对晚上房间里面的电话咨询服务保持高度警惕，因为旅馆会将那些“主要目标”（可能包括你，假如你在住宿的话）的房间电话出售给“小姐”，然后这些“小姐”会邀请你共度良宵。

以前在旅行途中住店的时候，我经常在晚上接到这些电话，但是我都将其当作锻炼汉语的绝佳机会。我一般会尽可能地激怒她们，使得她们主动放弃我这个“主要目标”，比如当她们邀请我就餐的时候我就说已经吃过了，或者问她们是否可以给我住在同房的妻子提供按摩服务。但是我发现中国的妓女会不依不饶地搜寻她们的潜在顾客，有很多次我都告诉她们

① 译者注：掮客原指替人介绍买卖，从中赚取佣金的人，此处引申为替妓女拉客的掮客。

我的妻子在身边，但是她们还是继续“游说”我接受服务；特别是有一次当我和妻子去三亚（中国的夏威夷）旅行时，与这些“晚上小姐”的“邂逅”让我记忆深刻。

在旅途中，我们在海口（海南的省会城市）的一家四星级酒店住宿。我们的导游是一个中国的女大学生，我问她酒店内提供的按摩服务是否正规，她说服务都是规范的。于是我选择了按摩服务，走进一个有简易床的小房间，等待按摩师的到来。稍后进来的按摩师身穿紧身的红色丝质连衣裙，与她的深红色口红非常相称；颈项上白色的珍珠项链与她长长的黑发也相互衬托，看起来漂亮极了。尽管她看起来是如此的优雅和漂亮，但是我还是有些担心她是“小姐”，因为我知道中国的妓女与美国的不同。作为一名按摩师，这样的打扮显然与其身份不符。当她叫我换上丝质的印花短裤时，我的疑虑进一步加深了。因为我当时穿的已经是短裤了，所以我告诉她我不想换。但是她对我说，如果我不换的话她就不会提供按摩服务。我想这可能只是按摩服务时所提供的一般服饰，加之我相信导游所说的这是一个正规而且颇有声誉的酒店，所以我接受了换短裤的要求。

我原以为在我换短裤的时候按摩师会暂时回避，但是让我感到不安的是她并没有离开的意思，所以我只能躲在桌子后面以最快的速度换上她递给我的丝质短裤。说实话，这个时候我有一点儿紧张了。之后按摩师开始为我按摩，一个半小时的背部按摩，还有另外一个半小时的腹部按摩。大概过了 15 分钟之后，按摩师的手开始在我的“禁区”附近游荡，这看起来并不是按摩师应该提供的本职服务。但是我想我可能是过度担心了，因为毕竟导游已经保证了这是一家正规的四星级酒店。我试着放松下来，但是当她做了一个在美国被认为是性骚扰的动作之后我翻身且大声叫停，此时我怀疑她是一个伪按摩师，所以我决定测试她，我问她是否愿意为我妻子提供按摩服务，她并没有拒绝，于是我又相信她不是“小姐”，翻过身来继续接受她的按摩服务。大概半小时之后，她问我吃过饭没有，我说已经吃过了。但是我说完之后她突然用一只脚踩在床上，脸部贴着我的后背，用她那红宝石般的红唇在我耳边呢喃：“要喝中国茶吗?”我告诉她我不渴，于是按摩服务便这样不愉快地结束了。

本来我以为全部消费是 15 元，但是她坚持我必须支付额外的服务费用。尽管我辩解她并没提供任何额外的服务，最终还是给了她50 元并迅速地逃离了房间，我知道惹恼一个中国妓女是得不偿失的。因为我之前听闻一个外国人有一次和一个中国妓女争执服务价格，这位“小姐”认为他给的钱太少了，好像这么做伤了她的自尊，所以偷了这位外国嫖客的眼镜。这位外国朋友显然不知道人民币的真实价值，竭尽全力想要拿回他的眼镜。激烈的争吵引起了当地治安人员的注意，最终这位可怜的外国人被拘禁在警局。在充满冒险的海口之旅圆满结束之后，一位年长的上海朋友告诉我，海口的妓女所占的人均比例是中国所有城市中最高的。

卖淫行为在中国是不合法的，但是实际上普遍的卖淫行为也从侧面反映了中国存在的一些问题。你经常看到或者听到某些事情是违法的，但是对这些事情你必须保持高度警惕。例如在标有“禁止游泳”的水库，你会看到很多人在里面嬉戏；在禁止吐痰的街道上，你也会看到很多唾液脱口而出；在非摩托车道上，每小时都会有两三千辆摩托车飞驰而过；在标有“禁止投币”的水池里，也可以看到数千枚硬币静静地躺在池底；校园里面可以看悬挂有“作弊可耻，违反必究”的横幅。这个国家酷爱用标语来说明某些事情是违法的，但是实际却并非如此。据我所知，在市政府旁边的某所大学附近有一个颇具规模的按摩室（妓院）。店主是一个 30 多岁的女士，人非常好，经常可以看到她的小女儿在店内的桌子上做家庭作业。所有的女按摩师都穿着非常正式的白色旗袍，旗袍上面带有某种特殊标志的徽章。在不了解它的真相之前我经常去那里按摩，直到有一次我在旁边一家理发店理发时，一个女理发师告诉了我真相。学校里面的一位教授也告诉我这家店会提供各种非传统的服务，例如“快乐到死的按摩”。但是，请注意提供这类非传统服务的按摩室是违法的，但它就在市政府旁边“正常”营业。必须说明的是，店主和她的雇员为我提供的服务都是正规和专业的。

有一次，我在一家装饰有粉色窗帘的理发店理发。中国的理发师一般会让她的顾客躺在一个简易小床上，头部放在水槽的位置，然后让她的助手帮顾客洗头发。剪完头发之后，助手会帮你将头发再清洗一次。当我走进这家理发店时，一个20岁左右的女助手叫我躺倒洗头床上，之后往我的耳朵里面塞进去两片锥形的薄纸团。我觉得这非常奇怪，因为这看起来和洗头发毫无关系。之后她用某种机器往我耳朵里面吹气，在疼痛消失之后我有点怀疑这是否会有损我的听力。在洗头的过程中她不时地问我想不想要按摩，我回绝了她的要求。突然这个马尾女孩抓住我的阴茎并开始左右摇摆，我因疼痛而大叫起来，并且感到尴尬和不安。另外两个看起来非常甜美的女孩听到叫声之后看了过来，然后这三个女孩开始“咯咯”地笑了起来，看起来一点儿都不在意我的愤怒。我站起来走向店门，但是理发师拦住我并坚持为我理发。她看起来是这家“妓院”的经营者，但这丝毫不影响她为顾客理发的本职工作。在这里的经历加之事后中国朋友的提醒，使我明白有粉色窗帘的理发店很可能会提供非正常的服务。

需要注意的是，这些“夜间女士”可能会在不经意间出现。对于外国人来说，怎么都不会将这些外表看起来纯洁的少女和性工作者联系在一起。我北京的公寓对面就有一家我之前认为是正规按摩室的“妓院”。有一次，我走进这家按摩室之后，一个看起来非常小的女按摩师帮我按摩，在交谈中我发现她生长于中国南部山区的一个非常贫穷的乡村，高中毕业后就跑到北京谋求工作。不幸的是，她找到的第一份工作就是目前的按摩师。老板是一个肥胖、看起来非常丑陋的中年妇女，在这个可怜的小姑娘工作之后她就千方百计地训练和诱使她从事非正规的生意。在小姑娘为我按摩的时候，这位肥胖的老板走进小按摩室，问我是否需要两位按摩师同时为我服务。

我之前从没听说过有两位按摩师提供的服务，就好奇地答应了。之后走进来一位十几岁的女按摩师，两人同时为我按摩。在没有任何征兆的情况下，与我聊天的那位女按摩师突然跳到按摩床上，之后坐在我的身上帮我按摩。我感到非常紧张，因为这些看起来是非常不正规的服务。在两位女孩开始询问我是否需要“超时”服务时，我更加确信我的处境是非常危险的。我告诉她们我的妻子就在街道对面的影像店租一部电影，我们打算晚上9点一起看。但是正如我之前提到的那样，“妻子”这个字眼对中国的妓女没有丝毫的威慑力。之后肥胖的女店主也走了进来，继续劝说我

“享受”超时服务。被我拒绝之后我感觉她有一丝愤怒。她叫我坐在按摩床的边缘，之后将我的双手反在背部，然后就像脊椎按摩师一样用手使劲地抽打我的手臂。

在她扭曲我的脖子的时候我仿佛听到骨折的声音，就像捏碎脆饼干时所发出来的声响。我想她可能是因为我没有接受超时服务而拿我出气，在帮我按摩的时候一直对着我喋喋不休地说着一些我听不懂的话语。终于，我感到不耐烦了，站起来打算离开。但是这位肥胖的老妇人堵在门口，我试着用力挤过去，但是她就像橄榄球的中后线守卫一样纹丝不动。多次对抗之后我才顺利地冲出大门，但是因为走得太过匆忙，我的钱包和手表都丢在按摩室中。当我再次进入这家按摩室的时候，她们全都忽略了我，此时正忙于应付另一个刚进来的潜在顾客。我冲进小房间，迅速抓起我的贵重物品，然后匆忙离去。

一段时间之后，我了解到这两个年轻的女孩其实都是来自贫困的农村家庭，她们在城市逐渐沦为妓女，这确实是一种悲惨的现象。实际上，中国的“小姐”大部分都是来自小城镇或者偏远的地区，她们也是从农村移居到城市大军中的一部分。为什么她们会从事这种行业呢？尽管金钱的因素占了不小的比重，但是将原因完全归咎于金钱因素显然是令人怀疑的。尽管大多数学者将性工作者看作放荡的女人，或将这类现象看成一种不健康的公共问题，但是也有很多人类学家开始研究这类女人内心的情感世界（Yu，2001）。

除了金钱之外，驱使她们离开农村而选择到城市中出卖肉体的因素是什么呢？人们一般认为她们是为了获取钱财，但是具有讽刺意味的是，很多中国妓女的最终目的是获得浪漫的爱情，甚至是婚姻。中山大学的人类学家丁瑜教授，在两年时间里在珠三角地区深入访谈了23名性工作者，得出来的结论是对于“小姐”来说，婚姻和爱情都是她们重要的考虑因素。丁教授说：“不管我们交谈的内容是什么，大部分的主题最终都与爱情相关。在谈话的过程中，大多数女人都会提到她们的丈夫，男朋友或者前男友，尽管这些男人给她们带来的痛苦多于快乐。”我从整理的资料中认识到，如果我想更加深入地了解“小姐”的生活，我必须更多地考虑她们的

“爱情”因素。（Yu，2011）

一些乡村“小姐”渴望获得一段有着亲密关系的情感，通常这也是她们前往大城市成为性工作者的驱动因素。在丁教授所访谈的23名性工作者中，有6位是已婚女士。她们抛弃远在家乡的丈夫，来到大城市寻找这份特殊的情感。丁教授说：“在这些已婚女士的眼中，已有婚姻是她们逃避的事情。当她们发现新的婚姻家庭没有预期那般美好的时候，比如贫困、抚养孩子、不和谐的婚姻关系等，这些残酷的现实使她们对婚姻的美好感觉就很快消失了。”（Yu，2011）

不管这些已婚“小姐”在农村的婚姻状况，或者是单身“小姐”对将来婚姻前景的期望是多么的糟糕，她们还是对爱情和浪漫充满了渴望，尽管她们从事的是非法的性交易。丁教授所讲述的一个故事让我印象非常深刻，有一名“小姐”只身来到大城市从事性交易工作，其目的仅仅是给她男友提供吸毒的资金！这位“有奉献精神”的“小姐”宁愿在大城市与吸毒的年轻男友厮混在一起，也不愿意回到农村和她丈夫生活。因为与年轻的男友在一起生活时，她获得了浪漫的情感。丁教授说很多“小姐”背井离乡并不是因为糟糕的婚姻，而是因为她们渴望得到性满足以及寻找新的亲密伙伴，她们梦想有几个男朋友和情人。（Yu，2011）

下文所举的一个例子可以部分说明这些“小姐”对幸福婚姻的渴望。故事中的女主角是一名26岁的性工作者。

> 这名26岁的女士的脑海里面有好几种不同的亲密关系，而且她还将它们划分为不同的层级。她把“知心交流”排在第一层，因为她认为两性之间精神上的交流是世界上最美好的事情，她梦想将来自己的婚姻也有这种交流。“性关系”被她划在较低的层级，因为这只是一种简单的生理需要。最后，她将自己与当前男友的关系置于“中间层级”。尽管她与现男友相处时感到很快乐，但这种关系还不足以说服她与他结婚。她相信还有更好的男人在前面等着她，将来也可能会嫁得很好，只是现在这样的好男人还没有出现而已。（Yu，2011）

当然，并不是所有的妓女都认同婚姻价值和家庭价值，正如丁教授所说："有些妓女认识到婚姻并不是美好生活的必需条件，不是她们的最终目标，不是唯一的选择，或许根本就不是一个好的选择，这些'开明'的女士的性观念因此变得更加开放，也让她们明白如何利用自己的身体。"（Yu，2011）在我看来，最后一个促使"小姐"移居城市的因素与中国其他的农村人一样，就是崇尚大城市的"现代"和"开放"。对于这些小姐而言，即使只能粗略地看到大城市的风光和生活，她们认为也是值得的。她们的"城市梦"以物质和情感的形式表达出来，渴望过上城里人的生活以及发展几段亲密的关系。（Yu，2011）

第七章 关系

“关系”在中国无处不在，在我来到中国不久之后就领略到了其厉害之处，但是从那时起我就一直对“关系”保持相当大的困惑。英语中对“关系”的定义是相当简单的，即人际关系或者社交网络。但是这种定义对理解中国的“关系”几乎是毫无价值的。我在本章将深入地说明“关系”的复杂性，首先讲述两段我个人与“关系”有关的奇妙经历。

大约在 1996 年，我和妻子被困在青岛的一个非常拥挤的火车站里，两人费力地搜寻回上海的火车。我们的导游是一个大概只有 21 岁的大学生，看起来从来没有离开过上海，他和我们一样，对如何返回上海感到非常困惑。我们三个蜷缩在青岛火车站，仔细地看着一些旅行报纸以获取可能有帮助的信息。突然有一个陌生人和我们挤在一起，双眼使劲地盯着我们手中的报纸。我在前文也已经提到过，中国人对隐私的理解与西方人完全不同，所以这种事情时有发生。记得有一次，我的一个学生到我的公寓来拜访我，她进来之后直接拿起我的银行账单，然后对着所有人微笑地念着上面的账单！还有一次，当我坐在一栋公共建筑物前面的阶梯上，拿着一本英文书看的时候，突然感觉耳朵附件有别人的呼吸，扭头发现有一个陌生人正盯着我的书本。对于一个外国人来说，克服隐私文化的差异是非常困难的。

回到主题，当时在火车站看到熙熙攘攘的人群，因始终找不到回上海的火车，我逐渐变得焦虑起来。这时，我们年轻的导游拿出她的手机拨了一个号码，她说她已经叫哥哥帮忙了，我们只需要在车站门口等着就可以了。大概一个半小时之后，我看到有一个陌生的男生突然出现在我们面前，然后奇迹般地递给我们三张返回上海的火车票！我问导游这个男的是谁，她说她也不知道。当时我想这种事情绝不可能在美国发生，我都怀疑自己是否正处于“阴阳魔界”① 中，奇迹般的结果是如何产生的呢？这就是“关系”的魔力。实际情况是这样的，我们的导游打电话给远在上海的哥哥，然后她哥哥找到他的同事，这位热心的同事然后又打电话给他在青岛的朋友帮忙，也就是我们眼前的这位陌生人。我们的导游不认识这位青岛男人，甚至她哥哥也不认识他。但是就是这位陌生人，递给我们三张返回上海的珍贵火车票！现在你可以发现，在中国，“关系”的力量是如何不可思议了。尽管西方也存在人际关系或者社交网络，但远不如中国这般充满魔力，在青岛所发生的事情在西方是绝对不可能发生的。

我和妻子在中国曾经有一段令人难忘的数月之旅，第二段关于“关系”的故事就发生在这段旅行中。我在旅行之前打电话给上海外国语大学的领导，问他是否能介绍一个合适的导游给我们，于是他给我推荐了一个女学生（事后我才知道这位学生非常年轻，除了杭州和上海之外从未到过其他地方）。我对这位学生说：“我们首先想去遥远的新疆南部游览塔克拉玛干沙漠，这是世界第二大沙漠。”她首先打电话给在杭州工作的妈妈，然后她妈妈联系一个在杭州工作的同事，这位同事找到一个生活在乌鲁木齐的朋友。当我们抵达乌鲁木齐的时候，我们住进了当地新建的一家最豪华的四星级酒店，并且是半价！

第二天，酒店的老板先打电话给一个在库尔勒开出租车的朋友，然后送我们到前往库尔勒的大巴上。在一段平稳的高速大道之后，大巴行驶在一段非常崎岖和肮脏的小路上。最终，我们安全抵达了库尔勒汽车站。在车站我们碰到了酒店老板的出租车朋友，他把我们带到当地的一个小旅馆。第二天日出之前，他带着我们前往塔克拉玛干沙漠，因为日出后的天气非常炎热。在看到塔克拉玛干沙漠的时候我的心情十分激动，这是一段我认为比站在长城还要珍贵的经历。数小时之后，司机带我们返回了库尔

---

① 译者注：《阴阳魔界》是一部科幻电视连续剧，改编自美国同名小说，讲述主人公在高空的客机机舱外发现妖怪，但没有人相信他的说法。

勒。他有一位在库尔勒当图书管理员的朋友，他的这位朋友还负责看管一间珍藏有历史古文物的房间，因此我们有幸参观到一些令人叹为观止的文物。

这间文物收藏室内非常闷热，并且没有空调。我看到房间里面陈列着几具十几岁的女性尸体。她们在公元1000年前死于沙漠中，三千多年之后依然被保存地如此完美，看起来就像沉睡的正常人。房间里面的空气非常干燥，保存的这些美丽女子绝对与任何西方博物馆中的一样好。实际上，这类尸体在乌鲁木齐确实是存在的，在旅行杂志上面也有相关报道。但是就我所知，乌鲁木齐本地还没有报道过这些女子的新闻，而且根本就没有旅游者知道这个地方。看着这些尸体，我感觉经历了一次时光旅行，正是由于“关系”我才得以一见。顺便说一句，无论是乌鲁木齐的酒店老板、库尔勒的出租车司机，还有库尔勒的图书管理员都不认识我们导游的妈妈。

一般性描述

下面我引用一段在学术上对“关系”的标准定义。“关系”即为建立的一段确保个人或者组织的关系得以维持的社交网络，是一种复杂但非常普遍的关系网络，隐含了关系人之间存在的共同义务、保证和理解(Park & Luo，2001)。我想西方人看了这段定义之后，会和我一样认为“关系”和西方的“社交网络”是一回事。但是，如果你能耐心看完下文，我保证你会发现两者其实是截然不同的。

“关系”与中国其他的事物一样源自于儒家思想，而儒家思想的精髓就是“关系”，包含有五种最基本的要素，即君臣关系、父子关系、兄弟关系、夫妻关系和朋友关系。从根本上来说，儒家思想所说明的“关系”都暗含了关系人之间必须承担相互帮助的义务。这种“关系”的概念已经深入到中国人的脑海之中。如果别人为你做了某些事情，那么你必须时刻准备回报别人。我曾经有一个教师助理非常优秀。她是一个大四的学生，我告诉她我非常感激她让我的工作变得如此轻松，所以我想以某种方式报答她。但是当我每次表达想报答她的意愿的时候，她总是拒绝我的好意，且迅速切换交谈的主题。因此，我对此几乎有一种被冒犯的感觉。

有一天我突然想到了一点：她是否是在担心如果我报答她之后，她不得不承担“关系义务”？于是我直接问她是存在这种担心，她说是的。我告诉她不需要担心会欠我什么，因为西方人根本不会经营“关系”。但是她说她根本无法控制这种思想。确实，我敢打赌任何一个中国人都不能控制思考“关系”，它已经渗透到了中国人生活中的每个细节。“关系”非常细致地反映了每个社会个体的社会生活，以及中国社会的各个方面。在超过5000年的时间里，“关系”已经从根本上融入了中国的文化中。(Park & Luo，2001)

下面我举一个具体的例子，以方便读者更好地理解商业中所普遍存在的“关系”。这个例子可以为下文对“关系”的深入探讨做好铺垫，你将看到中国的“关系”与贿赂之间是多么相近，也将看到“关系”如何打破商业行为的规范标准。

> 税务审计员有一天突然出现在店中，他们想要审查公司的账务。但是在中国根本就没有保存账务的标准条例，特别是对于我们这种私人企业，所以如果他们想要在公司所得税中找到错误，这真的是一件非常简单的事情。我叫我的行政助理×到我的办公室，告诉他公司现在所面临的困境。他听完对我笑了笑，然后说：“给我2500元的劳务费，我将帮你摆平所有麻烦。”(2500元当时相当于一个中层管理6个月的薪水）不久，×叫我出去和审计人员一起吃饭。我们去了市区最好的饭店，点了昂贵的酒菜。在饭桌上，审计负责人大肆表扬了我们公司的会计系统，称赞它是非常有效率的。事后我发现高中毕业生×的父亲是这位审计负责人的好朋友。这种行为看起来确实是不对的，但这的确是一件非常普遍的现象，而且你必须要学会思想开放一点儿。(Chang，2011)

关系的不同形式

“关系”有多种表现形式，例如家庭关系、亲戚关系、朋友关系、老乡关系、校友关系、同事关系、上下级关系、邻居关系、师生关系，还有战友关系等（Ai，2006；Chou，et al.，2006）。有些“关系”比较强，有些则比较弱。如果按照“关系”的强弱来划分的话，大致可以划分为三类：核心关系圈、中间关系圈和外围关系圈。核心关系圈所形成的关系网络是最强的，一般是由家人和最亲密的朋友组成。这类关系圈中的个人肩负有牺牲、给予和对其他关系人无条件帮助的义务。关系人在付出的时候没有想过将来会获得回报，这与稍弱的关系圈是不相同的。例如某个家庭成员得了重病或者陷入了财务危机，其他的家庭成员将与他共享他们的资源，且不期望得到回报。核心圈中的关系可以被称之为感情（Guo and Miller，2010）。下面是一个阐述这类感情的例子。作为西方人，你可以问问自己是否能像下面两个人那样，为家庭成员那般无私地奉献。有了这种强烈的关系情感，谁还需要律师？

> 当我想开一个塑料产品制造厂的时候，我自己并没有充足的启动资金。因为当地银行拒绝贷款给我，所以我只能向我的亲戚寻求资金援助。我的两个亲戚听完之后毫不犹豫地给了我大笔的资金，我顺利地建立工厂，购买设备，雇用工人。他们甚至没有要我签债务合同以及规定还款期限，因为我们是亲人。当我们有这种强烈的关系基础之后，那些文件是完全没有必要的。如果没有他们的支持，我肯定不可能这么顺利地创业（Guo and Miller，2010）。

中间关系圈的“关系”程度比核心关系圈中的要弱，一般是由非亲属成员之间的频繁联系发展而来的，比如商业伙伴、投资银行、主要顾客、政府官员等。但是这种关系圈比外围关系圈中的“关系”程度要强。外围关系圈中的成员一般是为了将来的利益而凝聚在一起的。比如在飞机上面，素不相识的交谈者互换名片，两者形成的“关系”就属于外围关系圈。中间关系圈的“关系”一般被称之为人情。这种“关系”非常重要，且对将来的发展是很有帮助的，但是这类“关系”中的关系人期望从中获得好处，即如果某个关系人在当前给别的关系成员提供了帮助，那么他就期望在将来会得到回报。下面是一个商人描述这种“关系”的报道，请注意关键字眼“宴会”“送礼”“经常的问候”。

> 在企业的发展阶段，处理好基于“关系”的人情是至关重要的，特别是与那些商业相关部门的官员之间的“关系”。在中国，即使你所有的商业活动都是合法的，如果你不处理好与相关政府官员的“关系”，那么他们会认为你一点儿都不懂得人情世故，当你在某些方面需要帮助的时候会置之不理。送红包给政府官员的行为肯定是违法的，也没有官员会接受你的红包。但是人情关系可以通过其他方式得以表现，比如邀请他们参加宴会，在特殊的场合送礼，以及经常的问候。这些看起来非常琐碎的社交活动对建立长久和谐的“关系”是非常关键的。通过这些活动与官员不断接触之后，他们将会更加了解你和你的商业；更重要的是，他们会认为自己得到了应有的尊重，于是关系也就逐渐形成了。我知道如果我在将来需要帮助或者建议的时候，他们肯定会伸出援助之手（Guo and Miller，2010）。

我在上文仅仅提到“宴会”“送礼”“经常的问候”这几个词语，但是我经常想，如果“尊重”这个词从中国语言中去掉的话，那么整个中华文明将归于原始的状态。在日常生活中，你可以发现“尊重”无处不在。当中国人和你交换名片、递钱和送礼品时，他们用的都是双手，因为这种方式才能体现出他们对别人的尊重。在宴会、送礼和问候的时候，中国也存在很多令人头昏眼花的礼节。但中国社会正是依靠这些无数的礼节才能得以正常运转。迄今为止，我已经记不清我在中国参加过多少次宴会、受到过多少份礼物，以及在节假日的时候收到过多少次问候了。送礼是一件非常普遍的事情。

《金瓶梅》是中国明代一部著名的长篇世情小说，但是由于包含一些略带色情的内容遭到封杀。我找到一本此书的英译本，但书中“肮脏”的章节都是以拉丁语显示的。我的美国大学母校有一位罗马天主教神父，他是我们学校的访问教授，于是我请他翻译其中的一段拉丁语章节，因为我从不认为禁止出版的书籍就不应该阅读。很多中国人认为《金瓶梅》是一本“垃圾书”，但是我认为它的内容充分反映了中国的历史和文化，对于外国人理解中国文化也是很有帮助的。这本书有四卷，全书都在描述一个男人与他妻子和妾所发生的故事。在我看来，此书有两卷全部是在描述数卷丝绸是如何作为礼品送出去的，别人又是如何回赠的，具体为是谁送的丝绸，送礼人的地位和居住地，礼品在当时的市价是多少，丝绸的颜色和质地如何，丝绸的长度，收礼方回赠的礼品是什么……从这本书可以看出，中国人将送礼当作是一件非常严肃的事情。从我个人的经历来看，更是如此。

例如，如果别人邀请你参加宴会，那么在你离开的时候会收到一份礼物；我在目前任职的学校经常收到行政部门的邮件，通知我去拿礼物；学校在节假日的时候还经常向教授的银行账户打钱，这也仅仅是礼物！此外，学生在圣诞节的时候也会给教授送圣诞礼物。我记得每年在圣诞节的时候都会收到很多圣诞礼物，所以，每次我都感觉自己是一个在圣诞节的早晨等着查看礼物的孩子。当然，我在美国当教授的时候也收到过礼物，但绝对没有这么多！我记得在考试周的时候我收到一份十四层的焦糖巧克力蛋糕（如果我没记错的话，那天应该不是我的生日），这是我的一个学生送给我的，她说我的测试已经让她的脖子上都长出荨麻疹了！这在西方肯定是一种令人羞愧的行贿行为，但当一个中国学生这么做的时候，我知道她并没有意识到自己在行贿。所以，为了不让她颜面扫地，我接受了她的礼物。无论如何，在中国生活多年之后我才明白，所有的宴会都是非常严肃的。从表面上看，这仅仅只是一次聚餐。但是实际上，它暗含了中国生活和文化更深层次的东西。作为外国人的你可能觉得难以理解，但你必须学会尊重它。

接下来讨论的是最弱的一种“关系”，即外围关系圈。这种“关系”一般被称之为交情。交情一般产生于之前素不相识的人群之间，且这些人通常达不到家庭或者商业的“关系”。这种“关系”的目的是为了将来获取可能的利益，而中间关系圈的“关系”人为了得到的是现实的利益，例如为了得到政府许可或者某些重要的信息。这种一般交情的例子也有很多，例如大学校友、会议成员等（Guo and Miller，2010）。下面是一个商人对这类比较弱的关系的一段描述。

我的这位新的商业伙伴是在一次商业旅行中认识的，当时我们乘坐的是相同的航班，并且他就坐在我的身边。登机一段时间之后，我们开始交谈，开始聊的话题都是各自家乡的事情，然后逐渐聊到各自所经营的事业。因为刚开始我们彼此都不了解，所以我并没有详细地说明我所从事的工作，但是我们在下机之前有交换名片，并且如果将来出现一起合作的商业机会的话会相互联系。两个月后，我接到他的电话，他问我是否有兴趣与他的公司合作，建立一家合资企业。如果我在之前没有和他建立一些交情的话，我想我是不可能得到这个商业机会的（Guo and Miller，2010）。

上面的例子表明，中国人与其他人（即使是陌生人）交换电话和地址是一种非常普遍的行为。但就是这种大众化的行为，一直让西方人觉得非常困惑。这让我想起那些非佛教弟子在佛教祭坛前面焚香的情形，他们并不是虔诚的佛教徒，他们仅仅是在为各自的将来祈福。

关系的显著特征

“关系”有几种显著的特征，其中的某些特征将有助于你理解西方社交网络和中国“关系”的不同。为了便于下面的讨论，我将“关系”按其属性分为以下几类：可转移性、互惠性、不确定性、功利性（Guo and Miller，2010），以及长久性。

我首先说明“关系”的可转移性。假设有 A、B、C 三人，如果 A 和 B 有“关系”，B 和 C 之间也存在“关系”。尽管 A 和 C 彼此是相互陌生的，A 和 C 之间也存在某种“关系”。这意味着假如 B 对 C 说 A 需要帮助，那么 C 就有义务帮助 A。如果 C 拒绝的话，他将失去面子。作为一个西方人，我很难想象当我的某个朋友要我帮助他的某个朋友、而我又无法拒绝时的情形。但这在中国是再也正常不过的事情，这也可以解释为什么当我在遥远的西部塔克拉玛干沙漠时，能够得到位于东部上海的朋友的帮助。

“关系”的互惠性就是关系人之间必须相互帮助。例如，如果别人帮你挠了后背，作为回报，当别人后背痒的时候你也得帮忙挠一下。这种属性对西方人并不陌生，但是与西方社交网络中的互惠关系不同。在西方，人们一般认为当别人给予你帮助之后，你只需提供一个大概等同的回报就可以了。但是在中国，处于弱势的关系人经常被要求付出超出自身能力的回报，中国的关系网络经常是按照不平等的层级排列的。我记得有一个中国教授曾经告诉我，当在特殊的节假日的时候，他必须时刻注意自己的手机以回应学生和朋友的问候。不管这种互惠形式在不同社会或组织层次中是如何执行的，可以确定的一点就是，这种形式确实非常浪费时间，并且非常麻烦。有一个中国教授曾在我的美国母校任职，她是作为交换教授被选派过去的。她告诉我她非常喜欢在西方教书，我问她问什么这么说。她说在西方大学任职的时候，时间是由自己来支配的；但是在中国，她必须无时无刻地处理各种“关系”。

关系的不确定性特征就是说，别人给予你的帮助，或者说你欠别人的人情是无法实际估量的，所以关系人都不能确切地知道自己是否已经还清了别人的人情。如果某个关系人完全忽视他的关系义务，那他肯定会颜面扫地。但是另一方面，所有的关系人也不可能在短时期内平衡自己的人情。如果你欠了某个关系人太多的人情，那么在你差不多还清所有的人情之前，你也会不好意思再去请别人帮忙，即使当你确实需要别人帮助的时候。维持一个正常的关系网络的必要条件就是要让所有的关系人都满意，这看起来是一件对社交能力要求很高的事情。即使是在现代社会，在维持社会关系平衡这方面，深受儒家思想熏陶的中国人所具有的能力让西方人叹为观止，我不相信任何个人主义的西方人具备这样的能力。

互惠性是对“关系”的一种合适的描述，至少对中间和外围关系圈中的“关系”是这样的。这类“关系”的典型特征就是以相互帮助为基础，而不是附加的情感。这也解释了为什么陌生人愿意为我提供火车票、半价的酒店住房和旅行帮助，原因就是他们期望在将来的某一天会得到回报，他们根本不知道也不会在意你到底是谁。

长久性是“关系”的一种非常有趣的特性，表明了一个人所经营的“关系”长期，甚至是在其死后依然还是有效的。我记得有一个中国教授告诉我，他的父亲是一位非常有名的知识分子和学者，一生积累了很多“关系”。不幸的是，他父亲就在他即将参加高考时去世了，我的这位教授朋友在考试中也发挥得不是很好，但是他父亲生前的同事认为他有关系义务帮助他的儿子，所以用某种方式去检查了他的试卷，结果确实发现了一些“错误”。这位教授朋友最后如愿以偿地进入了他理想中的大学，现在成为了一名大学教授。没有“关系”的话这种事情是绝不可能发生的。

深入探索中国的关系

与西方的对比

中国的关系和西方的人际关系确实存在相同之处，但是目前人们的关注点大多数都集中在比较两者的差异。在下文，我首先讨论两者之间的相同之处。

目前在西方备受关注的人际关系营销与中国的“关系”有一些类似的地方。一般来说，人际关系营销可以减少交易成本，促进营销成员之间的合作，也可以帮助提高顾客保留率（Ai，2006），中国的“关系”也完全可以胜任上面的工作。人际关系营销被认为是一种旨在于“促使交换过程更为简便的营销方式”，“关系”的发展和经营也同样带有这种目的。人际关系营销的典型特征是“满足”“信任”“承诺”“利益共享”，这与“关系”的特性也极为接近（Fok and Woo，1998）。

在说明了西方的人际关系和中国的“关系”的相同之处后，接下来我们分析两者所存在的差异。首先，中国的“关系”并不是必然相等的，也就是说互惠特性在社会或组织层级中并不是平等存在的。一般来说，处于弱势的关系人会得到更多的帮助；其次，个人关系营销是在商业环境中所形成的，是一种目的性极强的营销方式，但是，中国的“关系”一般源自于家庭成员和亲密的朋友；最后，“关系”是依靠个人而不是组织发展起来的，个人的利益有时候甚至与社会或组织的利益相冲突。例如，如果法院的法官和被告人的父亲存在关系，那么法官可能不会公正地执行法律条例。在中国，个人忠诚（义气）有时候比人事关系和法律更为重要（Fok and Woo，1998）。显然，西方人对“关系”的这种特性深恶痛绝，因为西方有一个法律面前人人平等的环境。实际上，“关系”有时候和贿赂、腐败极为接近，至少在西方人的眼中是这样子的。

接下来我们从贿赂和道德的角度来分析“关系”，这源自于“关系”的个人和非组织的性质。例如，某位高三学生在高考中发挥不理想，本来是不能进入理想中的大学。但是他的父母可能动用他们与校方官员的关系，篡改该考生的成绩，从而使该生被顺利录取（Riley，1994）。在西方人看来，这是一个典型的腐败案例。但是中国人可能不这么认为，这可能被当作一件积极的事，因为这位大学官员仅仅执行了他的关系义务而已，他是一个好人。从中我们可以看出个人的义务远胜于组织的义务。据一位中国商人所说，送红包现在肯定是违法的，而且也没有人接受。但是还有别的方式可以达到与政府官员发展“关系”的目的，例如邀请他们参加宴会、在特殊的场合送礼，以及不时的问候（Guo and Miller，2010）。随着中国逐渐进入一个更加规范和合法的体系，这类近似于腐败的关系行为有所减少，越来越多的中国人视贿赂和腐败为不道德的行为（Guthrie，1998；cited in Chang，2011）。一般来说，这类“关系”都是在私底下经营的（Yang，2002；cited in Chang，2011）。但是，人们现在似乎更趋向于公开的经营“关系”，他们想以这种方式来说明自己的行为都是合乎情理的（Guthrie 1998；cited in Chang，2011）。

中国人与西方人对“关系”的理解所存在的第四个不同之处就是，西方人倾向于认为，不管公民的身份地位如何，法律和道德对所有公民施加的是一般性的平等约束；当有人得到特殊的照顾而获得“特殊”待遇时，这将被视为是对道德的侮辱（McComb，1999；cited in Ai，2006）。《内幕交易法》也反映了西方人对这类事情的思考——所有的投资者应该平等地获得买卖证券的信息。但是当中国人看到有人因为动用“关系”而获得特殊待遇时，他们一般不将这种交易视为腐败行为。

第五个不同之处在于，西方人和中国人在处理关系时候考虑“法”“理”“情”的秩序不同。西方商人一般将“法”（合同必须是合法的）置于首位，然后是“理”（交易是有利可图的），最后才考虑“情”（合作的商业关系很好，所以现在可以成为朋友）。但是中国人考虑的顺序刚好相反：他们首先想到的是个人的情义，然后考虑生意是否合理，最后才思考商业行为是否合法（Guo and Miller，2010）。有大量与中国相关的跨文化著作都表明，中国人对待合同如儿戏！他们在签署合同之后，短时间内就会想方设法地更改。这种行为是深层次的文化因素所导致的，外国人如果忽略这一点的话可能会有大麻烦。换个说法，在中国，交情是首先考虑的因素，最后才考虑生意是否合法，但是西方人考虑的二序刚好相反。中国人相信只要有了相当“硬”的关系，商业交易就可以进行了。所以对外国商人来说，与中国商人签署的合同仅表明这是一个成功“关系”的开始，因为合同的内容可能会随时间而不断改变。关系人都必须信守承诺，并不是因为合同的法律作用，而是因为“关系”。对西方人来说，他们倾向于一切商业活动和交易全部遵照商业合同上的规定，并不以“关系”为中心（Ai，2005；cited in Ai，2006；Park and Luo，2001）。

关系与面子

“面子”这一概念对大多数西方人来说并不陌生，或许说比“关系”更为了解。但是，这两个概念其实是相关联的。世界上几乎所有的文化里面都含有“面子”的概念，西方文化也不例外。没人愿意在大庭广众，特别是在面对特别的人的时候“丢面子”。西方人和中国人（还有其他亚洲人）在看待“面子”方面的不同之处可能在于中国人对“丢面子”更加敏感。中国人在传统上将“丢面子”看成是和身体上相比拟的疼痛，例如眼睛、鼻子或嘴巴遭受外部创伤（Park and Luo，2001；Tian，1999）。“面子”和“关系”有什么内在联系呢？首先，当某个关系人通过关系网获得了某些好处之后，如果他在将来不执行关系义务的话就会有丢面子的危险。如果没有“丢面子”的忧虑，我可以想象当我们在青岛火车站的时候，我们不可能收到那位陌生人递给我们返回上海的火车票。其次，如果某个关系人的“面子”积累得越多，那么他在将来就更容易通过关系网获得帮助（Park and Luo，2000）。

如何发展和维持关系

曾经有一项询问中国的高层管理人员关于如何发展关系的研究表明，关系可以通过多种方式形成，主要有（括号里面是该方法的提出比率）：他人介绍而非直接接触（100%）、相互帮助（75%）、信任（83%）、朋友关系（67%）、逆境中给予帮助（67%）和社会认可（67%）。该项研究还介绍了一些通常用来维持关系的方法，包括利润共享、经常相互帮助和保持联络（Ai，2006）。值得注意的是，关系在建立之后并不意味着会一直存在。想要保持良好和持续的关系，关系人必须使用上述或者其他维持关系的手段（Morgan and Hunt，1994；cited in Fok and Woo，1998）。

关系的不足之处

在考虑维持关系网的成本之前，你必须认识到关系并不是克制万物的法宝，有时候会被市场力量或者规制力量所击败。当你坐在广东汕头的出租车上的时候，司机可能会非常高兴地告诉你李嘉诚（汕头人）是亚洲最富有的人。李先生现在是一个港商，他与北京高层有很“强硬的关系”，曾经动用“关系”使麦当劳在北京的一家店铺关门，之后变为自己旗下的一家房地产公司。尽管如此，当地政府官员曾有两次暂停了李先生的房地产项目（Business Week，Feb. 24，1997；cited in Fok and Woo，1998）。除了规制力量可以约束“关系”之外，“关系”本身也有可能打击“关系”。有时候，拥有更为“强硬关系”的个人可能替代别人的“关系”，有时候现代市场的力量也可能击败“关系”。一项调查研究表明有38%的被调查者认为传统的营销组合策略比“关系”更加有效，而只有23%的人认为“关系”更加有效。也有研究论文表明，尽管“关系”在市场拓展方面有助于公司的发展，但是实际上，“关系”并没有带动公司利润的增长（Park and Luo，2001）。在任何情况下，“关系”都耗费了大量的时间和金钱，且常被作为腐败的代名词。

关系对商业的重要性

“关系”在商业中的价值除了存在上述几方面的缺陷之外，也有学者推断在西方市场力量肆掠中国市场之前，“关系行为”将会大幅缩水（Chang，2011）。尽管如此，“关系”不管是对国内还是国外的商业来说，都是至关重要的。关系是中国公司正常运营的重要因素，影响着公司对资源的获取。关系对公司的不确定性和外部资源依赖管理来说也是非常重要的（Park and Luo，2001），它可能会影响公司的财务结果（Luo and Chen，1996；cited in Park and Luo，2001）、市场效益（Davies，et al.，1995；cited in Park and Luo，2001）。关系也能给公司带来竞争优势（Tsang，1998；Yeung and Tung，1996；both cited in Park and Luo，2001），通过减少交易成本和不确定性，从而促使销售额的增长。与供应商之间的“关系”可以帮助公司获取高质量的材料、好的服务和及时的交货；与竞争者之间的“关系”可以减少成本和标准化企业流程，促进资源共享。官僚机构通常是按照个人对那些含糊不清的规章制度的理解来处理事务的，但是利用“关系”可以轻松地通过这座不透明的官僚机构迷宫（Park and Luo，2001）。有大量的研究都表明“关系”和企业成功之间存在较强的关联（Batjargal，2007；Batjargal and Liu，2004；Carlisle and Flynn，2005；Wu and Leung，2005；all cited in Guo and Miller，2010）。

值得注意的是，某个公司所适用的关系圈在另一个公司也许就不是那么合适了。例如，拥有较强管理能力的公司会倾向于使用营销策略而不是经营“关系”来发展公司。公司会关注广告、科研、产品/服务质量等，但是没有这些管理优势的公司倾向于依赖“关系”来完成营销目的（Park and Luo，2001）。

在中国，关系不仅仅会影响公司的运营，还会影响公司员工的前景。如果公司中的某位员工与他的上司有着良好的“关系”，那么他比其他员工的职业生涯可能会更加光明（Wei，et al.，2010）。与老板“关系”越好的员工，他在工作中所犯下的错误就越容易被忽视和谅解。一般认为，中国企业更加看重员工的价值忠诚而不是能力。在这种情况下，当我们看到“关系”会如此极大地影响个人的职业发展这一事实时，也不会感到太过惊讶了（Daniels，et al.，1985；cited in Wei，et al.，2010）。与上级“关系”越好的员工也更有可能获取好的资源，所以他的表现一般也比其他的员工要好（Wei，et al.，2010）。因此，这些员工拥有更多的机会获得佣金、红利和升职机会，因为他们利用“关系”为公司带来了较大的利益（Park and Luo，2001）。

结束案例

上文已经深入分析了“关系”的集中特性及其存在的缺陷和优势，下面看“关系”的一个简单定义：人际关系。中国人把人际关系看得比金钱还要重要，甚至在中国人的思想中，“自我”的概念也是和“关系”联系在一起的。由于他们将人际关系看得如此重要，以至于和谐看起来就像是“关系”的衍生品。西方人所说的“好的社会”（Good Society）在中国被称之为“和谐社会”（Harmonious Society），我在西方从未听说过这个词语。正如其他西方人一样，我在中国看到过很多不愉快的冲突，但是我从来没有看到冲突双方最终会握手言和，正如我将在下面讲述的一个例子。在这个故事中，你将看到中国人眼中的“关系”“面子”以及“和谐”的真实景象。

在讲述我经历的故事之前，我先举一些“关系”与“和谐”的反面例子。考虑到中国是一个深受儒家文化洗礼的文明古国，我实在不理解为什么有些中国人喜欢在公共场所大声争执，有时甚至会大打出手。这是我对现代中国无法解释的一个矛盾的现象。我只能推测，这可能是因为传统的儒家思想在逐渐退化的缘故。有好多次，我在大街上看到一些情侣撕心裂肺地对着她（他）的情人大声喊叫（通常是女人对着男人叫喊）。我至今都没有找到这种现象所发生的原因，并且将它列为对中国存在诸多疑问中的一条。记得有一次，当我在上海的某条街道上骑车的时候，踏板突然掉了，于是我低下头摆正脚的位置，同时自行车还在继续向前行驶，不幸的是，车子撞到了一位老妇人。

之后，她开始对我说一些显然是儒家人士所不能接受的词语。当时有一个中国朋友与我在一起，我叫他帮我翻译这位老妇人所说对话，但是他马上拒绝了我的要求。后来，我请求他十多次之后他慢吞吞地翻译出那位老妇人的话语。坦白地说，我在西方从未听过如此猥亵的言语，看起来这个老妇人根本没有顾及我的面子。还有一次，我在上海的“家乐福”里排队付账，当时超市里面有20多列付账队伍。当我弯腰停下来检查我的购物车里某件商品时，有一个老年男人插到我的前面，这并不是一件多么大的事情。但是，帮我购物的女学生开始冲着这位老人歇斯底里地斥责，我立刻拉她到我的身旁以终止这种糟糕的场景。没有想到的是，当这位老人退到我身后的时候，她继续扭头大声地责备这位可怜的老人。我忍不住问自己，中国的年轻人和老人之间相互尊重和爱护的传统美德是否真的消失殆尽了？

回到我发生的一个关于“关系”“面子”以及“和谐”的故事。有一次，我的一个美国朋友和他的妻子到北京拜访我和我的妻子。因为我们都认识一个20多岁的唐山女孩（我朋友曾经和她几个大学同学交谈过，并且对她们影响非常深刻），因此我们都想去唐山拜访她。我们坐巴士到了唐山之后，首先来到这位年轻的唐山女孩所经营的一家书店。然后，我们五个人（我、琳达、朋友和他的妻子，还有我们认识的唐山女孩）一起去找她的几位同学。但是当我们到了学校之后，有一位法学教授把我们直接带到一家茶馆。在我们一起聊了大概两小时之后，唐山女孩的同学们始终都没有出现，所以我有一丝不妙的感觉。这位教授的英语非常流利，他一直在问我们关于美国以及美国生活的各种问题。最终，我意识到他这是在拖延时间，他根本就不想我们去拜访那几个大学女生。我看着我的美国朋友，他正和这位教授愉快地交谈，根本没有意识到我们将会无功而返。稍后，这位始终面带微笑的教授带我们去了一家五星级酒店，我们在一个单间里一边吃着各种昂贵的地方特色佳肴，一边聊着在宴会中经常可听到的那些话题。终于在餐后，他用一种非常和蔼的口气向我们解释，外国人是不允许和学院里面的学生交谈的。尽管这位教授与这些女生和她们所在的大学没有组织上的关系，但是他觉得应该保护这些思想单纯的大学女生。之后我们坐巴士回到北京，我告诉我朋友只有在中国，当你被拒绝之后你还可能会感觉相当不错。他保留了我们自己的“面子”，并且与这位教授也建立了“关系”。现在我可以去这位教授的大学和他一起吃饺子，而且没有任何不快的感觉。

第八章　现代中国的乡下人

从农村移居到城市感受“现代”“开放”和“都市”的妓女，她们对待农村的态度仅仅是我所碰到的中国人对农村各种态度中的一种。偏远农村的经济一般都非常落后，且通常被冠以“未开化”“不开放”“不现代”的标签。相反，城市一般是“富裕的”“开放的”“现代的”。除了通过从事性交易这一不光彩的手段离开农村之外，还有很多其他的方式可以帮助乡下人“逃离”贫困的农村，比如读书、外出务工或者自谋生意。我知道有一个出生在哈尔滨的年轻中国女人，尽管她是一个非常贫困的农村人，并且父亲身患残疾，但是她通过自己的努力学会了一口流利的英语，在中学的时候还看过《乱世佳人》。现在，她在城区的一家医院当护士。

在南京的一辆公交车上，我的邻座是一位大约30岁的女人，她告诉我一些关于她老家的事情。因为以前家里太穷，所以不能送她念高中。尽管如此，她最终还是在26岁的时候凭自己的努力拿到了高中毕业证，并且大学毕业之后还准备攻读硕士学位。她有一个哥哥是毕业于北京大学的博士，另外一个哥哥则在家里务农。现在当她每次回家的时候，家人和她的谈话内容几乎都是家禽和农产品的价格，还有近来的天气状况等。但是，留在家里务农的父亲和哥哥觉得自己是非常快乐的。有一次，她带父母到北京去玩，但是她父母根本不敢出门，因为怕不认识回家的路，所以整天就待在房间里面看电视，最后主动要求女儿带自己回老家。我问这位年轻的女士：“你觉得是你拥有博士学位的哥哥幸福，还是在家务农的哥哥幸福?”但是她也无法判断究竟哪一个过得更快乐。还有一次，一位硕士研究生非常激动地向我回忆她快乐的童年时光。她说尽管当时没有玩具，但是在泥土地板上玩纸板、折纸飞机等活动都是充满乐趣的。我发现她所玩的弹珠游戏的规则和我以前念小学时候玩的弹珠游戏非常类似，不过我们称这种游戏为“不倒翁”。这让我非常惊讶，对于一个生活在从未与西方世界接触过的农村女孩来说，她所玩的游戏竟然与在地球另一半的我在三十年前所玩的游戏是如此的相似。此外，她在谈话中多次表明她到现在都不喜欢玩具。

中国城市人和农村人的区别非常大，这一点也让我印象深刻。曾经有一个北京女孩告诉我，她仅仅通过简单观察就能分辨出外地人和本地人。我听完之后的感觉就是，这位北京女孩对外地人带有明显的蔑视意味。之后，我问她父亲是否愿意让你嫁给一个外地人，她立即斩钉截铁地说：“肯定不会!”这样做的原因不仅仅是因为父亲对外地人持有偏见，而且他也不会让自己的女儿嫁给一个穷人。但是有趣的是，不管别人如何看低乡下人，我所遇到的每个来自农村的人不仅仅不对自己卑微的出身感到羞愧，而且还会怀念在乡下所度过的、美好的童年时光。

除了城里人对来自偏远的农村人带有偏见之外，发达城市中的居民对来自不发达城市的人也存有偏见，特别是对那些来自中国西部地区的人。当我将要去银川生活一段时间的时候，一位北京居民表示为我深感忧虑，因为银川是一个位于中国西北部的不发达城市。有几个在东部地区上大学的银川学生告诉我，曾经有大学同学一本正经得问他们，银川的高中生是否都是骑着骆驼上学！坦率地说，我在银川的街道上从未见过骆驼。相反，我看到有一家必胜客，市区里面也有几家肯德基，但是没有看到麦当劳的店铺。大多数外国人评价一座城市的发展水平的一般依据是：有肯德基的话是刚开始发展，有麦当劳的话是部分发展，有必胜客的话是充分发展。我觉得“发展”这个词语在所有汉语中是最时髦的，你在中国几乎时刻都能听到这个词。

中国的发展速度令西方人瞠目结舌。我曾经和西宁、银川的出租车司机交谈，他们都觉得现在他们的城市和五年之前发生了翻天覆地的大变化。自 21 世纪以来，中国的经济规模已经翻了两番（BBC television broadcast，November 27，2011）。这个国家在如此保守和传统的文化背景下取得如此难以置信的飞速发展，这确实是一件非常有趣的事情。中国的语言、性观念、生活习惯、用餐礼仪、音乐品位等几乎所有的事情都在发生改变。在中国你可以经常听到“代沟”这个词，特别是中国的学生喜欢讨论与之相关的话题。尽管不同辈分的中国人之间是肯定存在代沟的，但是我想现在的代沟可能是中国历史上最大的时候。

第九章　现代中国的商业

中国的商业宴会

在中国做生意的必要条件之一就是得经常和生意伙伴一起吃饭。我已经参加过数百个这样的宴会了，但是直到现在我才开始学会享受这种谈生意的方式。在我看来，除了语言之外，餐桌上的文化是外国人理解中国的第二大障碍。尽管掌握汉语是一件非常难的事情，但是餐桌上的饮食文化确实也不是一件容易的事。在中国生活多年之后，我才明白当初我违背了很多中国餐桌上的礼节。但是幸运的是，因为大家都知道我是一个不懂中国文化的外国人，所以更多的时候赞扬我逐渐熟练的中国就餐方式，例如用筷子夹花生。

当你走进一家相对高档的中国餐馆时，你会看到门口站有两排穿着传统服装的漂亮女孩。当你走过去之后，你会感觉就像是足球运动员在比赛结束后经过离场过道一样。这些女孩会整齐地对进来的顾客说："欢迎光临！"除了重复地对进来的顾客说这句话之外，我还没有发现这些女孩有其他的职责，看起来是一份相当简单的工作。但是在非就餐时间，我经常看到这些女孩和其他员工整齐地站在餐厅门口，倾听管理人员或餐厅老板的教导，有时还一起做健美体操。我到现在还不理解为什么需要这些女孩对客人重复地说"欢迎光临"。中国餐馆的环境一般都比较嘈杂，很多时候，你可以看到别人的嘴唇在动，但是根本听不清楚说话内容。曾经有一次，当我在一家中国餐馆和一位同事吃完饭之后（当然，就餐的过程中免不了交谈），我的喉咙疼得很厉害，因为我说的话几乎都是吼出来的。一般来说，中国人都是非常温文尔雅的，但是在餐馆中的表现却截然不同。通常，餐桌旁堆着的酒瓶越多，那么这一桌人就吵闹得越厉害，在一般的家常餐馆中尤为明显。有时尽管东道主会在高档的餐馆中预订一个远离喧闹的单间，但是对于就餐时喜欢安静的外国人来说还是有一点儿吵。

在某一家餐厅就餐时，我发现包间里面的空间被一张巨大的圆形桌子给塞满了。这种标准的圆形桌大概可以坐 12 个人，在圆桌的中间部位，有一张非常大的圆转盘。与西方的方形饭桌不同，圆形桌子使就餐的客人更有相聚的感觉，也更能体现群体和谐。餐桌上的座位也是有规矩的，一般东道主会请贵宾坐到门口正对面的位置，这就是所谓的贵宾席。贵宾的妻子（如果有参加的话）坐在贵宾的左边，主人的位置在贵宾的右边。司机一般被安排坐在贵宾的对面，即背对着门口的位置（我一直认为中国人在就餐时为司机安排座位是一种非常暖人心房的习惯）。在就餐的时候，如果你将你的公文包或其他袋子放在擦拭得锃亮的陶瓷地板上，女服务员就会急忙地走过来，帮你把包/袋子捡起来然后放到窗沿上（如果有空座位的话一般会先放到空椅子上）。有人对我说，中国人在很小的时候就被教育不能将东西随便放在地上，因为地上很脏。在服务员无数次帮我从地上捡起公文包之后，我逐渐克服了这种随意丢东西在地板上的行为，尽管这是我偏爱的一种方式。但是，我依然喜欢坐在矮石墙或者路旁的石头上来放松自己，尽管我知道当我这样做的时候，会有一大帮中国人用奇怪的眼神打量我这个野蛮的外国人。因为在路旁或者公园的凳子很少，加上中国人非常多，所以在公共场合中国一般选择用下蹲的方式休息。我过去经常认为这种休息方式毫无用处，直到有一天当我亲自尝试之后，我很惊讶这种休息方式竟然非常有效。

回到上文中的餐厅话题。服务员帮你处置好公文包之后，会将菜单递给东道主，然后东道主开始点餐（因为每一顿宴会的餐食都是共同食用的，所以我认为在很多时候，餐桌上可能还有其他人更能胜任点餐的任务）。为了使每位宾客开心以保持和谐的气氛，东道主会问所有客人的口味以及喜欢什么样的菜式，哪些是不喜欢吃的，能否吃辣等。在很多情况下，你会因为一些莫名的缘故而被迫改变饮食偏好。比如我曾经在某次宴会中仅仅是称赞了“羊肉”做得不错，至此我就有了喜欢吃羊肉的名声，从那之后每逢聚餐我的碗里面都被塞满了羊肉，我也没有什么好的办法去改变这种尴尬的情形。餐桌上的饮品也有特殊的礼仪，主人仅仅询问贵宾想要喝什么，而不过问其他普通的宾客。我曾经在一所高中任教，我所教的班级的学生有一次叫我出去一起吃饭。到了一家餐馆之后他们问我喜欢喝什么，我说芒果汁就好。让我惊讶的是，之后所有的学生都点的是芒果汁。起初我还以为可能是这家餐厅的芒果汁非常美味，后来才知道存在“贵宾点什么，其他人也应该点什么”的规矩，这是一种表示对贵宾尊重的方式。而且，我的那些学生本来是想喝点儿啤酒的，因为平时在学校是不允许喝酒的。我经常想，如果中国人不存在“尊重”这个概念的话，那么这个国家就会瓦解。因为正是这种相互尊重的习惯，才使得这个民族凝聚在一起。从那之后，在参加宴会的时候我就学会点一些别人也可能想喝的酒水。

在服务员帮客人倒酒水的时候，客人们一边聊天，一边等着上菜。因为中国餐厅的菜肴并不是一次性上齐，而是一份一份地上，而且有时候中间间隔的时间相当长。在前面几份菜肴上来之后，主人会慢慢地旋转餐桌上的圆转盘。每个客人在菜肴转到自己旁边的时候，用筷子夹一小块到自己的餐盘中。“上菜”这个过程可能会持续数小时，我所说的几个小时绝对没有夸张的成分。如果你参加的是高中或者大学毕业的宴会时，就餐时间可能会是普通聚餐时间数倍！而且他们是在用汉语交谈，作为外国人你根本不知道他们在谈论什么，只能眼睁睁地看着他们在一起拼酒，每个人的脸上都洋溢着快乐的笑容。

在我说明聚餐所必定存在的仪式化敬酒之前，我先说明外国人在吃饭时会碰到的其他难题。首先，因为中国人一般用筷子吃饭，所以简单地进食过程在中国可不是一件简单的事情。尽管一些高档的餐厅会给外国客人提供刀叉，但是你也不能过于依赖它们，因为这些餐具并不适合某些中国食物。比如中国的面条，典型的中国面条一般有六英尺长，我想拿着刀叉的你只能干巴巴望着这类食物。但是外国人可能存在这样的疑问，中国人是如何用筷子将这些六英尺长、且蜷缩在汤里的面条夹起来的？如果你仅仅用筷子夹起碗中的面条的话，你会发现无论筷子举得有多高，面条始终会源源不断地浮出汤面。但是如果有了牙齿的帮助的话，这种事情是很容易做到的。正确的做法应该是低头将你夹的面送入口中，然后咬断。筷子不仅可以夹食物，还可以被用来插入饮料或者汤中搅拌。

我在一本书上看到有说明筷子的标准拿法，绝对不能像拿叉子那样直接叉住食物。但是我一直这样做，特别是对于那些表面特别光滑的筷子，因为我根本不能用它们夹起食物。我从来没有拿筷子做过两件事，那就是用筷子指着别人以及将筷子笔直地插入米饭中。后者被认为是一种非常带有冒犯性的行为，因为它看起来就像是中国人在佛堂或道祠前祭拜时所插的香火。所以，这种行为看起来就像是你在为身旁有罪恶的人祈祷一样。也许会有细心的外国人注意到了这一点：餐桌上所有的食物都是公共的，因为大家都是用筷子夹起食物送入口中，所以你夹起来的食物可能已经被其他人“污染”了。很多古板的外国人抱怨这种就餐方式，但是我想对他们说的是，中国人数千年来一直都在用这种就餐方式，它不可能因为你们的主观意志而消亡；而且，我和妻子在中国已经生活了16年，我们一直在用这种就餐方式，我们现在都非常健康。我在一篇中国杂志上的文章看到，这种公共的就餐方式有利于群体的健康。尽管你还是坚持认为这种方式不适合自己，但是如果你想在中国做生意的话，考虑到中国所存在的数以亿计的潜在顾客，这只不过是你需要做的一个小小的“牺牲”而已。

用筷子夹菜是外国人在中国就餐时所面临的最大难题。因为桌上没有西式的大盘，所以当笨拙的外国人用筷子在餐盘中夹菜时，他们夹的菜会经常掉在桌子上，更糟糕的是可能会掉到衣服上面。所以外国人在就餐之前，我建议最好先在家里练习使用筷子：可以用茶杯和小碟子装一些小吃，然后用筷子夹住，之后慢慢送入口中。当鸡肉被端上餐桌的时候，外国人会觉得它们简直难以入口。因为中国人喜欢将鸡肉切得非常大块，并不像西方切得那么整齐。有时候鸡胸甚至和鸡腿、鸡背连在一起；而且鸡肉里面残留了很多小块的碎鸡骨，看起来就像是穷凶极恶的变态杀人犯对受害者所做过的残忍事情一样。吃这些鸡块的唯一方法就是将它整块地塞入口中，不断小心翼翼地咀嚼，然后将碎骨头一块一块地吐在小碟子中；如果桌子上没有小碟子的话就直接吐在桌子上（你根本不用担心艾米·范德比尔特[①]对这种行为会有何感想，因为她的影响力还没有触及中国）。

有必要说明的是，中国的餐具有时看起来是通用的，它们之间好像没有明显的区分。茶碟可以被当作餐盘使用，汤碗可以用来装茶或者其他饮品，空杯子可以用来装餐桌上的残食，反正你可以按照自己的意愿随意使用餐桌上的餐具。

中国有很多餐桌上的礼仪与西方是背道而驰的。首先，你不能主动向主人要求提供某种食物。眼光极为敏锐的主人（或者其他的客人）看到你想吃桌上的某道菜的时候，他会转动圆转盘将这道菜转到你的面前。可能餐桌上没有你喜欢的西方口味的菜肴，也没有人注意到你的眼睛盯着的是邻桌上面的烤牛肉，这个时候你只能等待以及默默地祈祷。如果餐桌上有烤牛肉这道菜，而且圆转盘将烤牛肉转到了你邻座的位置，即使你认为伸手就可以夹到，并且这种举动也符合中国的礼仪，但是你最好能够保证在夹回这种多汁的食物的时候，不将汁水滴在别人的餐具或者衣服上。另外一种让西方人有点难以接受的中国就餐礼仪就是，如果客人的餐盘是空的，或者餐桌上菜肴被吃完了的时候，主人会认为客人还没有吃饱。有一次我参加了一个比较正式的宴会，在吃了大概两个小时之后，我看到餐桌上的一个餐盘中还剩最后一块烤牛肉，当我夹起这块烤牛肉的同时，东道主叫服务员再上一盘烤牛肉！我赶紧对他说宴会可以结束了，而且也没有时间继续吃。我仅仅是想吃完最后一块美味的牛肉，但这并不意味着我还没有吃饱。我的一个深谙中国文化的中国助理也向主人解释，我这么做仅仅是因为美国人不喜欢浪费东西（这是对美国人的这种文化特性的准确描述，我之前一直没有意识到这一点）。中国人真的是非常喜欢食物，因为每次在就餐的时候，我都会听到很多与食物相关的话题，比如菜名是什么，是用什么材料做成，与外地菜存在哪些不同之处，他们是如何做的……中国食物的做法在不同的地方也各不相同，这也是为什么中国菜是

① 译者注：艾米·范德比尔特是一位礼仪专家，著有《艾米·范德比尔特家族礼仪》一书。

世界上最美味的菜肴的原因之一。每到一个新城市，我都必须重新记住当地菜肴的名字，以便于下次在餐馆吃饭的时候好点菜。大多数城市都有她独特的地方特色菜，这也是当地人为之自豪的一个方面。

尽管中国人非常喜爱他们的食物，但是我想他们可能更喜欢喝酒。他们在喝酒的时候也会谈论各种酒，以及各自的酒量。在餐桌上喝酒好像是一种必然的活动，主人通常会不可思议地准确估计出所有人刚好喝得差不多的酒量，然后叫服务生将酒搬到包厢或者餐桌旁。与中国商人饮酒也是很有学问的。如果你陪你的中国商业伙伴在餐厅中喝得烂醉，那么我敢肯定他在将来会更加信任你，甚至可以更改你们在合同上面所签订的条款（如果你有这个需要的话）。因为在上文我已经提到过，合同中的内容可以根据商业伙伴之间的关系程度而适当地更改。我知道有一个美国跨国公司的 CEO（首席执行长），有一次他与中国的商业伙伴在上海的一家餐厅吃饭。尽管这位中国商人每一次喊“干杯”的时候，他都会站起来盯着这位美国 CEO（首席执行长）的酒杯，但是这位“狡猾的”美国商人每次都会谨慎地看着商业伙伴的眼睛，然后趁他不注意的时候偷偷地将酒倒掉。而中国商人因为喝得太多而有点神志不清，所以并没有发现他的诡计。就餐完之后两人的商业协商进展得非常顺利。

中国有三种基本的酒精饮料：啤酒、葡萄酒和白酒。最为有名的一种啤酒是青岛啤酒，我经常看到西方的中年教授在餐馆中喝青岛啤酒，以暂时地逃避现实。青岛是位于中国东北部海岸的一座非常著名的城市，青岛啤酒的前身是 1903 年 8 月由德国商人和英国商人合资在青岛创建的日耳曼啤酒公司青岛股份公司，是中国历史最为悠久的啤酒制造厂商。“青岛”的一种罗马字体是“Tsingdao”，可以在所有青岛啤酒的酒瓶标签上看到其身影。实际上，这种字体是一种名为“Wade－Giles”的前罗马拼音体系。这种文字看起来和英文非常类似，但是发音却有天壤之别。中国的作者在 20 世纪中叶之前都使用这种文字，但是中国的文化、地理、特性、文学、历史、食物等事物对西方人本来就是充满神秘的，在加之这种晦涩难懂的文字，就更让西方人难以理解中国了。其实，我很久之前就在美国见过青岛啤酒（Tsingdao Beer），只是当时我根本不知道它的发音。

白酒是中国人在餐桌上最喜欢喝的一种酒，外观看起来非常像伏特加，但是实际上一般没有伏特加的酒精浓度高，一般为40度～60度。显然，白酒的度数比红酒要高很多，一般用小酒杯盛着喝。时代杂志最近将这种酒作为世界上最烈的10种饮品之一，并且认为对于外国人来说，这种酒根本难以下咽（Time，2010）。茅台是一种在中国相当有名的烈酒，其外观和打火机里面的液油差不多，或许可以说这两者在某种程度上是类似的，因为我觉得喝这种酒的人是非常愚蠢的，这比喝打火机油还要危险。这种白颜色的烈酒一般被倒在一个非常小的酒杯里面，我很确信这么做是出于安全方面的考虑，因为咽下一小口都是致命的。我曾经参加过一次在上海举办的少数民族宴会。我坐在帐篷里面，看着几个穿着富有民族特色服饰的女孩跳民族舞蹈。热情的主人递给我一小杯茅台酒，我一般不喝任何比红酒更烈的饮品，所以我拒绝了他的好意。但是他坚持要我喝一点，我想出于礼貌我应该尝一下，于是我用舌尖在茅台酒的表面轻轻地碰了一下。到现在我还时常回味当时舌尖触碰到茅台酒的感觉，脑袋嗡嗡作响，就像在电影中看到新墨西哥沙漠原子弹爆炸试验时的场景；更为糟糕的是，这种爆炸的感觉在脑海中持续的时间相当长。我在商业宴会上从未见过茅台酒，我想中国商人也不可能有兴趣“谋杀”他的商业伙伴。

中国餐桌上有一些非常优雅的喝酒礼仪，外国人经常因为应付这些礼仪而喝得酩酊大醉。如果你在中国参加宴会，那么餐桌上的中国朋友可能会站起来对你说一些客套话，然后举起杯子向你敬酒，在你和其他客人都碰杯之后就应该把酒喝下去了。如果大家在敬酒的时候有说“干杯”，那么这意味着大家要一次性把杯中的酒喝完。如果你愚蠢地认为喝一杯白酒应该没什么关系的话，那接下来你就要遭殃了。你会发现直到宴会结束，你的杯子都没有空过，因为目光锐利的中国服务员看到你的酒杯空了之后会迅速地为你加满，然后又有好客的中国客人和你“干杯”，所以你又被迫将杯中那些难以下咽的液体一股脑地倒入口中。之后重复上面的过程，直到你被灌得烂醉如泥。如果你观察仔细的话，你会发现中国人在敬酒的时候是非常讲究的。他们会用双手举着杯子，并且在和你碰杯的时候会将自己的杯子略低于你的酒杯，这也是一种对贵宾尊重的表现。作为外国人的你，在享受被尊重的过程中被逐渐灌酒，然后慢慢变得不省人事。

所以，外国人在酒桌上采取一些防御手段是非常有必要的，除非你想把自己灌醉。最简单的策略就是一开始表明自己不会饮酒，并且感谢主人的盛情款待。这当然是一种善意的谎言，但是你首先得说服自己撒谎，我也发现这种谎言在中国的社会礼节中是普遍存在的。如果你确实想喝一点红酒或者啤酒，那么另外一种策略就是抿一小口，而不是将杯中的酒全部喝完，但是你必须祈祷没有人发现你的这种“小伎俩”。不幸的是，这种策略十之八九会被别人发现，所以在别人发现你违反了喝酒的礼节之后会极力地劝你将酒喝完。在厦门的一次宴会中，我就用了一种略显“不光彩”的策略来对抗这种无休止的劝酒行为。当时有一个官员在饭桌上频频和其他人“干杯”。我看他喝的是啤酒，于是我倒了一些苹果汁到我的杯子中，然后回应他的敬酒。他疑惑地看着我杯子中的那些果肉色的不明液体，然后问我里面是什么东西。我告诉他，这是来自美国的一种新型的苹果啤酒。看到我毫不犹豫地将杯中的苹果汁喝完之后，他停止了向我不停敬酒的游戏。尤其是中国的北方人喜欢将客人灌醉，他们在喝酒的时候还会玩骰子游戏，当地人称这种游戏为“吹牛”，在游戏中输掉的人必须将杯子中的酒喝完。

记得我在银川市的永宁县的时候，参加了一次宴会，东道主非常精通这个游戏，几乎每一把都赢，所以我被灌了很多酒。终于，我忍不住对他说他作弊了，因为他不可能一直只赢不输。但是他坚称自己是光明磊落的，而且后来发现我输了之后仅仅是小抿一口酒。他问我是不是所有的美国人对白酒都这么克制？我说这次确实是这样的，于是他开始坚持要我将杯中的酒喝完。我平心静气地问他：“你下午不是刚和我说你是一个穆斯林吗？”他说是的，我接着问：“穆斯林不是应该滴酒不沾的吗？”我说完之后所有人开始笑了起来，之后他笑着说他打算在退休之后去麦加朝圣，希望此生所犯下的喝酒罪恶能得到救赎。不管怎样，后来他都没有劝我将酒喝完。

上面对中国人喝酒的长篇介绍可能会给人一种中国的饮食是不健康的错觉，请相信我这确实是一种错觉。在中国，所有的食物都被切成小块/

条以方便用筷子夹，咽下这样细小的食物也减轻了肠胃的工作量。此外，中国人的就餐时间一般也比较长，他们讲究细嚼慢咽，这无疑也有助于消化。大多数美国人认为味精是一种对健康有毒的物质，但是它却是中国人酷爱的一种调味品。记得有一次，我到中国的一家餐馆吃面条，出于对自己健康的考虑，我叫服务员不要往我的面条里面添加味精。但是，事实证明没有放味精的菜确实是非常难吃的。这时，我看到餐桌上面有一个装有味精的小盐瓶，于是我慢慢地说服自己往面里加了少许的味精，味道确实和没加之前有天壤之别。实际上，一个美国医生也曾对我说过，如果食用味精没有出现副作用的话，那么它几乎不会影响人的健康，因为人体内的肝脏会处理这些“有毒”的物质。不得不承认的一点就是，中国的饮食确实比西方的要健康。大多数中国人都不肥胖，我希望有一天美国人也会得到这样的评价。

中国人在看到体格“超标”的美国人时，通常会显得非常吃惊。有一次，我在临近西哥伦比亚的机场接一个来自香港的朋友。之后，当我们在餐厅的时候我发现他的眼神不时地瞟向邻桌。我顺着他的目光看过去，想知道他在凝视什么。我看到邻桌坐着一个大概有 300 磅[①]的女人，留有长长的卷发，这并没有任何奇怪之处。突然，这位可爱的香港朋友惊呼：“我的天！怎么会这么胖?!”还有一次，我和一位来自上海外国语大学的学生在一家位于南卡罗来纳州萨姆特的中餐厅吃饭。我发现这位学生背后坐着一位大概有 400 磅的相当“大块”的女人，我以恶作剧的心态叫这位学生扭头去看看她。结果，这位学生在看到她之后右手拿着的筷子就停滞在空中，左手捂住胸部并大口地喘气，这让我感觉非常尴尬。更为糟糕的是，这位学生一直盯着这位“超重”的女士，这在西方是一种非常不礼貌的行为。还有一位来自上海外国语大学的学生，她妈妈所在公司有一次组织员工去佛罗里达州的迪士尼乐园游玩。在旅途归来之后，这位学生的妈妈将在迪士尼与其他外国人拍摄的视频短片给家人看。结果，该学生的爸爸问她妈妈为什么总是选择与肥胖的人在一起拍摄！

① 译者注：300 磅约等于 136 千克。

一般来说，中国人吃食物的动作非常小，举止也是非常端庄的，特别是对中国女人而言。有时候，我甚至感觉她们是在偷偷地从盘中迅速地夹起食物，以便没有人能发现她们的动作，这样也不会引起别人的注意。然后她们将头伸到自己的餐盘中，迅速地将碗中的食物解决，看起来好像是秘密地将食物保存在口中。中国人也习惯将碗端起来吃饭或者喝汤。但是也有很多中国人开始有意识地改变他们的饮食礼仪，以便与西方接轨。北方人喜欢不停地向客人敬酒，但是我听说汕头人不会坚持让外国客人陪他们一起痛饮。

20 世纪 90 年代中期，我曾对一些中国的高中生说过某一次我参加宴会所看到的情形。很多宾客都直接将骨头吐在桌布或者地板上，并且饭后大声地打嗝，似乎在向主人传递对宴会的食物感到非常满意的信号。这些学生听完后呆呆地看着我，就像我是一个白痴一样，这样的行为简直与野蛮人无异！但是他们确实这样做了，是我亲眼所见的，并且还相当享受。因为当你在吃鸡肉，并咬到这些该死的鸡骨头的时候，将它们随意吐出口中的行为可以减缓之前咬到骨头的不快。

如果不提及广东食物的话，那么对中国食物的讨论可以说是不完整的。在中国有一句广为流传的民间俗语：“天上飞的飞机不吃，地上跑的汽车不吃，水中游的轮船不吃，除此之外，广东人什么都吃！”广东人的食物当然还包括狗肉和猫肉，我们也都知道，大多数美国人对中国的固有印象，产生了很多关于中国人吃狗肉和猫肉的各种笑话，而广东人吃狗肉和猫肉的行为正是这种固有偏见产生的主要原因之一。但是，这并不意味着中国其他地区的人不吃狗肉和猫肉。1995 年，我曾听到一个来自中国北部省份（新疆或甘肃，我记得不太清楚）的同学说，家乡的老中医给她开了一些中草药和狗肉的处方就治好了她腿部严重的关节炎。现在这位同学可以正常行走，而且没有任何疼痛的感觉。

一位上海外国语大学的教授也跟我说他会定期买狗肉吃。我相信民间关于广东人爱吃的流传绝对没有丝毫夸张的成分，当我在中国日报看到一篇关于广东人吃猴脑的文章之后，这种信念便更加坚定了。文章提到，有人似乎利用广东人爱吃新鲜猴脑的欲望残忍地猎杀猴子。一般来说，享用者喜欢用铁锤敲碎被牢牢束缚在桌子上的猴子脑袋。碗状的猴子头盖骨被放在桌上，然后顾客就可以享用新鲜的猴脑了！因为猴子是稀有动物，所以这种食物的价格非常昂贵。但是据我所知，任何东西在中国都会出现山寨品，比如软件、手表、电影、手机、运动鞋等，当然猴脑也不例外。有人将椰子劈开，将里面的果肉掏空，然后将混合了各种酱汁的豆腐塞入椰子壳中，这些山寨猴脑也可以向那些毫无戒心的顾客卖个好价钱。有一次，我和妻子在一家广东风味餐厅吃饭，这次体验让我进一步加深了广东人好吃的观念。妻子本来就非常害怕蛇，尤其是较大的蛇，当她在餐厅中看到一位服务员手里拿着一条大概有 6 英尺长、2 英寸粗的大蛇之后几乎都屏住了呼吸。当时服务员是将这条蛇给餐厅的顾客检查它的质量。我在中国生活多年，我习惯在野外看到各种蛇类，但是我还是不喜欢在餐馆中看到它用凶狠的眼光扫视着周围的环境。这次经历使我对广东菜的印象非常差。

上面的叙述也泄露了我曾经在广东待过一段时间的“秘密”，我了解一些当地人对他们的“特色”食物所持有的态度。显然，有一些广东人对外面关于广东人好吃野生动物的流传感到非常气愤。我曾经作为一所大学委员会的成员，审查报名我所在的美国大学和另一所西方机构的交换生项目的学生。委员会中的另一名成员是一位广东女士，她对一位申请人说，他申请去的地方的当地人对中国人可能存在一些偏见，比如他们可能认为中国人会吃狗肉和猫肉，申请人应该如何处理这样的事情。这位中国学生说他会向这些外国人解释其实中国人是不吃狗肉和猫肉的。这位学生离开房间之后，我问这位来自广东的女士为什么他会那样说，因为几乎所有人都知道广东人吃狗肉和猫肉。但是这位女士立即对我说：“不，他们绝不会这样做!”这让我感到非常错愕，但是我很快就将这件事抛之脑后。

有很多次，当我尝试去了解这个充满神秘和异域风情的国家时，等着我的只是一些令人不愉快的经历。经过深入地调查之后，我能保证广东人确实会吃几乎所有活着的东西。有一次，我刚上完一堂关于广州菜的烹饪课，任课老师是一位广东居民。为了给她留下深刻的印象，同时也想验证广东人是否好吃的真相，我列举了很多种生物之后问她广东人是否以此为食，大概包括猫、狗、蛇、蚕蛹、蝎子、猴脑、鱼翅、熊掌、驴、蠕虫、鳝鱼、海参、牛头皮、猪肠子、猪胃，老虎、大象等。猎食后面两种动物尽管是非法的，但是广东位于中国南部的海岸，两岸峭石密布的水湾为走私客提供了理想的藏身与滋养之地。油炸的猪肠看起来与小块的巧克力甜甜圈非常像，但是我必须提醒你的是，中间的圆洞是猪排泄废弃物的通道！除了我的猜测被证实之外，她还告诉我广东的美食专家非常喜欢吃蛇胆和河豚胆，尽管流传这些东西都是致命的，但是对人体存在很大的好处。她说吃这些东西的诀窍在于，必须整个吞下胆囊。如果在你吞咽之前不小心咬破胆囊的话，那么你将必死无疑。

这位中国老师还给我讲述了一个关于在中国传统的龙舟节喝雄黄酒的故事。她说雄黄酒是一种呈黄色的家酿酒，在商店是买不到的。想要酿这种酒，首先必须在一个罐子里面倒入度数较高的白酒，然后往酒中加入蛇和蜥蜴的尸体。当说到最后一种必须加入的原料时，尽管老师能讲一口流利的英语，但此时的话语好像有点结巴，她说："往酒中加的最后一种原料是……是……我不知道怎么说，反正是牛身上的器官。"我猜测她可能想说"牛鞭"，尽管我想帮助她，但是我不想在一个男女混合的场所对一个中国女士说这个词语，所以我用中文词"阴茎"代替"牛鞭"。曾经有一位德国语言学家告诉我，当你用第二语言说出某些有较强意味的词语时，你并不会觉得它有多么大的冲击力。所以这位老师在听了我的提示之后，勇敢地说："对！就是牛鞭！"我看她现在是如此的坦率，所以我继续提出下一个问题："你们会将牛的睾丸放入酒中吗？"她用手捂住嘴说："不！那实在是太恐怖了！"所以我猜广东人也不是什么东西都吃，牛鞭可以吃，但是至少牛的睾丸是不受欢迎的食物。

这让我想起了另一个关于中国食物的故事。有一次，一位年长的上海人和我家人分享他在某次宴会上偶然吃到一个鱼头的经历，听完之后我忍不住问他鱼头的滋味如何，他说这是鱼身上最美味的部位。我那十几岁的儿子听了之后便决定下一次吃鱼的时候把鱼头也吃掉。大约在一周之后，家里的阿姨在午餐的时候为我们上了一道鱼菜，我儿子抢到鱼头之后开始大嚼，吞下了除了鱼骨头和鱼眼睛之外所有的东西。当然，他没有蠢到把鱼骨头也吃下去，但是他确实打算吃掉鱼眼睛！他稍稍犹豫了一下，然后小心翼翼地将鱼眼睛送入口中，我记得嚼碎鱼眼睛时会发出像玻璃珠被轧碎的声音，而之前我一直以为鱼眼睛是湿软的肉块。当我在下一次碰到这位上海老先生时，我向他炫耀我儿子吃鱼眼的壮举，但是令我吃惊的是，他听完之后立即以不可思议的眼神望着我，然后说："天哪！那太可怕了！没人会吃鱼眼睛！"

中国人对时间和日程安排的概念

坦白地说，这一小节的标题不是很准确，因为大多数中国人根本没有时间和日程安排的概念。在多次痛苦的经历之后，我才认识到这种跨文化的难题对外国人来说确实是难以处理的，所有在中国生活的外国人必须学会拥有足够的耐心。作为一个在中国生活多年的美国人，我现在可以坦然面对那些以前足以让我大发雷霆的事情，比如拿护照去出入境办证大厅或者去银行处理相关事务。但是必须承认的一点是，我至今为止还没有习惯中国人缺乏计划安排的做事方式。我的外甥女曾经被安排到北京任教，有一次当我还在美国南卡罗来纳州的时候，她在 Skype[①] 上气喘吁吁地对我说着一件几乎令她无法忍受的事情。有一次，学校负责人叫她准备某个班级的课程，但是在学校开学之前的前一天晚上突然通知她去另一所学校教不同年级的课程！我告诉她要镇静下来，深呼吸之后重复说着"这是在中国"。面对这样的事情你也是无能为力，所以必须学会忍耐，将烦恼的事情尽快抛之脑后。那时候我感觉相当自大，觉得自己完全能够适应这类事情。

但是之后连续发生的两件事情彻底击毁了我的自信。我和妻子曾两次被安排到永宁的一所高中教书。在我们的旅行刚进行一半的时候，我接到了办公室的电话：这所高中的负责人已经决定取消我们的班级，所以不需

① 译者注：Skype（中文名：讯佳普）是一款网络即时语音沟通工具，具备即时通讯所需的功能，比如视频聊天、多人语音会议、多人聊天、传送文件、文字聊天等。

要去了。一个简单的电话就让我们之前所有的课程准备都付诸东流，还不包括在旅途中所浪费的时间和精力。还有一次，我在公交车上接到助理的电话，当时他气喘吁吁地对我说："赶紧下车！赶紧下车！"我急忙叫琳达同我在下一个公交站一起挤下车，下车之后得知我们的班级再一次被取消了。同样在这所高中，在上课之前约 5 到 10 分钟，我们经常在楼梯处开一个的简短的计划会议，讨论下面的课应该由谁上、讲什么内容、教室被安排在哪里。还有一次，我所在的培训学校安排我和另外 4 个同事去贺兰（这是一个离银川市区大概有一个半小时车程的小城市）的一所学校做宣传讲学。当我们到了目的地之后，校长在他的办公室接待了我们，我们当时并不知道因为当地政府的一次突然检查，我们的这次教学被取消。这位腼腆的校长也不好意思告诉我们这个坏消息，于是他叫另一位老师来转告。当时我有一位同事在听到这个消息之后，问这位老师为什么不在我们出发之前告诉我们，这样就可以节约我们在路上所耗费的时间。但是让我意想不到的是，这位老师竟然有勇气反过来责备我们为什么没有在出发之前打电话确认！

很多学校在开学之前同样没有合理地安排假期和考试时间。在一所大概有 2 万名学生的大学，我曾经看到学生在暑假假期结束而返校之后，被通知还有两天才开学，所有的课程都被安排在两天之后，而事先根本没有任何通知！大学的课程安排之所以如此简单，是因为制订者根本没有将假期和考试时间纳入考虑的范围。作为一名大学老师，如果某个特殊的节假日刚好发生在你本来安排好的课程日，又或者学校的领导在你上课的前一天通知你由于某些原因明天你的课程必须取消，那么你只能和学生商量一个将来大家都有空余的补课时间。有一次，在我已经安排好了期末测试时间之后，校领导突然通知我由于某些莫名的原因，我之前安排的考试时间必须调整到一个学生根本没有时间复习的日程。没有办法，我只能向学生道歉，请他们原谅我对此事是无能为力的。事后，我问班上一个非常优秀的学生，他在中国怎么能忍受这样的事情发生。他说没有学生喜欢紊乱的安排，但这也是他们不可能改变的事情，所以只能默默地接受。

曾经有一个 30 多岁的中国职业女人告诉我，她朋友有一天叫她在 30

分钟之内赶到某个饭店一起吃午饭。她对她朋友说她才刚洗完澡，而且更重要的一点是，从她家到这个饭店最少也得花 45 分钟！几乎让她崩溃的是，这位朋友在下周又叫她做同样的事情，给她下了一个根本不可能完成的任务通知。我也知道有一个外国人在某所中国的大学当系主任，他有一次在午夜过后接到次日早上 8 点的会议通知！也有一位中国女商人告诉我当她在念高中的时候，经常在早晨到校的时候收到当天学校大清扫而放假的通知。尽管这种事情在中国是非常普遍的，但是中国人可能完全没有注意到，这样的事情几乎可以让可怜的外国人发疯！中国人看起来已经习惯了这种毫无章程的工作，但是如果计划是管理工作的一个最重要的特质，那么我敢确信，如果中国人能够学会计划和安排的话，那么中国的年 GDP 可能会增加数十亿元。

中国人对假期的安排和西方也大不相同，我以国庆假期为例来说明这一点。中国的国庆节是每年的 10 月 1 日，这是中华人民共和国成立的日子，相当于美国独立日（7 月 4 日）。如果在美国，你可能会为这种假期在一年之前就早早地做好了安排，但在中国是行不通的。中国政府最近规定国庆节只放三天假，如果假期刚好临近周末，那么你可以享受一个连续 5 天的假期。但是法定假日究竟被安排在哪三天呢？是星期一、星期二和星期三，还是星期三、星期四和星期五。在政府做出决定之前你根本无从知晓，而且这样一个能提前一年便可做出来的简单的决定可能在假期的前一个月才能揭晓，在消息经过众多官僚机构的传达之后，你最终得到的确信消息可能是在假期的一周之前。但我从未对此有过任何抱怨，我从来没有打算在国庆假期出游，因为假期内火车上的人可能比太阳上的粒子还要多。为了讨论方便，我们姑且假设政府已经决定国庆假期为星期一、星期二和星期三。之后有人可能会提出这样的建议，如果星期四和星期五也放假，落下的课程在下周末再补上的话，那么大家就可以享受一个长达 7 天的假期，即使这意味着假期之后必须连续工作 12 天。但是除了外国教师之外，其他的老师看起来都接受这样的建议。我知道有一些外国学生和老师在周末的时候拒绝补课，他们认为补课是对他们享受周末这种神圣日子权利的侵犯。

假如你是一位大学教授，同时校领导通知你在周四和周五的课程被重新安排到了下周六和周末，如果你拒绝这样的要求（在我看来，这种要求是非常合理的），那么你必须为这些已经重新安排好了的课程安排一个合适的补课时间（我希望你能理解这句话的意思）。其实如果在事先通知周六和周日要补课的话，以此代价换来一个较长的连续假期也未尝不可。学校一般在元旦会放一天假。有一次元旦刚好是星期一，政府让所有的教师在上周六和周末补课，以让全国师生可以享受一个周一到周三的连续假期。但是我很奇怪为什么政府不让元旦假期之前的周末正常休息，这样的话我们同样也可以享受一个三天的连续假期。当我妻子问学校的某个教授为什么政府为有这样的规定的时候，她说中国的假期一般开始于富有意义的那一天。我想如果我在中国在生活几十年的话，可能我才会懂得这种安排的文化内涵。你可能没有完全弄明白上面事情的意思，所以我用一封写给家里的邮件来做具体的说明。

> 今天是星期四，正常来说明天就是星期五了，可是对于我来说明天是一个必须工作的周日，因为我在周日的课程已经换到了周五。明天对于其他的中国来时来说是休息日，因为他们将明天的课程换到了周日。我希望你能理解我说的话，如果你理解了的话，那么恭喜你，你比我还理解我的工作安排！要理解中国的日程安排确实不是一件容易的事情，这些安排可能是领导在电梯或楼梯处，甚至是在酒会上临时作出来的，而且通知经常在最后一刻才下达，离原计划的执行时间绝不会超过5分钟！

员工和老板

中国党旗上面的“锤子”和“镰刀”图案分别代表了工人和农民的生产工具，也是革命斗争的武器。因此，我经常在想为什么中国的劳动公会被视为非法的组织，让我更为惊讶的是中国的资本家和劳动者之间的关系。我见过很多员工遭受老板极为恶劣的对待，如果我是他们的话我肯定会另谋高就。但是大多数我见过的员工对老板都非常温顺，根本不敢说出可能会激怒老板的话。我总结出了两个可以解释这种现象的理论。首先是统治所有中国“关系”的儒家文化，儒家文化宣扬被统治者有义务服从统治者的命令。我喜欢问单身的中国学生这样的问题：如果父母不同意他（她）和所爱的人在一起的话，他（她）是否会和心爱的人结婚。我还没有发现有同学会违背父母意愿的意思，因此我猜测可能中国人对遵从权利的传统态度还没有被西方的自由主义思想所侵蚀，这也可以解释为什么中国员工没有勇气直接向老板提出辞职。可以解释员工面对冒犯行为而选择被动接受的第二个理论就是，中国人对贫困所存在的根深蒂固的恐惧心理，这样的心理特别是在中国的中年人群中是普遍存在的。他们经历了“文化大革命”中所发生的暴乱、压迫和贫困，西方人主要是通过电影来了解这一段历史的。尽管对老板存在很多怨言，或者遭受了不公平的待遇，但是我相信这些可怜的员工不敢辞职的主要原因是，他们害怕失去工作之后没有能力找到另外的工作。

我知道有一位刚毕业的大学生，在某家企业工作大约一个月后却没有得到任何报酬，她甚至不知道自己每月的薪水是多少。在发薪日的那一天，她满是期待地跑到老板的办公室，看到老板正在为排成一排的员工发薪水。我问她是否得到了她应得的工资，她说没有。我继续问她问什么不再去找老板谈谈，但是看来她根本就没有想过这件事！一段时间过后，她所在的公司资金非常短缺，在发薪日那一天老板召集所有的员工开会，在会上说明公司决定延期支付员工的工资。没有员工反对这个决定，因为它是老板作出来的。我之后将这些故事转述给几个高中学生，并问他们这是否是一种正常现象？所有人都说“是的”。我继续问他们当父母也遭遇了这种不幸的待遇时，他们会怎么做。学生们说父母们会从亲人和朋友那里借钱来渡过难关，因为他们预计公司在不久之后就会补发拖欠的工资。

这个故事发生在一家非常小的私营公司，但是这种事情在大型的跨国公司也同样时有发生。我有几个学生在上海几家非常著名的跨国公司就职，我曾问他们是怎么安排周末的，他们并没有一脸兴奋地对我说会去哪里旅游或者去拜访好友，而是非常郁闷地对我说在假期他们也得工作。我问他们，在他们的雇佣合同中是否包含有规定的假期。他们说是的，但是在假期的时候他们从未休息，因为老板在这些时候“需要”员工。我经常说在中国的生活是很低微的，但是这并不意味着我们应该过着低质量的生活。

第十章　现代中国的迷信

我来中国生活之前一直认为美国棒球手是非常迷信的，因为他们每次在离开三垒线之前都会将戴有手套的双手相互猛击几次，然后一边挠胯部，一边不时地吹泡泡糖，但这根本不能与中国人的迷信行为相比。关于这个主题我可以写出一大堆的内容，但是为了使本书更加简练，我仅仅说明可以体现中国人迷信行为的三种主要的表现。

首先，让外国人对中国人迷信印象深刻的是他们对数字的痴迷。中国的北京奥运会于2008年8月8日晚上8时正式开幕，这个开幕时间绝非为偶然的决定。实际上在中国，“8”这个数字与中文汉字“发”的发音是押韵的，所以这个数字一般被看成是“发财”的神圣符号。因此，“8”是中国人的幸运数字，聪明的中国人很快挖掘出了数字“8”所富含的商业价值。以数字“8”结尾的电话号码和车牌号码都必须支付较高的价格才能买到，广告牌和电视里面播报的商业号码也大多以“888”结尾，每年的8月8日也好像是结婚最为火爆的日子。刚到中国的外国人会发现，对中国人来说，数字“4”也是非常重要的。这个数字刚好与吉利的数字“8”相反，它往往被中国人当作一个不吉利的符号。因为“4”这个数字与中文汉字“死”的发音是押韵的。当外国人去买手机号码时，他们会发现有大量带“4”的号码可以供他们选择。

另外一个与中国迷信有关的主题与抚养新生的婴儿有关。在中国，产妇在生完小孩后的第一个月内面临各种被视为禁忌的规定，这些规定在许多中国人眼中是科学的，他们认为这和迷信是两码事。实际上，很多在中国人眼中都是科学的事情，在西方人看来却是非常迷信的行为。记得有一次，一个大学生对我说他是一个中国气功的业余修炼者。我尽可能礼貌地向他传达了我的一些保留意见之后，这位学生叫我将裸露的手臂高举。我照做之后，他举起手与我的手掌相对，两掌之间大概有 4 英寸的距离。大约 30 秒之后，我手掌上的皮肤有灼痛的感觉。在中国生活多年之后，我对科学和迷信的区分确实变得模糊了。我经常问中国人关于针灸、传统中草药、气功、功夫等问题。大多数情况下，西方人可能认为他们回答的内容是非常荒谬的，但是中国人会信誓旦旦地对你说：“我相信这些都是真的!”或许我在下文将要讲述的关于初生婴儿的事情都是带有迷信色彩的，但是对于这些 19 世纪晚期所保留的第一手资料，谁又能保证它们不是真的呢?

> 很多中国人相信同一时间出生的新生儿在出生后四个月之内是不能相见的，否则两个婴儿都会生病，甚至会死亡！几个月之内出席过婚礼的人也是不允许进入产妇的房间，因为这可能会给新婚夫妇带来坏运气。如果将没有四个月大的婴儿直接放到桌子上，那么他（她）在将来会害怕打雷。如果父母称赞小孩子身体非常健康，那么坏运气就会接踵而至。中国人对新生女婴存在巨大的偏见，这是我见过最为离奇的事情之一（至少在 19 世纪是绝对存在的）。那时候，医院的护士不相信外国人对生下来的孩子的性别是毫不关心的。换句话说，他们不相信西方人对女婴和男婴的态度是相同的。有一次，福州（位于福建省）某所医院的一位护士被问到为什么新生的女婴会哭，她用蹩脚的英语说：“我猜可能是因为她为自己是女性而感到悲伤!”之后，这位护士又接生了一位哭泣的男婴，当别人问她为什么男婴会哭时，她说：“因为他以为自己是一个女孩!”（Mansfield，1887）

有一位非常喜欢收集这些迷信故事的中国教师告诉我，中国的迷信思想也存在地域差异。现代中国也依然存在很多迷信的思想，因太多而不能一一赘述。我在最后最想说明的一种中国的迷信思想就是“风水”，原因不仅仅是它逐渐被西方人所熟悉。因为它的存在，我在汕头大学的生活也变得“非同一般”了。

首先我必须指出的是，在中国人眼中，“风水”并不等同于纯粹的迷信。《怀疑论者关于伪科学的百科全书》的作者也认为一些“风水”的原理是“非常合理的”，并且“风水学”是包括各种偏方和迷信的折衷组合（Michael Shermer. ABC－CLIO. pp. 111－112）。因为我连中国的迷信和医学之间的区别都没有弄清楚，所以我不打算进一步说明“风水”的哪一部分是合理的，哪一部分又是迷信的。接下来，我只向读者简要地介绍“风水”究竟是什么。

“风水”一词在字面上是由“风”和“水”组成的，因此它表面上的意义是代表自然中所存在的风和水。按照大多数风水大师的观点，“风水”是通过“气”来起作用的，并且是建造房屋或挖掘坟墓时必须考虑的一个重要方面，最好建在能吸收“气”的最佳位置。丘陵地带和崇山峻岭的山脉处是“气”产生的绝佳之地，这种地势被称之为“龙脉”。因为这些山脉纵横交错、上下扭曲，如龙在翻腾一般。但是一般的人，比如你和我，是不会发现这些风水宝地的。风水大师就是拥有这种特殊能力的非同一般的人。我曾听说某个风水大师的真实身份被怀疑是地产经纪人，询问墓葬的风水宝地的人一般会付给他一笔不菲的“信息费”，但是购买信息的人最终发现这些风水宝地都集中在一些非常昂贵的墓葬地。

选择最佳安葬地的山脊和丘陵的判断依据是五类基本元素，分别是金、木、水、火和土，每种元素都有自己独特的代表符号，它们大量存在于中国的古代书籍中。一旦选定了墓地的合适山脉，那么接下来需要关注的就是确切的安葬地址了。其中最基本的要求就是，下葬的地方必须在周围景物的衬托下显得非常醒目。比如，在多石的山上选择土质的安葬地，在土质的山上选择多石的安葬地。如果空间是狭窄的，那么选一片旷地安葬；如果空间是开阔的，那么选择的安葬地就应该是狭小的。如果安葬地被多石的丘陵环绕，那么关注的主要就是水源；如果安葬地的水源充足，那么应该更多关注丘陵（March，1968）。

也许读者会产生这样的疑问，将已逝的长辈埋葬到一个所谓的风水宝地有什么好处呢？一般的中国人认为，其好处就是子孙后代会更加富裕和成功。所以，“风水”是一件需要被严肃对待的事情，而不仅仅是单纯的迷信行为，至少1/3的中国人是这样认为的。但是，很多西方人对这类行为存在和中国人相反的观点。西方人对中国最感兴趣的三件事情就是贸易、基督教和科学，“风水”被当作是这三类事物的反面典型。风水大师认为铁路和电缆线使在大自然中运行的“气”变得紊乱，所以他们非常反对从西方引进这些先进的技术。据说，著名的“义和团”运动爆发的一个非常重要的推动因素就是从风水的角度对西方人所持有的偏见。基督教的传教士反对“风水”的原因也是显而易见的，因为这是一种既神秘又不科学的行为。实际上，相信科学的科学主义者对“风水”也都持有反对的意见，因为“风水”看起来是一件充满迷信的荒唐事，用科学原理是根本解释不通的。因此，西方人对“风水”的印象极差。我举几个西方人猛烈抨击“风水”的例子，这些例子全部选自March（1968）的一篇文章。风水是“对科学的一种荒谬的讽刺”，也是“荒谬事物的混合体”（de Groot，1897)；“风水”是一种胡乱运用物理学和气象学知识的荒谬的实践活动。荒僻的旷野所存在的教条思想是由于推测的投机学说取代了科学的正统地位所导致的，所有理论都被认为和现实无异，如果有人希望看到人类思想会变得这般不理智的话，那么就让他致力于发展“风水”科学吧！(Dukes，1885，p. 145)

但是从文化的角度上看，上述语句在目前的知识体系中可能被认为存在帝国主义和教条主义的思想，在后现代时期是不适用的。这让我想起了在一次中文课上，一位法国女同学和另一位美国同学讨论喝茶的正确方法时所发生的事情。这位女同学滔滔不绝地向她的美国伙伴介绍何时饮茶以及如何饮茶的一大堆理论，这位耐心的美国人听完之后问她：“那是一种中药吗?”她的回答是：“不是！这是真正的药物。”在中国生活一段时间之后，任何哲学相对主义者或后现代主义者都会发现自己一次又一次地被这些令人费解的理论所侵袭，之后可能逐渐变为一个对某些事情存在教条式思想的绝对主义者。但对不是后现代主义者的普通西方人而言，那些解释不清的事物确实是非常讨厌的。

我也必须承认，这也是我对“风水”所持有的态度。我目前在汕头大学任教，这所大学有一个非常大的水库，水库的一侧是一座漂亮但异常陡峭的石灰石小山，山上面布满了各类植物和树木。但是不幸的是，整个区域在过去都是墓葬地，汕头大学周围的小山上至今还有很多坟墓，这意味着在建立汕头大学的时候必须考虑很多复杂难懂的“风水”因素。因此，如今校园里面的道路、人行道、车道、走廊，以及任何其他的通道好像都是按照某种“风水”规律所设计的，根本没有简单的直角交叉路出现。如果我想要去我的办公室，那么带一个指南针以及足够维持两天的食物和水是相当有必要的，因为这是从你进去之后直到找到逃生的出口大概需要花费的时间。在汕头大学待了差不多五个月之后，我对校内办公楼的设计依然毫无概念，每次走进办公楼之前都会试着在外面找到一栋标志性的建筑以确认自己当时的位置，但这被证明是毫无用处的。也有人教我通过辨认圆形楼梯的栏杆颜色来找到我的办公室，因为不同的建筑物内的楼梯栏杆的颜色是不同的，但是对我的帮助也是有限的，特别是在楼梯栏杆的颜色被重新上色之后。

所以我们可以看到，风水是一种影响力极大的迷信行为，甚至唐纳德·特朗普因他的川普大楼与纽约市的“气”不协调而错失或丢失很多生意。为此，特朗普先生专门请了一位风水大师来解决这个问题。香港的一栋摩天大楼中间也存在一个莫名的大洞，而这个大洞也是出于“风水”的考虑，我猜测大洞的作用是便于“气”能穿过这栋大楼。一栋非常好的办公楼也可能由于风水的缘故被空置。在商业宴会上，“风水”原则经常被用来决定客人的数量、菜肴的数量，以及客人的座位安排（Simmons and Schindler，2003）。除了“风水”之外，中国文化中还存在很多其他迷信的思想。如果你想在中国做生意或者与中国商人打交道，那么你必须清楚地认识到这一点。例如，西蒙斯和辛德勒（2003）曾对中国消费品的价格末尾数字做出了深入的统计分析，结果表明在总样本中，所有消费品价格的最后一位数字是“8”的比率最大，约为39.9%；同时，末尾数字为“4”的概率最小，为1.4%。显然，商店老板必须考虑到顾客对商品价格的末尾数字所存在的迷信思想，否则将面临亏损的结局。经济学家（Simmons and Schindler，2003）曾报道在中国的“鬼月”（每年的农历七月）期间，全社会的商品销售额会下降超过30%，中国人一般在这段时期内会设醮普度他们已逝的祖先。

中国政府对“风水”的态度与大多数西方人一致，认为风水是不科学的迷信行为。在中华人民共和国成立之初，“风水”就被正式地视为一种“具有封建主义的迷信实践”，也是一种“社会恶习”。在“文化大革命”期间，“风水”被划为必须清除的“四旧”之一，风水大师在此期间遭受红卫兵的殴打，他们的风水专著也被烧毁。甚至在如今的中国，注册成为“风水”商业咨询公司以及播放有关“风水”的广告都是被禁止的违法行为。

第十一章　现代中国的性观念

对性观念的变化

如果不理解中国古人对待性的态度的话，那么就不可能很好地理解现代中国人的性观念，所以我们从中国古代的性观念开始讲起。传统的中国文化基本上来源于三大宗教流派，分别是道家思想、儒家思想和佛教思想。道家对两性的看法是世界上独一无二的，我想任何人都会同意这样的观点。道家主张阴阳协调，其中“阴”代表女性和自然中被动的、较为负面的一面；而“阳”则代表男性和自然中的主动、较为积极的一面。我曾经问过两个女大学生是否同意这样的观点，即传统的中国哲学对女性持有偏见，她们立即否认了这种观点，认为传统哲学对“阴”的定义并不代表对女性存在负面的看法。我很难认同这两位女生的观点。如果你在中国生活的时间足够久，那么你就会发现几乎所有的事情最后都可以归结为阴阳两气的平衡，比如医学、哲学、武术等。所以当你看到“性是一种促使相反的两性力量达到和谐的活动”这样一种定义时，也没什么可太过于惊讶的了。可能你会想到在西方世界都可见到的阴阳圈，圈中有黑白两块等面积的区域被一条富有美感的弯曲曲线分离，其中“黑”代表阴，“白”则代表阳；白色刺入黑色的部分区域被看成为阳具的象征，代表两性的结合(当然还有其他的含义)。

所以道家思想认为“性”的目的就是平衡男人体内的阴阳之气，男人的精子被视为“阳”，女人在性交的过程中贡献出“阴”，“阴”是在女人达到性高潮的时候转移到男人体内的。这意味着如果男人想要保留更多的阴阳之气的话，他必须尽可能地让女人达到性高潮，而且必须尽可能地保持不射精。与后者相关的技术在一本道家的名为《卧室的艺术》的书籍中有详细的介绍，但是不难想象这些技术对男人的身体和精神会带来多么大的负面影响！但是道家思想却认为这样的性活动可以延寿，甚至会长生不老。看到这里，有些读者可能会认为女性在道家的性理论中是相当幸福的。实际上并非如此，女人在道家理论中仅仅被当作提供"阴"的一种被动工具而已（So and Cheung，2005）。道家思想性爱指南的主要目的是延长男人的寿命或繁衍后代，根本没有考虑到妻子的快乐（Bodde，1985）。

尽管女性在道家性理论中的地位已经是非常低下的，但是在佛教思想和儒教思想中的情况更为糟糕。佛教思想认为性是一种肮脏的事物（Bodde，1985），所以很难想象持有这种观念的男人会使女人获得性快乐。中国古代的儒家思想对两性关系的看法同样令西方人大跌眼镜，这种思想认为性的任务仅仅是繁衍后代！而且认为两性之间是不允许口头表达对彼此存在的喜爱之情，因为这样做是不道德的。他们甚至不被允许直接将某件家庭用具递给对方。被允许的做法是丈夫（妻子）首先将用具扔在地上，然后让妻子（丈夫）捡起来。还存在一大堆其他的禁忌，比如不能同睡一张床，不相互借东西，不能共用衣架，当然也不能一起洗澡（Bodde，1985）。费孝通在 1930 年研究了位于泰和附近的一个小镇上的居民的夫妻生活，这是中国学者所做的一个著名的人类学研究。调查资料表明，如果丈夫和妻子在家里一起接待客人时，丈夫是绝对不会和妻子说话的，也不会和她坐到一起，甚至在和客人的谈话中都不提及她（Fei，1939；cited in Bodde，1985）。另一项人类学研究是在云南展开的，当地的乡下女人从小就被教导不能展现她们的魅力以吸引男人，性被认为是非常肮脏的，而且女人是这类肮脏事情的主要引发之源。当地有很多对刚生完孩子或者月经来潮的女人所规定的各种禁忌（Xu，1948；cited in Bodde，1985）。

讲完那些令人压抑的中国性背景知识，现在讲述的重点终于可以转向现代中国人的性观念了。在下面的讨论中，读者将会看到中国传统的性观念与来自西方的自由思想所发生的激烈碰撞。并且，两者之间的摩擦从 20

世纪80年代初开始的现代化建设运动之后逐渐加剧。尽管现代的中国人已经抛弃了很多过去的封建思想，但是他们还没有成为真正的自由思想者。中国人的性观念一直在不断地改变，上文所说明的那些死板的性观念是大约从中国宋代开始逐渐形成的。至少在宋朝之前，“性”是可以被公开讨论的。关于“性”的最早的中国古书籍可以追溯到大约公元前200年，甚至有部分书籍介绍了性技巧以及人们对此的评价，也有关于防止性功能障碍的建议，以及如何调整个人的性生活频率以延年益寿。但是在宋朝，政府开始严格控制人们的“性”思想，禁止所有与“性”相关的公开讨论。在最后，任何与“性”相关的内容都成为了禁忌。

从那时开始，这种极其保守的观念便一直延续了好几个世纪。直到1949年新中国成立之后，情况才有所好转。1950年，中国政府出版了一些基本性知识普及书籍（Li，et al.，2004）。但对于解冻中国人极其冷淡的性观念来说，仅仅靠一些书籍是远远不够的。加之在此期间，中国人满脑海都是强调集体主义的毛泽东思想，即个人必须严格服从中央集权的统治。而且个人是几乎没有任何隐私的，结婚都受到了严格的管制（Farquahar 2002，p. 173；cited in Sisson，2003）。尽管如此，当时的中国政府还是猛烈打压了传统的封建性思想。例如1950年颁布的《婚姻法》，废除了包办婚姻和一夫多妻制。但是，中国政府也绝没有像西方国家那样完全放开对人们思想的束缚，在学校和工作单位还是会严格控制婚前和婚外的性行为（Parish，et al.，2007）。

中国在改革开放开始之前，传统的性观念在中国人的思想中一直占据主要地位。改革开放之后，中国政府不仅对经济的控制有所放松，而且也逐渐接受从西方渗透而来的开放的性思想。从20世纪80年代开始，在反对私人生活受到政治干预的浪潮中，公众的性意识逐渐开放起来（Honig and Hershatter，1988；cited in Farrer，2011）。从90年代开始，婚前性行为也逐渐被认可（Farrer，2002；Pan and Yang，2004；Li，1998；Parish et al.，2007；People's University，2007；all cited in Farrer et al.，2011）。但是即使是在这种改革的大环境下，中学生的恋爱依然被视为不正常的“早恋”行为（Evans，1997；Yang and Yao，2002；both cited in Farrer，2011）。

我曾经在中国西部地区的一个小镇的高中任职，有一次在我上课的时候，有一位女同学拉着旁边的一位男同学正聊得欢快。当时我责备了她几句，然后问她这位男生是否是她的男朋友。尽管我认为她在之后的过激的反应是没有必要的，但是我可以理解这可能是因为当时的中学生还没有听过这般“前卫”的问题，尽管实际上，当时的中学生可能已经开始了正常的异性交往。

有大量的证据表明，当时中国人对“性”的态度算是比较开放的了。比如在市场上可以买到之前被禁售的各类色情书籍，商店里面也可以买到避孕套、各种避孕药物和性玩具，甚至还可以看到为有恋物癖的人提供的各种服饰。大街上可以看到游离的妓女，色情广告也开始涌现，电影中可以看到明显的性画面。感染性疾病以及性传播疾病的患者的数量剧增，性诊所也公开地出售各种性药物。此外，性专家关于性教育和性研究方面的实践活动也逐渐增多（Farquar，2002，p. 215；cited in Sisson，2003）。年轻人开始对他（她）们逐渐解放的性欲寻找发泄点，大部分这类人都被卷入了高风险的性活动中（Li，et al.，2004）。

传统的中国人相信婚姻比爱情和“性”更重要，因为好的婚姻也就意味着好的爱情和性生活。但是现代中国的年轻人逐渐青睐于西方浪漫的爱情观，即爱情和“性”先于婚姻，可能两者比婚姻还更加重要，即使有时候前两者和美好的婚姻是相冲突的（Zhang，et al.，1999）。我经常听到中国学生对我说“婚姻是爱情的坟墓”这样的句子，这样的态度在某种程度上反映了年轻人仅仅考虑从婚姻中所能得到的快乐，但是同时忽视了它所带来的责任。也许这些学生期待看到某一天美国的性爱革命席卷中国时，他们这种自由的观念是如何备受追捧的。

当我在1995年来到中国时，我对任何性爱革命根本没有任何意识。我在中国任职的第一所大学的同事告诉我，中国大学女孩的处女比例约为95%，这在我看来是非常新奇的一件事情。在街道上，我从未看到有任何色情杂志和影碟出售。中华人民共和国国家电视台——中央电视台（CCTV）所播放的节目也是经过严格审查的。当互联网在中国出现之后，网上电影中所包含的色情部分全都被删减了。曾经有一次，我们一家五口

（我和妻子，以及三个 10 岁、13 岁和 16 岁的孩子）在邻居的外国教授家里面看电影。当时我手里拿着遥控器，准备当电影中出现任何少儿不宜的画面时就关闭录像，同时电视画面会自动跳转到事先调好的中央电视台，因为我从来都不担心 CCTV 会播放存在不利于孩子健康成长的节目。之后当电影中真正出现带有色情的画面时，我及时地关闭了录像机。当电视画面跳转到 CCTV 节目之后，让我非常吃惊的是，当时我那三个未成年的孩子“有幸”在电视上瞥见一些上身裸露的中国美女！但是公平地说，当时看到的这些“前卫”美女画面可能只是艺术图。因为我当时急着转换电视节目，所以我没有看清楚。

除了偶尔被上海市中心的妓女主动请吃饭或喝茶这种事情之外，我感觉自己是活在电影《欢乐谷》[①] 里面的世界。我仅去过一次中国的电影院，那是在 1995 年，我们一家五口人在上海打算在电影院消磨一个无聊的下午。陪我们一起的还有两位高中老师，他们曾是我的学生。我和妻子坐在一起，其中的一位女学生陪我三个小孩坐在一起，另一位男同学坐在我妻子的正后面。在我们观看的电影中最露骨的情节就是丈夫好像准备俯身去亲吻他的妻子，但是我们仅仅看到丈夫俯身的动作，因为后面的情节被删减了。坐在我妻子身后的男老师显然不想让我妻子错过电影中发生的任何情节，他将身体前倾之后郑重地对琳达说：“被删掉的内容是丈夫和妻子做爱的事情！”我妻子在听完之后两耳变得通红。也正是这位思想前卫的男士，他曾经对我儿子说美国女人都比较肥胖，而且有侵略性心理。他对我妻子在电影院里面所说的话，是我在那个时代的中国所听过唯一的一句较为淫秽的话语。多年来，因为我不能理解中文中的污言秽语，所以在很长一段时间内一直以为自己生活在一个纯洁的童话世界中。

但是，正如我之前所说的那样，不要被中国某些事物的表象而迷惑了你的双眼。在中国生活几年之后，我和妻子琳达有一次在北京的某条街道上闲逛，不经意地发现一家“夫妻健康商店”。在美国我们从未见过这种

① 译者注：《欢乐谷》是一部荣获第 71 届奥斯卡金像奖的美国影片，其中“欢乐谷”基本上是古典的正面乌托邦的化身，其创造者可能就像从帽子里变出鸽子那样变出了所有的居民，因为那里根本不存在性，人们甚至不知道如何繁衍后代。

类型的商店，所以我们好奇地走进店铺，想看看它到底提供什么商品或服务。这是一家仅有一个单间大小的店铺，店铺左右两旁的墙壁上面嵌有玻璃架子，架子上面摆有各种商品。店老板是一位留有刘海和扎马尾辫的女孩，戴着一副大圆眼镜。这样的装扮使这位实际上有25岁的女人看起来就像是一个15岁的纯洁少女。此外她的装扮也有些怪异，穿的是一套标准的护士制服，头上戴着20世纪60年代风格的护士帽。我进去之后看那些摆在右边玻璃架上面的商品，琳达则选择左边。当我在右边架子上看到避孕药和润滑液等性爱物品之后，我想这可能是一家成人药店，只不过店老板是护士而不是医生。同时，琳达在左边的架子上面看到摆满了各色性玩具（上面还贴有带有色情图片的标签）。这时，这位护士微笑地问琳达是否需要帮助。成人药物和淫秽的性器物放到一起确实是一种令人奇怪的组合，很难想象当美国人在自己的国家发现这样的店铺时的反应会怎样。当时我觉得，现代中国人对“性”存在某些与纯洁的传统思想完全相悖的观念。

现代中国人的性观念

为了说明中国人对待性的态度已经从“传统”变得更加“现代”，我将首先对中国人对“手淫”“婚前性行为”“婚外性行为”和“同性恋”的看法做简要的介绍。看完这些介绍之后，读者可以轻易地发现，尽管根植于中国人脑海中的儒家思想近年来受到了西方自由主义思想的猛烈冲击，但是中国人的思想在很多方面与西方人还是存在着明显的差异。

手淫

中国人对男人手淫的看法深受传统道家思想的影响。正如在上文所提到的，道家思想认为男人保存他的“阳”是至关重要的，而精子正是男人“阳”的象征。所以如果有可能的话，道家思想认为男人应该尽可能的延迟甚至是不射精。显然手淫是道家思想所不能容忍的行为，因为这使男人失去了宝贵的精子，这意味着男人会浪费很多宝贵的“阳”，而且这种损失还没有从繁衍后代那里得到补偿。这种古老的道家思想对中国人的影响极深。“十颗粮食可以产生一滴血，但是十滴血才能产生一滴精液”，这句话在中国我都听过无数次了。这也从侧面说明了中国人极其看重精子的价值。显然，而且它不应该通过手淫而简单的浪费掉。

一项重要的研究表明，在研究的总体样本有超过半数的被调查者认为上述观点至少是部分正确的（Zhang，1993；cited in Zhang，et al.，1999）。不论是男性还是女性的手淫行为的比例都要低于西方，传统的道家思想或许可以解释这种调查结果。为了使读者更加信服，我在下面列出一系列具体的调查数据：研究表明男、女中学生存在手淫行为的比例分别为13%和5%（Liu，1992）；城市的已婚男性为12%，已婚女性为12%（Liu，1992）；农村的已婚男性为9%，已婚女性为11%（Liu，1992；cited in Zhang，et al.，1999）；1995年，男性为40%，女性为13%（Pan，1995；cited in Zhang，et al.，1999）；2001年，男性为53%，女性为17%（Cui & Liang，2001；cited in Higgins & Sun）。通过上述数据，我们也可以看到中国人手淫的比例正在逐渐攀升。而且，有一则报道表明2007年中国人的手淫比例已经约为西方的一半了，而且中国青少年的手淫比例与西方是比较接近的（Laumann et al.，1994；Spira et al.，1994；Kontula and Haavio－Mannila，1995；cited in Parish，et al.，2006）。

婚前性行为

婚前性行为在传统的中国社会显然被认为是不道德的，但是这种观念在现代中国正在迅速地改变。众多调查研究表明，中国人目前在相当大的程度上已经认可了婚前性行为，婚前性行为的实践也变得越来越流行。在利用相关的调查数据作为分析材料之前，我们首先应该弄清楚两个概念之间的区别，即“认可婚前性行为”和“参与婚前性行为”，后者在统计结果中总是小于前者。以下是从各类研究文献中找到的统计数据：1986年，约有半数的北京城里人认可婚前性行为；在1990年，这一比率上升到70%。1990年，一组女性样本中有80%的女性在婚前有过性行为，两年之后这一比率高达95%。在另一大学生样本中，有40%的大学生认为只要双方是相爱的，婚前性行为是很正常的事情；只有35%的学生认为婚前性行为应该在双方都愿意的情况下进行（Pan，1995；cited in Zhang，et al.，1999）。1989 年仅有 13% 的男学生和 6% 的女学生有过婚前性行为。与在 1989 年同样是以大学生为样本的研究中，大学生对婚前性行为的认可比例显著上升。另外一个以上海 50 所大学的大学生为样本的研究也表明，有 19% 的男同学和 17% 的女同学曾经有过婚前性行为（Zhang，1993；cited in Zhang，et al.，1999）。显然，中国大学生对性的态度也随着时代的发展而变得逐渐开放。

一个不争的事实就是婚前性行为的发生率正在逐渐上升，背后的推动因素有很多，包括早熟、晚育、国家政策等。早熟是因为随着现代中国经济的日益增长，人们的生活水平逐渐提升所引起的。而晚婚是政府为了控制人口而提出的号召。两者都增加了年轻人只能通过婚姻而品尝禁果滋味的概率，这转而加大了婚前性行为的诱惑力。另外一个非常重要的原因就是，国家逐渐提出婚姻自由和废除包办婚姻的政策（Yan，2003；cited in Farrer，et al.，2011）。此外，市场改革也使得个人拥有更多自由的选择（Farrer，2002；cited in Farrer，2011）。与世界上其他国家所发生的事情一样，中国人在享受更多的社会和政治自由的同时，并没有足够的智慧学会如何处理这种宝贵的自由。

在对所有与婚前性行为相关的统计数据作出分析之前，我们应该认识到中国人存在的一种普遍意识就是，在两人已经订婚了或准备结婚之前，婚前性行为是不被认可的（Zheng，et al.，2001）。这种信念使中国人和其他民族得以区分开来。有一篇研究性论文以上海 111 名大学生为样本，深入地调查他们对这种行为的态度，其结论也可以反映这一点。同时，该项研究也发现，对婚前性行为的认可态度与各种保守的观念共存于大学生的思想中。例如，女人在和别人的性关系中止之后将不再“完美”，所以婚前的性行为会对女性带来“永久性的伤害”。“性”是女人为男人所作出的牺牲，所以女人宝贵的第一次应该留给她心爱的伴侣，即婚前性行为发生的前提是一个忠诚的稳定关系。忠诚的表现形式可能是各种承诺，例如努力工作，买房，出去旅行或者一份永远的爱（但是必须注意的是，承诺并不包括和对方结婚。婚前性行为尽管不是随便的行为，但是这些中国大学生显然不认为有了这种行为之后，便意味着双方必须步入婚姻的殿堂。对他们来说，“性”仅仅是一种使双方关系更加稳定的方式）。

高中生之间的性行为是一种很危险和不负责任的表现。对一个未婚先孕的女生来说，流产可能是她唯一的选择。而且对于中国人来说，流产是一件甚至比失去贞洁更为羞耻的事情，大部分中国学生将草率的性行为视为不道德的表现。所以，很多学生认为“性”与婚姻是联系在一起的，它只能发生在正式的订婚或打算结婚的两人之间（Farrer，2011）。需要注意的是，在中国人的意识中，订婚之后所发生的性行为并不是婚前性行为的表现，因为他们一般认为订婚就相当于结婚（Yan，2003；cited in Farrer，2011）。1993 年，有报道指出中国所存在的婚前性行为有大概 89.2% 发生在“准夫妻”之间（Pan，1993；cited in Higgins and Sun，2007；also see Parish，et al.，2007）。所以，在对待婚前性行为的态度上，中国学生并不像西方学生那般开放。对于西方学生来说，他们有时候将“性”视为一种类似中国人“握手”的社交礼仪。在结束这一主题之前，我将引用一段一个 22 岁的年轻女孩为她相处了五个月的前男友所写的一段温暖人心的话，“他自认为现在可以和我发生关系了，因为他认为学校的其他学生都是这么做的。我很讨厌学校的学生一直在讨论这种事情，这实在是令我恶心至极”。（Farrer，2011）

这些年轻人的父母会如何看待婚前性行为呢？尽管他们担心中国的性革命对孩子会带来不好的影响，但是他们应该如何教育孩子呢？有一项以小组访谈形式展开的研究揭露了中国父母的态度，该项研究在中国 8 个不同的城市、以 20 ~ 30 岁的年轻人的父母为研究样本。研究表明，这些父母认为目前缺乏一些与未婚儿女们谈论与“性”相关事物的好方法，他们也不知道政府是否应该为他们的孩子普及性教育知识。对于什么时候才是提供这类教育的最好时间，中国父母的态度都是相当保守的，他们一般认为 18 岁是一个非常好的性教育普及时间。对于是否应该为未婚的年轻人提供流产和避孕药物方面，中国父母的态度存在相当大的分歧（Cui，et al.，2001）。

在婚前性行为发生率剧增的同时，这个国家对年轻人如何避孕的性教育工作却没有同步跟上，这无疑会增加非意愿怀孕和流产的概率（Gao，et al.，1999；Jiang，1997；Qi and Wang，1999；all cited in Zheng，et al.，2001）。例如，一项研究以存在婚前性行为的年轻女农民工为样本，定量地分析她们使用避孕工具的概率。因为这些从乡下移居城市的女人缺乏基本的避孕和生育知识，所以仅仅有一小部分的被调查者在性活动中使用避孕工具。非意愿的怀孕所导致的必然结果就是流产或者草率的婚姻（Zheng，et al.，2001）。一项对455名香港大学生的调查研究也表明，24%的学生在校期间的性生活是非常活跃的，但是只有38.2%的学生使用安全套。在偶然的性行为中，仅仅有64%的学生会使用避孕工具（Wong and Tang，2001）。我对上面的调查结果一点都不感到意外。一位单身的美国英语女老师曾对我说，有一次，有两个中国男学生终于鼓起勇气在学校的英语角讨论避孕套的使用（注意不是避孕药的使用），当然这些都是在这位想对中国大学生普及基本性知识的女老师的安排下进行的。这一话题的所有参与者都是互不相识的男生或女生。这两位男生看起来非常想让别人知道他们对“性”并非门外汉，但是实际上他们的性知识几乎是空白的。就像一位女学生曾经拿着一个避孕套问她纯洁的室友如何使用，仅仅因为她男朋友已经给她分配了弄清楚如何使用避孕套的任务。

婚外性行为

尽管中国人现在对婚外性行为更为宽容，但这种容忍也是有限制条件。玩弄情感的风流人物依然会让中国人非常反感，但是当丈夫（妻子）是性无能的或婚姻不存在任何感情时，那么此时妻子（丈夫）的越轨行为可能会被别人理解。“通奸”这个极为负面的词已经被一些更为中性的词替代，比如“婚外性行为”和“婚外恋”。下面的统计数据都摘自于研究论文，从实证的角度表明中国人对这种行为态度的转变。1992年，有56%的中国大学、10%的已婚城市居民，以及53%的性罪犯者接受婚前的性行为（Liu，1992；cited in Zhang，1999）。在1998年，也仅有2%的北京人认为婚外情是可以接受的。但是在中国政府在对青少年的性教育知识普及工作中投入数十亿资金（我很高兴看到中国政府的这一举措），以及西方开放性思想的冲击之后，这一数字在 1994 年上升到了 8%（Pan，1995；cited in Zhang，et al.，1999）。在 1990 年，有一项对来自中国各个地区的 2 万人的调查表明，城市和农村人的婚外性行为发生率已经达到了 6%（Liu，1992；cited in Zhang，et al.，1999）。这种对婚外性行为更为开放的态度存在“深刻的含义”，更为具体地说，它是日益上升的离婚率的一个推动因素（Zhang，et al.，1999）。

同性恋

尽管传统上，中国并没有压制或迫害同性恋者，但是同性恋确实是难以被大众所接受的。即使是在现代中国，大多数同性恋者都不愿意公开地表明他们的性取向。对于那些极少数勇于公开自己性倾向的同性恋者，他（她）们可能发现自己被贴上了“心理扭曲”的标签，甚至可能因为是同性恋而被建议去看心理医生。因此，可以看出在中国人的普遍意识中，同性恋是一种疾病，甚至是一种越轨的犯罪。这种观念可能部分源于道家思想追求保持“阴阳平衡”的理念（Zhang，et al.，1999）。我想按照这种观念，两个男同性恋者会拥有过多的“阳”，而两个女同性恋者的“阴”过多，所以都是不和谐的组合。

尽管同性恋在古代社会是被认可的，但是自 1949 年中华人民共和国建国开始，同性恋便一直被作为一种性功能障碍疾病，可以被当作“流氓行为”而受到起诉。幸运的是，中国在 1997 年从刑法中去掉了这种过去被认为是犯罪的行为。目前，中国也没有任何法律规定这种行为是有罪的。在 2001 年，“中国精神病协会”也将同性恋从精神障碍分类中去除（Higgins and Sun，2007）。尽管同性恋在法律和心理方面都得到了认可，但是大众对同性恋行为还是存在相当大的偏见。以下是从一些研究论文中摘选的统计数据，可以部分说明中国人对这类行为的态度。

在 1992 年，一项以大学生为研究样本的调查表明，仅仅有 12% 的男同学和 6% 的女同学将同性恋视为“正常的关系”；有接近 80% 的学生认为这种行为是“畸形的”；4% 的男同学和 6% 的女同学认为是“不道德的”；甚至有 3% 的学生认为是“有罪的”。同样是在 1992 年的一项研究表明，在大学实际发生的同性恋关系的比率为8%，在城市的已婚人群中是1%，农村的已婚人群是2%（Liu，1992；cited in Zhang，et al.，1999），不过另一项研究表明同性恋的比率比上述数据要低（Cui and Liang，2001）。对于一位典型的男同性恋者来说，其在一年内平均约有17位同性伴侣。约55%的男同性恋者并不是严格的两人关系，而是同时与其他同性伴侣存在关系（Pan，1995；cited in Zhang，1999）。也有研究表明约有80%的中国学生认为同性恋是不正常的，甚至有半数学生认为它是不道德的，而大部分同学都表示会建议有同性恋倾向的同学去看心理医生（Cui and Liang，2001；cited in Higgins & Sun，2007）。对于“同性恋应该被大众接受”这种观点，大多数学生是持反对意见的。此外，在2005年展开的一项研究发现，有37%的学生认为同性恋是非法的，35%的同学将选择与被认为是同性恋者的同学绝交（Huang，et al.，2005；cited in Higgins and Sun，2007）。

第十二章　现代中国的道德

我的一位朋友曾对我说，中国人是很“聪明的”。在中国生活多年之后我对此深有体会。我看过很多学生向父母隐瞒真相的事情，也听闻中国商人一般有两本账簿：一本仅供自己查看的真实账本，另一本是交给工商局审查的账本（包含有很多虚假的账目，目的是为了逃避应缴的税收）。现代中国存在的一种普遍的共识，那就是市场改革和对儒家思想多年的抨击实践已经摧毁了中国人传统的道德观。看到中国大学生堪称世界一流的作弊手法之后，我自然很容易地接受了这种观点。有人认为，在传统道德观念崩塌之后，中国人不知道如何填补思想空白。这种观点尽管是正确的，但是还不是很完整。

在传统中国文化中，被西方人视为不道德的事物可能是被认可的。例如很多西方人认为“关系”就等同于“腐败”，但是“关系”在中国被视为一种被大众普遍接受的、遵从道德伦理的个人义务。此外，为他人保留面子的时候就意味着必须对他说谎，想要保持和谐的社会关系就必须学会各种巧妙的谎言。中国人有属于中国文化所特有的道德标准，但是这种伦理观与西方人的观念背道而驰，例如儒教思想崇尚威权主义和家长式统治，但是西方人却看重个人和社会民主（Ip，2009）。经理建议公司的女雇员去美容学校学习如何让自己的外表让顾客看得顺心，在西方人眼中，经理的这种行为是不道德的，但是中国，这可能只是一件非常普通的事情。毫不夸张地说，现代中国存在的道德问题比之前更为严重。正如上文所说，随着传统儒家思想的逐渐消失，中国人现在正处于一个“道德真空期”；加之几乎毫无保留地接受西方肤浅的唯物主义思想而完全丢弃西方自由主义所必须遵从的基督教及犹太教所共有的道德观。中国人显然没有意识到他们所抛弃的道德观念正是西方国家富强的思想基础。

但是，越来越多的中国人开始意识到这一点，特别是意识到中国现在缺乏指导行为的道德标准。我记得 1995 年我刚开始来到中国的时候，一位中国的中年女教授对我说，她在美国学校任职待过一段时间之后便爱上了美国，但是对美国人开放的性思想感到非常震惊。现代中国的年轻人一般都崇拜 Lady Gaga（美国歌手）、LV（法国名牌）手提袋。我还看到一则新闻报道，说有一个中国少年卖肾以购买苹果手机。我想在十几年过后，当这位女教授看到祖国年青一代的这些行为时，可能也会有十几年前那种震撼的感觉。中国的年长者也经常惋惜当前的“和谐社会”缺乏相互关照和尊重的传统美德。2011 年，一个婴儿在广东佛山的街道上不幸被车碾过，之后竟然无人问津！这件事在中国，甚至在西方都掀起对中国人道德缺失的广泛讨论。我也听闻，有一位北京女士的父亲在一个大风日尝试进一个装有玻璃门的公共场所躲避时，玻璃大门突然倒塌了，四溅的玻璃碎片割破了他的肚子，因为没人伸出援助之手（甚至没人帮忙叫救护车），最后她父亲不幸去世。

当外国人看到很多诸如佛山事件的负面新闻时，我想他们会对中国人形成一种偏见，即生命对他们来说是卑微和廉价的，中国人缺乏某些基本的道德品质。但是实际上，这种偏见是与事实不相符的，因为西方对比较模糊的中国文化很容易形成偏见。实际上，在上述事件发生之前，中国发生了很多令中国人道德思想转变的事情。例如有一次，当某个路人扶起倒地不起的老奶奶时，老奶奶反而诬告这位好心人把自己撞翻在地，热心的帮助换来的不是赞扬，而是处罚。这类事情在现代中国是普遍存在的，所以我们不能单纯地断定中国人缺乏相互帮助的传统美德。他们实际上是出于自身的考虑，害怕受到不合理的控告。美国所有的州都通过了一种解决这种“路人困境”的“行善医疗人员保护法”，以确保热心救援者的“安全”。所以，诸如佛山事件发生的原因可能是由于存在不发达和有缺陷的法律体系所造成的，而不是由于中华传统道德文化的丧失。

尽管在中国，某些看起来是缺乏道德的行为实际上是由于外部因素

（例如不健全的法律）所导致的，但是中国目前处于“道德真空期”也是一个不争的事实。曾经有媒体报道，有一位年轻中国人在中国某个城市的一个拥挤的街道上高速地开着一辆跑车，最终将街道上的某名男子撞死。但是这位飙车的年轻人是中国某个富商的儿子，最终，富商通过贿赂法官使得儿子得以无罪释放。这类故事在中国屡见不鲜，这无疑使现代中国人更加确信，中国正处于一个道德混乱和不明确的危险时期。我知道有一对年轻的中国夫妇，他们在某一年里几乎每次都会按时地参加家庭教会。他们并不是虔诚的基督徒，这样做仅仅是为了给他们的孩子寻找可能适合的道德价值观。

在我们讨论中国人的商业道德和特定的道德问题之前（比如腐败、食品安全、学术作假，以及知识产权等问题），我们先看中国父母是如何教他们的孩子在何时该说实话，何时又该说谎。了解这些将有助于外国人辨别中国人所说的话是实话还是谎话。让外国人非常不理解一点儿就是，为什么有些谎言在中国人眼中不是冒犯的行为。如果你相信我所有的第一手的观察资料，那么我可以向你保证，在中国的日常生活中充斥着各种谎言。曾经有一位在道德上我过去认为是比世界上 99.9% 的人都要正直的中国女人告诉我，她是如何利用她姐姐在美国某所大学的学生证来进入该大学的一个安全室的，进去的目的仅仅是使用打印机！而她对自己的行为好像没有感到丝毫的羞愧。因为学生证上面是她姐姐的照片，而且在西方人眼中，所有的中国人好像没有什么区别，所以她可以拿着姐姐的学生证轻易地瞒过门卫的眼睛。还有另外一位我非常敬重的中国教授，当他的妻子违反了学校的某个约定时，他向妻子的上司解释因为她的电脑瘫痪了，所以没有收到约定的邮件通知。当我问他自己对学校的撒谎行是否会影响他的职业前景时，他说一点儿都不会，并且这种事情在中国是非常有必要的。

中国的父母竭尽全力地向他们的孩子灌输道德教育，其中一种教育方式就是让孩子学习和模仿楷模人物的行为和品行。被模仿的对象包括清廉的官员、忠实的仆人和贞洁的寡妇。此外，中国的父母还将同辈中的优秀青年、老师，以及著名电影和小说中的角色作为孩子们学习的榜样

(Wang, et al., 2011)。西方国家的家长绝不会将贞洁的寡妇作为他们孩子所学习的楷模，我在和西方人在交谈的过程偶然聊到过这种“崇高的”道德理想。一位中国学生有一次不停地向我称赞她寡居的房东，高度赞扬这种从不改嫁的“高尚”思想。我忍不住问她，“你觉得这是一件非常重要的事情吗?”她说这位寡妇是令人敬佩的，因为她一直忠于她死去的丈夫！看起来对中国人而言，传统完美的家庭妻子在丈夫死后还应该不离不弃，否则将被视为抛宗弃祖而受到人们的唾弃。

雷锋在中国是一个妇孺皆知的道德偶像，人们乐于谈论关于他的事情，就像美国人在圣诞时期时谈论圣诞老人那样。根据中国官方的信息，雷锋是一名中国人民解放军，1962 年因在指挥战友倒车时被倒下的电线杆子砸中而牺牲。1963 年，著名的林彪元帅（曾被指定为毛主席的接班人）向人民大众公开了雷锋生前所写的日记。这本日记简直就是毛主席个人的圣徒传记，里面的内容几乎都与他的个人思想相关。由于杰出的宣传工作，不久之后这本日记在中国便无人不知。如果当时中国存在互联网的话，雷锋肯定会迅速走红。直到今天，雷锋还活在中国人的脑海中。如果中国的妈妈想告诉孩子所做的某件事是不道德的时候，她会对孩子说“雷锋都会以你为耻”。我敢肯定的一点儿就是，宣传雷锋作为榜样的目的之一就是替代与时代格格不入的儒家道德标准。下面是引自人民日报上面的一段话，你可以从中粗略地了解雷锋到底是一个什么样的人。

> 当雷锋因公殉职的时候，他只有22 岁。但是他短暂的一生表达了一个新民族的崇高理想，因为共产主义精神哺育了他，同样他一生都奉行崇高的道德品质，以新中国人民的利益为重。这些都是对共产主义思想的忠诚，在政治上对党和社会主义事业的热爱，革命者是为了自我完善，为了崇高品质，为了团结同志，为了乐于助人而在辛勤工作，他的英雄主义精神准备好了为正义的事业而拿起武器不顾个人安危，好好学习天天向上的态度，言行一致的诚恳和忠于事业的精神(Editorial, People's Daily 5 March, 1993)。

此外，我还发现了一种非常有趣的现象，那就是中国父母一般来说都会教孩子要讲实话，但是有时候也会教育他们要学会适时地说谎。这对中国人来说都有些难以理解，更不用说外国人了。在中国，是否是一个好的谎言的判断标准就是，这个谎言是否有助于培养以及维持和谐的人际关系。如果某人因为想保持关系和谐而违反说实话的道德标准，那么这种行为并不是不道德的。相反，讲出绝对实话的人反而会被视为过于单纯，这种行为还经常会被别人嘲笑（Blum，2007；cited in Wang，et al.，2011）。显然，中国人谈论外国人啤酒肚的事情是一个例外。曾经有无数次，中国人都当面对我说我的肚子是相当肥大的。好吧！尽管这绝对是实话，但也请给我留一点面子。有一次，当我和我的中国上司在交谈的时候，一个完全的陌生人突然插入我们的谈话，和我们讨论“我和上司谁的肚子是最大的”这个令人尴尬的事情！还有一次，在课间休息时间，我坐在讲台旁边的椅子上。这时，一位中国学生走进教室，之后在我面前对着她的肚子前面两三码的位置处画了一个圈，我知道她的意思是想说我的肚子是极为“突出的”。出于报复心理，我问她：“你是想说你怀孕了吗?”

我至今都没有弄明白，为什么肥胖的美国人对中国人来说如此有“吸引力”，为什么他们会不顾外国人的感受而和你当面讨论这种令人尴尬的事情。我过去会定期去某家按摩店按摩，里面有一位女按摩师在每次为我按摩的时候都会对我说我的肚子和上次相比是变大了还是变小了。我也知道有一位外国教师在一次医疗检查中测试体重时，所有房间里面的医生都围在刻度盘旁边观看。当看到一个大数字的测量结果时，大家都表现得异常震惊。想到这些我就有些害怕，因为实际上按照美国人的标准，这位美国教师根本谈不上肥胖。看起来，胖子在中国人的脑海中有着特殊的地位。我曾听过一位在中国有15年营销经验的美国人所主持的一次演讲，有一位学生在演讲最后的问答互动环节中问这位营销大师：“作为一名市场营销人员，有什么事情是出于道德原因而选择不会做的?”他说他绝不会取笑肥胖的人。有一位中国学生听完之后立即举起她的右手，然后问道：“为什么不这样做呢?”显然她没有意识到在西方人看来，这是一件有违道德的事情。

在大多数情况下，在纠结于到底是选择“诚实地说出真相”还是“为了保持关系和谐而撒谎”的困境时，中国人在最后一般会选择后者。下面有一些关于什么时候说谎是值得称赞的经典例子，比如虚伪地赞扬某人（“你儿子真帅气”），让双方不尴尬的借口（“因为我必须照顾生病的母亲，所以我没有去找你”），缓解紧张的气氛（“实际上我不是那个意思……我真的认为你是一个好人”）。有时候为了表现出虚伪的谦虚也必须说谎。我都不记得有多少次，当我发自内心地称赞中国家庭主妇的手艺时，她们每次都会告诉我某些菜里面的盐还不够，或者某些菜的“看相”不好等。最让我感到有趣的一件事就是，如果你通过说谎的方式让中国的小孩做某一件他不想做的事情（当然，这必须是好事），那么你的这种行为是值得赞扬的。

例如，有人可能对一个小孩说，如果他喝完一碗汤的话，那么他的感冒就会在一分钟之内好起来；或者如果不立即刷牙的话，牙齿就会在下周掉光！下面也有几个摘自某篇研究性文章的例子：“如果什么事都由着儿子的话，他就不会做任何事情了……当他不想刷牙或吃营养均衡的饮食时，我就会通过谎言去尽量说服他。这一招非常管用，这一切都是为了孩子好，我并没有发现这种谎言有什么不妥。”另外一个例子是：“我母亲不喜欢我姐夫，但是如果我告诉姐夫实情，那么可能会使家庭气氛变得非常糟糕，所以我告诉他我母亲喜欢他。通过这种方式使他感觉很好。这改变了我母亲和姐夫之间的关系，他们现在相处得很好。”（Wang，et al.，2011）有一次，尽管别人对我连续撒了好几个谎，但是我在事后并没有觉得自己被冒犯了。那是我和妻子两人在北京报名一家中国语言培训学校时所发生的事情。当时我想在这个学校找一个一对一的指导老师，但是我报名的时间太晚了，学校已经没有这样多余的辅导老师了。如果这种事情发生在美国的话，这位行政人员肯定会对我说：“非常抱歉，报名的截止日期已经过去了，或许您在下学期可以再来报名”，事情也就这样画上句号。

但是当我问该学校的招生负责人是否还可以报名时，她很有礼貌地对我说：“我想那种班级对您来说实在是太容易了。”我知道自己的普通话是相当糟糕的，所以听到这种回复我感到相当吃惊。我猜测这可能一个善意的谎言，因为她不想尴尬地通知我没有足够的辅导老师了，但是我还是想把事情弄明白，于是我继续对她说："我并不认为它是简单的，因为我认识一个比我普通话好很多的外国人也在这种班级，而且对他来说都不是一件容易的事情。"这位老师只能想另一种让这个不善于"察言观色"的美国人知难而退的答案，她说："一对一辅导的班级的要求非常严格，因为太累了，你可能会受不了。"我知道这对我来说肯定算不了什么，因为那一段时间我每天早上都会坚持学习三个小时的普通话，下午也会做相关的练习。所以我告诉她我是一个坚强的美国人，我并不担心自己在这种班级会太过劳累。之后她对我说我可能不喜欢这种班级，因为它实在是非常无聊的。我迅速地回应她："当然不会无聊，我喜欢和学校里面的中文老师交谈。"但是，在这个时候她还是没有放弃让我主动退出，她继续劝说我："这种班级的费用是相当昂贵的，您可能会觉得不划算。"但是我的回答可能要令她失望了，因为我说："我认为这是值得的，我愿意做这种教育投资的事情。"最终，她放弃了继续暗示我这个"愚蠢的"美国人，直接告诉我一对一的辅导班已经满员了。事情的真相在最后终于浮出了水面，但是我知道她仅仅是为了保持和谐的对话而选择善意的谎言，所以我当时并不感到生气。

现代中国的商业道德

本小节讨论的重点内容是中国的"关系"，我在上文也已经简要地介绍了"关系"，所以我们知道"关系"和"腐败"的界限在中国通常是模糊不清的。接下来，我将更加彻底地分析中国的"关系"。之后，我们对中国的商业道德做出一般性的总结。中国人视"关系"为生活中的一部分，但是他们却经常谴责腐败（至少不腐败的人是这样的态度）。所以，尽管"关系"和"腐败"在西方人眼中几乎是等同的，但是在中国人看来，两者是有明显的区别的。我打算通过寻找"关系"和"腐败"之间的关系来为辨别两者之间模糊的界定提供思路。

首先我们必须理解中国文化中存在的两种相对的思想，一种是"特殊主义"，与之对立的是"普遍主义"。特殊主义标准只应用于具有特殊关系的关系人之间，在其他普通人群中并不适用。它是一种特定的信任、互助和交换义务的体现，很多时候它所关注的仅仅是特殊关系人的利益，而将组织和社会规则抛之脑后。中国特殊主义所表现的一种典型形式就是"关系"。"关系"在中国的力量是如此强大，以至于关系人在合同中都没有涉及相关商业法律中的约束条件。因为约束条件会让其他的关系人感到不受信任，这会破坏和谐的"关系"（Chan, et al., 2002；Hoivik, 2007）。

但是，中国的历史和文化中也存在另一种与特殊主义相对立的力量，那就是保证程序公平的普遍主义，强调中性、客观和理性的关系规则。可能读者会想到，随着中国的改革开放和经济全球化的发展，中国的外国直接投资会越来越多，同时，外国人所遵从的商业道德标准无疑也会影响中国传统的文化。此外，中国也存在一些强调过程公正重要性的特有文化，例如科举考试的目的之一就是为国家公平、公正地选拔优秀的治国人才。中国是首批采用政绩考核制度的国家，其官僚体系实际上也是世界上最早和持续时间最长的制度之一；甚至崇尚个人关系的孔子都建议国家通过考核个人才能和品德的方式选拔人才，而不是通过基于血缘关系的继承方式（Wang, 1999；Lunyu, 1991；both cited in Chen, et al., 2004）。除了西方文化和科举制度所产生的理性和客观的程序公正，中国文化还存在其他促使程序公正的力量，例如与"关系"做长久斗争的中国共产党以及忠于党的其他个人、家庭和社会组织（Chen, et al., 2004）。

西方人在中国做生意的话可能会面临两大难题：第一大难题就是，原材料和经营许可权等行商所必须处理的事情；第二大难题就是，尽管在处理与商业相关的事情时必须处理好"关系"，但是同时也应该避免陷入不道德或者违法的陷阱。如果某种深入的"关系"实际上就是贿赂，那这种"关系"就有成为非法交易或者不道德行为的高风险（Su, et al., 2003）。换句话说就是，"关系"可能是必需的，但是应该在处理"关系"的同时避免腐败。说起来好像很简单，但是在实际中是很难做到的。一些研究发现可以为此提供一些指引性的思考。据报道，如果员工看到公司的升职决定是基于"关系"所作出来的，那么员工对公司管理的信任度就会下降。此外，在这种环境下，员工对公司管理的信任度也与聘用决定相关。例如，公司的管理者聘用他的同学要比聘用他的亲戚对员工信用度所带来的负面影响要小，因为他的同学可能有更好的教育背景和更好的专业技能，对公司来说是一个比较合适的招募对象。尽管基于“关系”的决定被视为是不公平的行为，但是如果两位候选人在同样适合公司招聘要求的情况下，基于“关系”的决定所引起的不公平感会比较低（Chen，et al.，2004）。在组织环境下，公开的“关系决策”会被视为腐败行为，基于个人而不是组织的决策同样是不被员工所接受的（Chen，et al.，2004）。需要牢记的最后一点就是，不能因为某人行使“关系”就判定他是一个不道德的人。研究表明，较高的职业道德和关系行为之间并不存在任何关联。“关系”强硬的中国商人并不一定就是没有道德的，同样没有道德的商人也不一定有强硬的“关系”（Su，et al.，2003）。

中国与商业道德相关的研究还处于初始阶段。尽管对中国台湾、中国香港和新加坡的商业道德的研究性文章逐渐增多，但是很少看到以中国大陆为研究对象的论文和报道。除此之外，几乎所有的文章都从文化差异的角度分析商业道德问题，以及在特定的功能区域（例如市场营销）所存在商业道德问题。除了“关系”这个源自于中国的概念之外，所有的研究都是以西方的研究为基础，即所有的研究方法和研究工具都直接引自西方（Hoivik，2007）。因此，准确地理解和分析中国的商业道德是一件非常困难的事情。例如，人们一直在讨论中国从计划经济到市场经济的转型期间，中国的注册会计师处于“道德真空”状态的问题。因为在此期间，这些会计人员对道德和不道德的行为还没有一个清晰的界定。也有人担心审计人员所缺乏的独立性和专业标准（Chong and Vinten，1995；Tang，1999，p. 27；cited in Gul，et al.，2003）。

此外，也有人说中国的公司缺乏一个与道德文化和道德基础相适合的理论。之前，中国大量的国有企业根本没有在自由市场中运营的意识和经验。因此，在全球经济一体化的背景之下，当面临一个要求遵从不同道德标准的全球竞争市场时，许多中国的企业根本无所适从。因为中国的国有企业在之前一直认为私有企业是“邪恶”的，私有企业的经营者就是榨取人民剩余价值的万恶资本家。但是现在突然被迫相信私有企业也是“正义”的，这确实不是一件简单的事情。因此，中国的私营企业在成立之前必须教育员工，使他们相信资本并非是罪恶之源。相反，它是一种应该被尊重的东西。在改革开放初期，简单引用西方的商业道德标准并不能填补中国在这一时期的道德空白。实际上在1990年，一些中国的出版商开始将美国的商业书籍带入中国市场。但是，他们引进的这些书籍全都著于20世纪70年代和更早的时期，里面只字未提商业道德（Lu，2009）。西方的资本主义理论指出，资本主义能够促进和要求人们的道德行为，正如乔治·吉尔德[①]所建议的那样，但是中国对资本主义的理解显然与西方不同（Gilder, 1993）。中国人对市场的态度从谚语“商场如战场”可见一斑，大学的管理学教授在讲堂上将公司比作是有组织的强盗集团。当然，并不是所有的中国企业的行径和强盗大亨一样，联想、海尔、富达等非常著名的中国企业就努力表现出符合伦理道德的形象。显然，“不文明的”企业和“文明的”企业共存于中国市场（Lu，2009）。

有研究者将中国的商业道德发展分为两个时期，第一个时期是从1978年改革开放初期至2001年中国加入世界贸易组织协会。这一时期也是从计划经济向市场经济转变的过渡时期，当时中国的商业道德源自三个方面：传统的儒家伦理、马克思主义以及来自西方的商业道德标准。当时完全是从理论的角度融合这三种看起来是相互矛盾的商业道德思想。尽管有大量与之相关的探索性论文和书籍出版，MBA（工商管理硕士）也开设了商业伦理课程，此外还有各种相关的会议和研讨会，但是在实际中并没有得到实行。

中国商业道德发展的第二个时期是从2002年中国加入世贸组织不久之后一直到现在，这一期间有很多促使中国商业道德发展的推动因素。例如，世贸组织规定必须遵从的各种道德标准。此外，近年来不断出现的各种不道德的恶性事件引起了中国人对道德缺乏问题的思考，很多人建议宣扬学习传统的儒家伦理。第三种推动力量来自于对自身权利和利益更为关

① 译者注：乔治·吉尔德（George Gilder）是当今美国著名的经济学家，被称为数字时代的三大思想家之一。

注的日益庞大的中国中产阶级群体。特别是在互联网时代，他们通过网络这一强大的媒体传播工具，宣扬中国目前必须加强商业道德思想教育的观点。最后，中国政府也开始将诚信作为企业经营和政府工作的重点建设内容。中国政府曾经要求三所国家会计学院宣扬这种口号："坚决不做假账。"很多公司也开始将企业社会责任作为企业的目标之一。因此，我们可以看到在第二阶段，不管是学者还是实践者都开始对商业道德这个概念感兴趣（Lu，2009）。

中国商业中特定的道德问题

现在我们讨论的主题转向中国所存在的特定的道德问题，这些问题甚至在国际上都引起了轩然大波，比如产品安全、学术诚实、评估体系和知识产权。

产品安全

目前，看起来世界上到处都充斥着中国问题产品的新闻。中国产品的进口国家越来越害怕使用中国产品，美国食品和药物管理局也曾发布警告让美国消费者"扔掉中国的牙膏"。（Lu，2009）当时我正在中国，每天都在愉快地使用着中国的牙膏，但是我没有收到任何警告的信息，它们已经被主流媒体选择性忽视了。结果很明显，如果我们继续使用这种含有防冻剂的牙膏，我们体内的器官将会逐渐凝固，最终将极其痛苦的我们送往永恒的天国。一些美国人的宠物狗，因为吃了两个公司生产的、含有三聚氰胺的狗粮而死去。甚至有一位香港商人，因为被一家中国公司欺骗而选择自杀。这家中国公司将声称的不含铅的油漆卖给这位心地单纯的香港商人，之后这些油漆被涂在玩具上面，然后出口到其他国家。后来，这些油漆被查出来是含铅的。因此，这位香港商人被罚停所有的外贸生意，在一年之内损失了3000万美元，最后选择结束自己的生命。一个自然想到的问题就是，中国所有的产品都如此糟糕吗？将中国产品都概括为是存在缺陷的做法是否太过于绝对化了？

实际上，有大量的证据表明，美国人并不需要过于担心中国的产品。中国商务部部长在2009年宣布，中国出口额的年增长率连续29年稳定在

17%左右。假定这些统计数字是真实的，我们逆向推测一下，如果中国出口的产品是对人体有害的，那么全世界的人们肯定不会进口中国产品。同样的，中国的官方统计数据表明，99%的中国产品都出口到美国、欧盟国家和日本，而且都达到了可接受的质量标准（Lu，2009）。最后，我自己在中国近20年的经历是最好的证明。我从1995年到中国之后一直在中国生活，但是这么多年来我仅生过三次病。两次在非常简陋的餐馆（这在美国肯定是不被允许经营的），另外一次在一家非常好的五星级酒店。但是我必须承认的是，每次生病时我都以为自己会死去。所以，中国食品的污染程度可能比美国更大。我的最后一次食物中毒事件发生在上海的一家饭店，当时正下着倾盆大雨，妻子陪我蜷缩在人行道上等出租车，但是所有空的出租车都被围在我身旁的饭店老主顾抢到。幸运的是，晚餐的宴会主人打电话给警察以寻求帮助，最后警察将我和妻子带回了宾馆。但是在这些不幸的经历之后，我的肠胃好像逐渐适应了中国食物。尽管如此，我在中国还是密切关注与问题产品相关的最新新闻。而且，我一般看到其他人用过某些产品而没有不良反应之后我才使用。尽管我相信我能适应，但是小心一点终究是好的。

再次回到著名的问题牙膏事件，下面发生事情可能会让你理解得更加透彻。目前来说，甘油是一种在全世界都被允许使用的牙膏添加剂，但是一些中国的小公司为了节约一点点微薄的成本而使用乙二醇来代替牙膏中的甘油原料（乙二醇比甘油更为便宜）。尽管乙二醇听起来和防冻剂那般可怕，但是实际上它并没有后者那么危险。欧盟和美国也都证实了中国的牙膏丑闻事件发生之前，含有乙二醇的牙膏一直被当作安全产品，已经在市场上存在上十年了。而且多年来，世界上很多国家的牙膏企业也一直都采用这种原料替换的方法。牙膏事件在美国引起了相当大的轰动，有很多中国人怀疑美国人过激的反应带有其他目的。这只是一种抵御来自中国的经济竞争所采取的贸易保护手段（Lu，2009）。并不排除这种可能，但是我个人认为真正的原因可能是美国人免疫系统的功能不强，因为美国人长期以来所摄取的食物相对来说是“未经污染”的，所以他们非常害怕中国的问题产品，哪怕这些问题产品在中国是合乎标准的。我享受和刚到中国不久的美国人在家常餐馆一起就餐，当我们在享用美味的中国食物的时候，他（她）可能因看到撕裂的地毯、蜷缩在地上的猫或狗、发臭的厕所和破烂的餐馆而紧皱眉头。处于恶作剧的心态，有时候我还特意提醒他（她）莴苣和其他蔬菜一样都长于浇有粪便（被当作肥料）的土壤中（尽管我不能证明，但是我有时候经常在想，是否这些有机肥料是让外国人吃完蔬菜后肚子痛的原因）。我很喜欢告诉外国人这些事情，特别是当我邀请他（她）吃中国蔬菜的时候。

学术诚实

现在我们讨论中国普遍存在的学术作弊行为。毫不夸张地说，中国大学生有着世界上一流的作弊水平。我曾在中国四所大学任职，下面我将向读者叙述我在其中三所学校所经历的与学生作弊相关的事情。1995 年，我第一次领略到中国学生明目张胆的学术作弊行为。当时学校的一位经验丰富的外国教授叫我在英语考试的时候要严格控制考试的时间，我想这并不是一件困难的事情。随着考试时间逐渐流逝，在结束时我让同学将试卷放到桌子上，然后离开考场。但是所有的学生把我的话都当作耳边风，于是我走下讲台，想一张接一张地将考卷收起。我来到离我最近的一位同学的桌子旁，伸手抓住他的试卷想收回来的时候，发现他也拽着试卷不放，但是我最终还是赢得了这场“拔河比赛”。下一次收试卷的时候依然重复上述过程。最后，我以一种最有失老师身份的态度朝着学生大喊，叫他们赶紧把试卷交上来，但是这根本不管用。所以，我只能依然采用原始的方式和学生争抢试卷。整个简单的收卷过程大概用了十分钟！

同样是这一年，在我监考另外一个班级的商业法课程的期中考试过程中，突然有一个学生举起右手。当我走到她的桌子旁时，她竟然问我卷子上面某道题的答案！当然，我对她说我不能告诉她。让我更加吃惊的是，她在听完之后立即将头扭到右边，观看坐在右边邻座同学的答案，在她做这种事的时候好像完全没有任何羞耻的感觉。在另一所我曾经任职的大学，所有学生必须通过一次标准的英语考试才能毕业。该项考试每年才考一次，所以这对学生来说是一件非常重要的事情。在每年的考试期间，学校都会严格监控作弊行为。但是在考场外面的街道，我在一块公共宣传栏上面看到有帮助考生通过考试的广告——以非常低廉的价格，考生就可以获得该公司提供的耳机和无线电接收器！当考试开始时，考场外面有专业人士也在做通过某种途径获得的相同考卷，之后将答案通过无线电传给学生顾客。宣传板上面的广告字体相当大，我确信所有路过的人都可以看得一清二楚。

然而，大学的管理人员对此好像完全视而不见。当谈到严惩和防止学术作假时，学校的外国教授都不相信学校的监督和执行工作。如果某位草率的教授选择在打印店里复印试卷，那么店主可能会暗中拷贝一份然后将其卖给学生，这些提前得到考卷的同学就可以很轻松地取得较高的成绩。此外，也有成绩优秀的学生在提前交卷之后将答案牢记在脑海中，离开考场之后用手机短信将答案发给依然在考场中的同学。我在中国教书之前一直将考试日视为一个可以不用讲课的休息日，但是在中国，这一天就像是在战场上一样。我不得不要求所有学生的手机在考试期间必须放在讲台上，而且桌面上不允许出现书籍，还得在教室的过道上来回地“巡逻”。如果我看到有人在四处张望，那么我就会一直盯着这个“有问题的”学生直到他（她）将目光集中在自己的考卷上。我说“有问题的”意思是，所有的学生（不管是否目光游离）直到被证明无辜之前，都会被我假定是“有问题的”。

一般来说，准备三份不同的试卷是有必要的，这可以阻止相邻座位的同学相互抄袭。从表面上看来，这所大学是非常注重学术诚信的。因为在开学时候，学校要求我在每个班级授课之前先严肃地对着全班学生念一段关于学术诚信的文字，内容包括在校期间被发现存在学术欺骗的同学将会受到非常严厉的处罚。而且我在面试这份工作的时候，面试人员首先向我提出的一个问题就是“你打算怎样阻止学生的作弊行为”。即便如此，在一次考试中我还是发现班上近半数同学的试卷答案存在两份或者多份非常类似的情况（有些几乎是完全相同的）。所以我找到这些存在作弊嫌疑的同学，想让他们供出抄袭者，但是所有的人都非常默契地保持沉默，没有人想背叛他们的同学，我想这可能是因为中国学生有保持和谐班级氛围的传统。这所大学的管理者无疑担心与存在合作关系的美国大学对这些作弊现象不满，因此将一条非常大的红色横幅（大概有 8 英尺宽、12 英尺长）悬挂在某一栋教学楼上，横幅上面写着“作弊者可耻”五个金黄色的大字。这种方式并没有任何实际作用，但是我确信它能使每个人的感觉变得更好。

在另一所大学，在一场考试中我发现一位学生的目光在到处“扫荡”，于是我叫她坐到教室最前面一排的座位上，我就站在她身旁。几分钟过后，我发现她不时地低头瞄向桌子底下。我走过去之后，发现她的左手在桌子底下正拿着一张小抄纸。我收走了她的“作案工具”和试卷，并向全班同学宣布她在本门考试的成绩为零。但是让我感到非常不解的是，她仅仅是笑着看了看我和班上同学，然后带上自己的东西离开了教室。她看起来并没有一丝气愤、悲伤、或羞耻的感觉，考试中的作弊行为对她来说可能仅仅是游戏而已。这一次她输了，但是以后肯定会卷土重来。这就是我在位于中国三个不同城市的三所大学的经历，尽管有点以偏概全的成分，但是我还是经常猜测是不是所有的中国大学都是这个样子。但是在我任职的中国的第四所大学，我几乎没有发现有这种学术欺骗行为发生，甚至我所在的学院没有制定任何学术诚信政策，所以在这所大学监考是一件非常轻松事情。但是，我还没有天真到认为这所大学在其他方面都是这么完美的。

评估体系

对于外国公司的管理者来说，中国人的集体主义文化使他们在中国的经营活动变得不可预测。尽管评估制度的制定和实施一直被认为是非常困难的事情，不管如何完美的评估工作总会有引起部分员工的不满。但是我可以非常肯定地说，当西方的管理者在中国的公司制定和执行员工评估制度时，他们所遇到的麻烦是前所未有的。因为当加入文化差异这个令西方管理者异常头疼的因素后，评估工作的不可预测性似乎是一种必然的性质。下面有一个说明这种必然性质的例子。

某家公司的中国管理者所看重的是公司整体的业绩，这可能是一种正确的公司战略模式。但是，这些管理者完全忽视了员工个人的业绩，这样就无法区分表现突出的员工和业绩较差的员工。其必然结果就是，较差业绩者享受了较高的回报，而业绩突出的员工没有得到他应得的奖励，在我看来这确实一种失败的评估制度。中国有一句古谚语“枪打出头鸟。”（Hoivik，2007）其大意就是说中国人甘于平庸，没人愿意出头，因为凡事好出风头的人会成为首先被打压的目标。记得有一次在我女儿生日的时候，我的一位性格非常外向的美国好友和一位中国学生在我家陪我女儿过生日。这位学生在交谈中提到自己的生日也快要到了，我的这位美国朋友听到之后就开始为她唱生日歌。让所有人都感到吃惊的是（除了这位中国学生之外），这位学生对此的反应是愤怒而不是感谢。她说这种“荣誉”应该被直接送给我女儿，而不是她！

一位中国管理者声称“西方企业将员工视为个体和企业的资源，而我们将员工看成是公司发展和社会建设的集体力量来源”。（Hoivik，2007）想象一下，如果安然公司的管理者对公司员工说“我雇用你们是为了发展安然和促进一个和谐的美国社会”，我确信这可以成为他们每天早早地从被子里面爬起来的动力！另一种文化差异就是，西方人认为评估体系的作用就是发现企业的经营和管理工作所存在的问题，以便于管理者能够克服和阻止这样的错误在将来再次发生。但是中国人却不这样认为，他们极力地掩盖错误以保持和谐的环境，指出公司某部门所存在的问题可能会让该部门的员工失去面子！

知识产权

中国人喜欢侵犯别人知识产权的“海盗行径”早已名声在外，这很容易让人忽略掉这样一种事实，即中国其实存在很多保护知识产权的法律。但是，正如每个在中国生活和旅游的外国人所看到的那样，各类假冒伪造商品充斥于中国市场。雅秀服装市场位于北京市朝阳区三里屯，这是一个外国人非常喜欢逛的地方，里面有数不清的中国小贩坐在店门口，微笑着用有限的英语对慕名前来的外国游客介绍商店里面的特色商品。我在2005年曾去雅秀服装市场买过几双凉鞋，当时有一位中国朋友告诉我，所有商品都可以至少“砍”掉原价的30%，我将此牢记在心。我在市场中看到一间非常狭小的（其实所有的摊位都这样）摊位上摆满了各类鞋子，于是我坐在摊位前面的长板凳上，开始听一位20岁左右的年轻女店员滔滔不绝地对我说着招揽生意的言辞。我偶然瞥了一眼店内挂在墙上的鞋子，发现有一双“阿迪达斯”的运动鞋的标价相当便宜。当时我心里产生了一丝疑虑，于是我问她那双鞋子是不是阿迪达斯运动鞋的仿品，她说是的。后来逛了几家店之后我发现这是一种很普通的现象，假冒产品被公开销售，而且伪劣品上面也有假冒的商标，并且还有某些合格的证明标签。之后我起身离开，走到另外一家有凉鞋出售的小店询问鞋子的价格，我想确认刚才那位女店员给我的价格是否是过高。在返回我所到的第一家店之后，我对女店员说我刚才看到的同款鞋子比她卖的价格要低。如此“折腾”了三次之后，这位女店员终于同意将我所选中的鞋子以标价的70%卖给我，我想她从未遇到过像我这么吝啬的外国人。之后她郁郁寡欢地将鞋子包好递给我，看起来非常生气，双眼好像充满了怒火，同时非常沉闷地对我说：“我不喜欢你。”我看着她笑了笑，以胜利者的姿态回应她：“哈，但是我喜欢你！”我多么希望当时我有勇气去亲一下她的脸颊。

知识产权的问题在中国是有点复杂的，我将首先讲述与之相关的历史背景，这或许有助于理解为什么在中国推动知识产权保护如此困难。在分析一些引起增加和减少侵犯知识产权行为的因素之后，我们讨论当代中国为什么会选择相对漠视知识产权的原因。

长期以来，西方国家一直试图让中国设立一个强调知识产权保护的法律制度。尽管经历了长达数十年激烈的谈判磋商，这一问题依然是双方争论的焦点。尽管历届中国政府一般都采用西方创立的法律模式，但是中国人一直漠视这些法律（Lehman，2006）。我能以自己的亲身经历证明，中国的大学（至少我曾任职的四所大学）都支持甚至帮助学生复印教科书。美国每年因盗版和伪造而损失数十亿美元。2001 年，中华人民共和国国务院估计，中国因伪造品而造成的损失高达 190 亿 ~240 亿美元，相当于中国 GDP 的 8%！

针对中国跨国公司的研究也表明市场上有 15% ~20% 的产品都是伪造的，跨国公司每年为此而损失数百万美元。现在全世界大多数国家都在进口中国制造的产品，根据相关的报道，世界上的仿冒品有 80% 源自于中国。伪造和商业剽窃已经成为了中国许多城市的经济来源之一，数百万的中国人现在正从事于这种“不光彩”的工作。值得高兴的是，在最近的几十年中，中国实际上经历了（或正在经历）大规模的知识产权改革，包括提出首部现代版权、专利权和商标法。目前，中国是很多跨国知识产权协议组织的成员之一，包括伯尔尼公约、日内瓦公约、巴黎公约、专利合作条约和植物新品种保护国际联盟。所以，可能有人认为中国的知识产权保护在改革之后会取得辉煌的成就。但是实际上，政府在之前的所有努力几乎没有取得明显的成效，而且部分地方当局及其居民不支持政府的改革措施，他们采取漠不关心、甚至是抵触的态度（Yu，2007），读者将在下文会发现其中的原因。

知识产权侵权行为之所在中国依然存在，原因之一就是，产权保护法的唯一执行机构是法院，而法院大多集中在中国的大城市和沿海地区的城市。尽管这些地区自20世纪90年代晚期开始便在知识产权保护这一方面获得了成功，但是在此之后，伪造产品的不法商人开始将工厂迁居至内地的小城市。因为这些偏远地区的法律基础比较薄弱，他们又可以恣意妄为地生产赝品。但是没有深入了解的外国人并不知道这些，所以中美两国可能会彼此误解。美国公司仅仅看到自己的知识产权被任意侵犯，而中国埋怨美国不仅没有对在许多地区所取得的成绩给予鼓励，反而不分青红皂白地猛烈抨击。所以，中国人逐渐意识到，无论自己怎么努力都不能满足美国人的要求，那么为什么还要做这些费力不讨好的事情呢？这种态度对美国人来说是非常不利的，因为美国人愿意看到的是中国更加积极地推动知识产权保护法的执行力（Yu，2007）。

正如西方国家和中国所存在的其他矛盾一样，导致冲突的真正原因都在于两国历史文化的差异。遗憾的是，很少有人意识到这一点。现代中国对知识产权的态度来源于特定的历史和文化，在中国生活一段时间之后的外国人很容易就能发现这一点。过去在我任教的一所大学，我听到有一位来自常春藤联盟的教授因为一个同学剽窃论文而给他一个“F”（F是最低分数），这意味着该同学必须重修这门课程。但是这所大学的管理部门要求恢复该同学的成绩，因为该部门的人员认为这种行为是没有任何问题的。这位教授拒绝了这种无礼的要求，并且不久之后就返回了美国。在古代中国的科举考试中，在数天的考试时期内，赴京赶考的学子必须待在小隔间答题（并且吃睡全在小隔间里面），在纸上逐字写下之前背诵的文章。我猜测这些深受中国传统文化影响的中国行政管理者，或许认为剽窃他人的文章和写下之前背诵的文章两者之间并没有什么不同，至少这种差异不足以“挂”掉这位倒霉的学生。

中国的传统文化有两种可以解释为什么中国人不看重知识产权保护的突出特性。第一种就是，中国人在传统上就偏好在司法行政中任用学者而非律师。中国历史文化对律师所存在的偏见也可以解释为什么这种职业在现代中国依然是非常短缺的。为了说明现代中国对律师的庞大需求，我以自己在中国某所大学任职时的经历为例加以说明。之所以我是这所大学的合适人选，原因之一就是我能教合同法这门课，因为我过去在美国是一名律师（但是，请别告诉其他人）。我所加入的法学院大概在一年之前其实是英语学员，所以，我教授的学生之前也都是英语系的学生，他们并没有想到自己将来可能会成为一名律师。但是随着世界贸易在中国经济活动中的比例逐渐增大，对律师的需求也日益增加，所以这所大学的高层管理者决定将某个英语系转变为法律系。当然，这种决定在执行之前并没有问过学生的个人意愿，因为他们所做的牺牲是为和谐社会主义所做出的必要的贡献。这些可怜的学生可能在某天醒来之后，被突然告知自己将来做的不是翻译工作，而是一名光荣的律师！因为中国学生在选择大学之后一般是不允许转换专业的（当然有极个别的例子发生）。当我看到美国的大学生成天抱怨和抗议学校的某些规定的时候，都忍不住想笑。他们在大学校园是不能获得足够的啤酒，还是不能获得足够的避孕套？我希望他们能够看到我在下面所举的一个例子。在我曾任职的一所非常有名望的大学，有一群即将毕业的大四学生在等待学校最后的一次活动——毕业典礼。为了庆祝毕业，他们在校园某处聚餐，并且在喝了一些啤酒之后变得吵闹起来。这时，学校的管理人员通知他们不要在校园内做这些有伤风化的事情。可能是在酒精的刺激下，他们忽视了管理人员的警告。之后，他们被学校管理部门告知自己的学位被取消了，而且被“请”出了校园。他们在离开校园之后，有可能是回到了农村老家从事农活工作。

律师在法律体系中是提供知识产权保护所必需的职员，但是中国的律师人数是相当少的。律师短缺的原因可能是中国传统文化对律师这个职业存在偏见所导致的。除此之外，中国所存在的共产主义思想也可以解释为什么现代中国缺乏保护知识产权的热情，因为知识产权是一种知识分子保护其私有财产的权利，但是共产主义思想反对知识分子享有私有产权。

对比一下中西的历史，从中我们可以看到为什么西方偏爱律师，而中国偏爱学者。现代欧洲的历史发展过程与现代中央集权国家逐渐推翻封建政权的进程是高度相关的。因为欧洲的大学支持罗马法系，所以国王从欧洲大学接受教育之后逐渐采用罗马法系替代封建政权的法律和行政职能。罗马法本身逐渐形成了中央集权管理的形式，因为罗马国王必须处理与罗马中心相隔很远的地方政权。当时中国的明朝（公元 1268—1644 年）也经历了与西方同样的中央集权化过程，地方政府的权利被大大削减。

但是，中国与欧洲的情况又存在不同之处。首先，法律作为一种行政管理和社会控制的手段，从中国的第一位君王秦始皇（公元前221—前210年）就位开始就被随意践踏了。韩非子和法家学者也主张实行非常严厉的措施以控制人们的思想，于是出现了中国历史上著名的“焚书坑儒”事件。自秦朝之后，中国的实际掌权者就不相信法律、法典和律师。他们所推崇的是儒家思想的学者，这种偏好在现代中国还没有泯灭。这种思想逐渐渗透到了中华帝国朝廷大员们的脑海里，其中著名的科举制度就是这种思想的典型体现。但是在西方实行的是源自罗马法的欧洲民法，知识产权的概念在 17 世纪和 18 世纪期间逐渐发展起来（Lehman，2006）。所以，知识产权的法律保障在现代中国难以实行有着深层次的文化原因。此外，中国传统的儒家思想对艺术品的态度也是充满“敌意”的，将艺术品视为不道德和低级的东西（Lehman，2006），这也部分阻碍了政府实施知识产权保护的举措。我想，《金瓶梅》里面部分略显淫秽的章节也可以解释为什么儒家学者倾向于认为文学作品是不道德的原因。

接下来，我们总结一下中国传统的历史和文化影响现代中国对知识产权的态度的原因。首先，中国人的脑海中是根本没有知识产权这个概念的。其次，中国的法律法规中涉及知识产权的保护的条例并不多。此外，法律法规在中国历史中的地位也不是那么重要，因为道德比法律的地位更高。最后，中国的传统思想将艺术品视为毒害人们思想、不道德、低级的“垃圾”。这种文化阻力并不意味着没有中国人尊重知识产权，也不意味着知识产权在将来会被中国人完全遗忘，但是它确实表明中国在将来推行知识产权保护的法律法规会受到层层干扰，而且中国人对知识产权的态度的改变也可能需要一段较长的时间（Lehman，2006）。

有人认为随着中国经济的腾飞，富裕的中国人在将来可能不会选择购买盗版产品，所以中国将来知识产权的侵犯行为会有所减少。同时，这种观点也表明了中国目前知识产权侵犯行为存在的原因之一就是中国目前的消费者是并不富裕的，所以他们满足于购买那些低价的“名牌”产品，即使他们知道这些产品是假冒的。但是当他们富裕的时候，就不会满足于那些名牌产品的假冒版本，而会选择高档的正品。如果这种理论成立的话，那么对伪劣产品需求的减少将会逐渐将赝品赶出市场（Yu，2007）。听起来是一种相当不错的推理，但是在被事实验证之前我是不会相信的。我个人的观点是，总有部分贫穷的消费者因不能购买正品而选择伪劣产品。而且，我更相信将来的情形是这样的，即随着中国经济的持续增长，中国人会越来越意识到保护自己产品产权不被侵犯的重要性，所以他们自己会要求加强知识产权的法律法规。例如，中国现在有为其快速发展的生物、软件、半导体和电影产业提供知识产权保护（Yu，2007）。这可能意味着在将来，中国陆续在全国各地设立保护知识产权的法律机构，这反过来为到中国投资的外国人提供了法律保障。所以，尽管这种正在逐渐发展的法律保护体系可能是不完善的，但是也会慢慢吸引更多的外国投资者。

也有悲观主义者认为，尽管中国的经济在将来会有很大的发展，但是那时富裕的人们对高档产品的需求也会随之增加，所以可能因为产品短缺而不能满足部分消费者的需求，转而刺激了伪劣产品市场的发展。此外，随着中国的外国投资越来越多，中国的消费者将会被大量的新兴产品所淹没，这些多样化的产品也为伪劣产品提供了更多的模仿对象。也有其他的悲观主义者指出，中国加入世界贸易组织之后，其义务之一就是必须放宽对出口产品限制的特权和权利。因为世界上有很多贫穷的国家对中国低价格的伪劣产品的需求是相当大的，例如东南亚和东欧国家，这无疑为中国伪劣产品制造商提供了绝佳的发展机会。此外，执行知识产权的代价是相当大的，每一次执法行动就有可能意味着大量伪劣产品制造厂的倒闭，以及大量工人的失业。例如，如果政府决定严厉打击广东省潮汕地区所有伪造企业的话，那么所有在从事制造伪劣电子设备、香烟、医药和唱片等行业的工人就会失业。所以，严厉的执法力度将直接导致有些地区经济总产值的严重下滑。而且，中国每年对医药、化学品、肥料、种子和粮食等产品的需求是相当大的，许多还必须依靠进口满足。如果国内的伪劣产品受到严厉的打压，那么这将直接影响到中国经济的发展。有很多现实性的问题也将阻碍了知识产权法律法规的实行，因为中国的地域面积是如此庞大，想要严格监控所有的中国企业是非常困难的。除此之外，政府官员也存在腐败和滥用职权的问题，在知识产权的实际执行过程中也受到地方政府保护主义的阻碍。即使中央政府想加大知识产权的保护力度，地方政府可能会采取相反的措施。

知识产权在中国的前景如何，目前谁也无法准确预测。但是正如谚语所说“历史表明，当乐观者和悲观者对将来的预测结果存在分歧时，悲观者的预测在大多数情况下都是正确的”。

第十三章　现代中国的家庭

在中国生活不久之后，我就得出了一个令我坚信的结论：在中国，家庭就是上帝！很明显，中国年轻人的选择在很大程度上是由父母控制的，比如上什么样的大学，选择什么专业，约会的对象是谁等。我多次问未婚但是有男朋友或女朋友的年轻人一个看起来非常普通的问题："如果你父母不同意，你会嫁给（娶）你现在的男朋友（女朋友）吗?"我还没有听到违背父母意愿的答案。而且不管我走到哪儿，中国的年轻人看起来全都在拼命地取悦父母：给他们买家电，带他们去旅行，接他们到自己的新家一起过日子。儒家观念在中国盛行了好几个世纪，尽管近年来经受西方浪漫理想主义的侵蚀，但还是没能从中国年轻人的脑海中根除。曾有学者这样写："……家庭……在中国的宇宙学、宗教和许多其他学科都发挥了根本性的作用。换句话说，整个国家的文化都与家庭有着密切的关联。"（Zhang Zailin，2009）现代中国的家庭生活所存在的诸多现象都可以从中国的哲学和历史得到解释。所以，在我给出一些我对中国家庭生活的观察之前，我首先向读者简要地介绍家庭主义的儒家观念。

理解儒家观念中的家庭的关键点是学会垂直思考，即要善于"跨代"思考。一般来说，代际间的关联比通过婚姻而形成的关系要强，比如丈夫更关心他的父母和孩子（特别是男孩），之后考虑的才是他的妻子。儒家哲学存在五个最基本的关系，如果按照关系强弱递减的顺序排列的话，那么它们是：君臣、父子、兄弟、夫妻、朋友。中国的父系亲属体系强调以男人为轴心的垂直家庭关系，男人的长辈及其晚辈形成了一条连续的关系线。婚姻看起来仅仅是为了使这条关系线得到延续，根本没有考虑到夫妻的幸福（Pimentel，2000）。

儒家哲学的观念已经深入到了生活中的各个方面，可以通过以下几点得到说明。首先，为了确保能够成功地延续香火，包办婚姻是一种必要的手段，即在专业或者业余的媒人的帮助下竭尽全力找到合适的对象。其次，当女儿出嫁之后必须离开原来的家庭，完全融入与丈夫新组建的家庭中。因此，当父母年老时，女儿不能提供太多的保障。所以，女儿的地位也远不如儿子，基本上被原有的家庭所忽视，在新组建的家庭中也受到丈夫的支配。最后，结婚之后夫妻在传统上是和男方的父母住在一起，但是两代人（有小孩之后就是三代人）相处在一起会产生许多难以处理的麻烦。婚后父子之间的关系得到进一步的加强，因为他从小就是在这里长大的，和父亲相处的时间也比较长。但是对于远离自己原来家庭的妻子来说，因为和丈夫相处的时间是如此的少（因为是包办婚姻），所以对丈夫的了解不够，与丈夫的关系可能还不好，更不用说与婆婆的关系了，何况婆媳之间本来就不好相处。婆婆一般对儿媳妇存在“敌意”，可能是因为自己的儿子结婚后会更加照顾妻子，从而对自己的关心不如从前，感觉就像是儿媳妇抢走了自己的儿子。妻子在结婚后必须每天与这个嫉妒自己的婆婆打交道。当两者之间的矛盾爆发时（这其实是经常发生的事情），可怜的丈夫经常遭受来自妻子和母亲双方的“炮火”（Pimentel，2000）。

尽管现代中国为打击儒家思想的浪潮制订并实施了一系列的举措，但是上文所叙述的那些现象在当代依然可见：对儿子的溺爱以及对女儿存在偏见，父母与儿子生活在一起造成婆媳之间激烈的争吵，丈夫和妻子之间缺乏浪漫生活，父母对婚姻的控制或媒人的安排……从我到中国生活之后，上述现象我都直接看到或者间接听说过。因为这些现象是我在没有理解儒家思想之前所见的，所以当我偶遇这种尴尬的情形时我都感到非常震惊。尽管我知道中西文化存在巨大的差异，但是我不知道为什么他们会有那样的行为表现。在我讲述我自己的一些经历之前，我必须指出的一点就是，随着中国逐渐变得更加西方化，年青一代也在慢慢接受浪漫和伴侣式婚姻的西方思想，尽管从封建思想的桎梏中彻底走出来需要一段很长的时间。接下来我会讲述中国为了从传统的儒家婚姻思想中走出来所发生的一些历史运动，但是即便如此，读者也应该明白儒家思想是不会如此轻易就退出历史的舞台。中国政府竭尽全力地想彻底根除儒家封建思想，尽管取得了巨大的成就，但是还没有取得彻底的胜利。几年之前，当美国朋友问我是不是生活在一个共产主义国家，我的回应将是："不是的，我生活在一个儒学国家。"我在下文中所引用的研究将表明，为什么说中国在婚姻和家庭方面的情形处于封建国家和西方国家两者之间。

中国传统的婚姻和家庭体制对于新婚夫妇来说简直是一种折磨，但是从20世纪20年代早期开始，中国的年轻人便开始要求摆脱家庭的控制以获得更多的婚姻自由，特别是城市中知识精英的呼声最高。中国政府在当时所做出的三次重大决策也具有深远的影响：一是在1950年颁布了《婚姻法》，并在1980年修改了这部具有历史意义的法律；二是为大多数女性提供了有偿的就业岗位；此外，中国政府致力于社会主义事业的建设，逐渐发展的社会主义思想极大地影响了儒家思想所主导的中国传统的家庭体制。中国政府在1950年和1980年颁布《婚姻法》，其目的就是为了让年轻人能摆脱家庭对婚姻的控制，享受婚姻选择自由的权利。但是，年轻人结婚的对象、时间以及结婚必须满足一定的条件。例如非法同居、一夫多妻和一妻多夫是不合法的；男性在22岁之前不能结婚，而女性的法定年龄为20岁；此外，第三方个人或机构不能干涉满足结婚条件的个人的婚姻权利。1980年所颁布的《婚姻法》第3条规定："禁止包办、买卖婚姻和其他干涉婚姻自由的行为。禁止借婚姻索取财物……"该条令直接宣布父母安排婚姻的行为是违法行为，而这种做法在改革之前屡见不鲜（Engel, 1984）。

给女性提供有偿的就业岗位是中国政府打压中国传统的家庭主义的又一大有力的举措，这为女性提供了独立的经济来源。据报道，在毛泽东的领导时期有超过90%的城市女性获得了工作岗位。与之前相比，女性在经济独立之后，她们的社会地位得到了明显的提升。因此，女性在传统上的"家庭主妇和好母亲"的固有角色得到了改变。但是，女性解放运动也存在诸多困难。首先，女性离开家庭外出就业的推动因素并非个人的意愿，而是受到外界的推动。实际上，许多在工厂车间工作的女员工并不想过这种生活。其次，女性获得的大多数是劳动密集型和低工资的工作岗位。最后，尽管有了独立的经济来源，但是家务琐事一般还是由女性负责，丈夫根本不会帮忙，而且当时绝大多数家庭的厨房都没有节省劳力的设备。因此，中国政府所号召的这一运动使女性失去了选择供养家庭和工作的自由（Zuo & Bian, 2001）。社会主义本身也极大地打压了中国传统的家长式思想，因为当时处于计划经济的中国政府想极力地控制生产资料，但是工作和教育的选择权之前一直被中国的父母牢牢掌控，而不是在国家的控制之中。随着共产主义思想席卷全国，年轻人对他们家庭成员的依赖程度逐渐减小，而逐渐更多地依赖于国家（Riley, 1994）。

一直以来，中国政府都矢志不渝地打击所儒家思想所影响的婚姻传统。目前中国的《离婚法》将夫妻之间的感情作为婚姻的必要条件之一，所以夫妻之间感情的丧失可以作为一个离婚的理由（Pimentel, 2000）。但是，目前中国政府并没有根除从封建时期一直遗留下来的性别歧视思想。在毛主席领导时期，被允许到车间工作的女性在工作岗位上学到了可以与男员工竞争的技能和知识，因此有利于减小妻子对丈夫及其家庭的依赖性。但是在后来所发生的市场改革中，国家对工厂必须招收全职女性的强制要求逐渐取消。此时女人必须依靠自己的知识、技能和男人在市场中公平竞争，但是当时中国的大多数产业都属于劳动密集型的工业，因此女性在市场上很快就被淘汰。之后，她们逐渐回到她们之前的“本职”工作，即家庭主妇。1990 年所开展的两项全国调查表明，女性比男性更接受“男主外，女主内”的思想，绝大多数女性都认为女人应该牺牲自己的工作以支持丈夫的事业。对于现代未婚的女性（包括大学生）来说，她们对未来伴侣的要求是更高的教育水平、能力以及收入。这些观念都与中国政府反封建婚姻而提倡婚姻平等的理想相悖。

但是对于现代中国来说，到底是传统的儒家婚姻和家庭观念，还是西方的婚姻观念会取得最终的胜利呢？结果既不是传统的也不是西方的，而是两者的结合体。对于现代的中国年轻人来说，他们可以和西方人一样自由地选择婚姻，但是在选择的过程中会掺杂着父母的意愿。与西方相比，中国的父母亲对孩子的婚姻选择有着极大的影响力。从下面一个调查报告中也可以说明，对于中国人来说，幸福婚姻的重要因素并不是夫妻之间独立相处的时间，而是双方家庭的和睦关系。但是，西方的情况恰好是相反的。本项研究也表明，中国并不存在西方的“约会文化”。在研究样本中，有77%的女性和66%的男性在婚前没有约会过，或者约会对象仅仅是现在的配偶。此外，中国人也缺乏西方人所具备的浪漫“细胞”。对于爱情，中国人脑海中想到的词语是“陪伴”“尊重”“理解”和“支持”，根本没想过“激情”和“爱的火花”。但是也有一项研究表明中西方对婚姻和家庭方面也存在共同点，那就是渴望平等的婚姻，即夫妻两人共同做出决策。而且，当父母和配偶之间存在矛盾时，丈夫（妻子）更看重与妻子（丈夫）的关系（Pimental，2000）。

我在中国生活时的个人观察基本上证实了上述观点，但是最后一点除外，因为在中国，我还从没见过有人认为夫妻之间的关系比与父母的关系更重要。中国人非常喜欢问的一个看起来是矛盾和没有答案的问题就是：“假如你的妻子和母亲一起掉入水中，并且两人都不会游泳，你会先救谁？”我也问了很多中国人这个问题，但是没人说会先救妻子。为什么中国人总是会选择先救母亲呢？在我看来，当两人同时面临死亡的威胁而你是她们唯一生存的希望时，至少有人会有下面的逻辑思维：我的母亲已经年迈了，并且也基本上有了一个完整的人生。但是我的妻子是年轻的，还有美好的生活在等着她。但是，看起来所有的中国人都没这样想过。最终，有一个中国人的回答使我对他们的思维有了更为深刻的了解，他说：“因为是母亲给予我生命！”从本质上来说，这种回答还是源自于中国传统的儒家的忠孝思想。为什么中国人总是喜欢互相问这个非常令人头疼的问题呢？在我看来，这至少在某种程度上反映了他们对传统儒家忠孝思想的反抗，至少还有一丝良知认为妻子年轻的生命不应该就这么凄惨的结束。曾经有一位中国上司的妻子和儿子都定居在美国，但他还在中国生活。有一次，我问他当他去美国看望妻子和儿子的时候会不会有激动的感觉，他说：“当然！我想去看我的儿子！”他的妻子曾经是我的一个学生，婚后两人已经度过了差不多有20年的快乐时光，而且从来没有发生过口角。所以我问他：“那你妻子呢，你不想去看她吗？”但是他依然坚定地说：“我想去看我的儿子！”在多次问他都得到相同的回答之后，我放弃了询问。

曾经有一位即将步入婚姻殿堂的准新娘对我说，现代中国的婚姻既不存在封建时期“父母之命，媒妁之言”那种年轻人根本没有丝毫选择的情况，但是也不可能向西方那样自由地选择婚姻。这位准新娘是一名大四的学生，她对我说她的男朋友是父母在大约两年之前介绍给她的。尽管之前她与一些英俊的男孩交往过，或者在将来可能会遇到她想嫁的“白马王子”，但是她的这些选择都必须屈服于现实。父母是养育她的人，而祖父母又曾经是父亲的依靠，现在一家三代人生活在一起，所以她所做的每一个决定都必须得到父母和祖父母的同意。她现在的未婚夫正在英国攻读硕士学位，她在不久的将来也会拿到结婚证和签证，然后在秋季去英国与未婚夫见面。大学毕业之后，她也会被安排前往英国攻读硕士学位。不难看出她的情况是复杂的：因为分居两地，所以首先是必须费力地取得签证和结婚证；然后一个传统的中国式婚礼也不是一件容易的事。在她秋季前往英国之前，我曾多次问她什么时候结婚。但是她总是回答“我不知道，我在等祖父母的安排”。她就像是一个在海上漂流的旅行者，面对大海中波涛起伏的浪潮而感到茫然无措，根本没有抉择的权利，只能安静地等待充满未知的明天。她的故事让我想起我以前在北京的时候，有一个年轻的男子对我说他无奈的境遇。他在和我交谈的时候给我看了一张他女朋友的照片，然后我告诉他这是一位漂亮的女子，他回应“是的，她很漂亮，但是我一点儿都不爱她”。我感到有点奇怪，于是我问他：“为什么？你不是要娶她吗？”他说是要娶她，但这是因为他父亲要求他在三十岁之前必须结婚，而他也快要三十岁了。他说话的语气就像是一个六十多岁的老人在惋惜消逝的青春。在很多情况下我都倾向于支持中国的年轻人，而反对他们长辈们的做法。比如我感觉中国家庭中的长辈和学校的老师给孩子们在学习上的压力太大了（作为一名大学教授，我无法描述说出这些实情时的感觉是多么痛苦）。而且有时候我感觉中国的父母也给他们的孩子在婚姻方面的压力也是过大的，在婚后也经常不厌其烦地询问年轻的丈夫打算什么时候要小孩。但是作为一个美国人，我必须坦言，不管中国的家庭体制如何“折磨”中国父母的孩子，但是这种体制至少在跨代之间产生了一种沟通和协作的关系。遗憾的是，这正是西方世界所缺乏的。

在现代中国，你很容易就能发现传统儒家家庭主义的观念，特别是以丈夫为轴心的家庭组建方式，即婚后两人都是与丈夫的父母住在一起，而不是与妻子的父母住在一起。我有一位北京的朋友，他和妻子以及两个小孩都和他的父母住在同一套房间里面。而据我所知，他的妻子的母亲是一位寡妇，独自一人生活在离北京有几个小时车程的城市。在我看来，他妻子的母亲可能比他的父母更适合与他们居住在一起。因为妻子的母亲是单身一人，她更需要别人的帮助，而且她在公寓里面也只需要一间房。相反，朋友的双亲可以相互帮助，彼此在一起也没有那么寂寞，而且会占用公寓更多的空间。但这仅仅是一个西方人的观点，我敢肯定还有其他我没有意识到的地方，我想传统的儒家思想可能也是出现他们这种生活安排模式的原因之一。

根据我的审慎判断，认为西方的爱情比中国要更为浪漫的观点是无可争议的，下面我用自己的观察和经历来说明这一点。曾经有一位年轻的中国女人向我诉苦，说她的丈夫从来没有对她说过“我爱你”。但是，我看到她手中拿着丈夫送给她的一张写有“I love you”（我爱你）的卡片，所以我对她说：“看起来你丈夫正在变得更加浪漫。”但是她说那根本不算，因为“I love you”是“我爱你”的英语，两者说出来的感觉是完全不一样的。正如我在前面的章节所讲过的那样，用第二语言说出来的话根本没有用本国语言说出来那般有“冲击力”。我也记得上海的女大学生告诉我，她们称呼她们的男朋友为“哥哥”。而且我猜测情人节在中国那么流行的原因可能是中国年轻的女性对浪漫爱情的渴望，而这一点正是她们目前所缺乏的。我也听到有人说中国女人比较偏爱西方男人的原因是她们认为西方男人更懂得浪漫。我之前也认为这种观点是正确的，但是现在我不认同，原因有两点。首先，中国的单身西方男性和克拉克·盖博[①]的形象相差太远；其次，我相信真正吸引中国女人的不是西方男人自身的魅力，而

① 译者注：克拉克·盖博是20世纪30年代好莱坞最著名的男明星，代表作有《乱世佳人》《自由花》《红色的尘土》。

是他们的财富和能给予她们的绿卡。请原谅我在这里再一次强调了这种西方人对中国人存在的某些固有偏见，但是我相信聪明的读者肯定会理解这种偏见存在的原因是有事实依据的，正如中国的一句谚语“空穴来风，必有其因”。

我想接下来我们可以深入地分析现代中国的家庭了。首先我将向读者讲述现代中国人的婚姻，之后从中国父母的角度研究中国人的家庭生活。为了更好地讨论中国人的婚姻，我也会考虑到中国人的传统思想。之后讨论新生婴儿姓氏的继承规则，在本章的最后分析的是夫妻之间的关系。所以，接下来我首先介绍的是一个典型的中国人是如何找到配偶的。紧接着是现代中国已婚夫妇的性生活和如何避孕以合理地计划生育。最后，我将总结现代中国的夫妻两人之间的关系。

现代中国人的婚姻

寻找配偶

现代中国的年轻人找配偶的方式不仅与西方人不同，而且也不同于他们先辈的做法。尽管完全包办的婚姻在城市几乎是不存在的，但是很多婚姻确实都是经过“协商”了的，即子女的选择受到父母意愿的极大干扰。干扰的形式可能是父母为自己的孩子找到自认为与自己的孩子合适的对象，然后介绍给自己的孩子，但是这种方式容易受到孩子的抵制。此外，干扰的形式也可能是家长不同意孩子的选择（Pimental，2000）。但是，尽管目前中国的婚姻不是通过安排的方式形成的，但是也不是通过西方偶遇的方式产生的。研究表明 77% 的中国女性和 66% 的中国男性在结婚之前从未有过或者只和未来的配偶有过约会（Pimental，2000）。很多时候，年轻的夫妇直到订婚之前都从未约会过（Beijing Review，1981b in Engel，1984）。在中国，约会被认为是一件比在西方更为严肃的事情。西方人眼中的一次普通的电影约会，在中国人看来可能是两人同意结婚的暗示。因此，在中国的单身外国人必须慎重对待这些事情。此外，单身的男性去拜访单身女性的家长更是一件非常严肃的事情。我的一个女学生的指导老师是一位单身的美国人，他在中国已经生活多年了，并且会说普通话。他告诉我有一次这位女同学邀请他在某个假期去拜访她的父母，这位可怜的美国人当时脸色发白，腮帮子看起来都变绿了。这种拜访女学生的家长的邀请几乎把他给吓了个半死。但是，事实可能并非如此，这可能只是学生对老师表达感激之情的邀请，但是我的同事非常聪明地婉拒了这次邀请，他不想让自己陷入任何危险的境地。有些研究报告说中国不存在约会文化，我对此结论是有一丝怀疑的，因为我在我所教过的大学里面看到过很多约会。尽管后来我才发现这些约会都是一种“一对一”的形式，他们不会和很多人约会，而在选定某个可能成为男（女）朋友的约会对象之后便不更换人选。当然，两人分手之后的约会对象可能会改变。我曾经问过一位大学生，中国人是不是不喜欢随便与别人约会。她说是的，因为如果某个学生经常与很多其他的异性约会，那么他（她）就会被其他同学耻笑。所以，我经常看到中国的大学生出去玩的时候都是一大帮男生和女生，很少只有一个男生或一个女生的情况出现。

年轻人的约会不仅仅受到传统思想的束缚，而且还受到现实条件的约束。因为中国人口众多，城市人口更是多得夸张，所以年轻人很难找到一个合适的约会地点。四处都是密集的人群，年轻的情侣根本找不到私密的约会场所。所以在中国的公园里，经常会看到很多情侣划分出各自的“约会区域”，当然在他们的“领土”里面还有一些不受欢迎的“旁观者”。记得 1995 年，我和家人在上海一座位于人民广场附近的公园里面散步。我 9 岁的女儿突然气喘吁吁地跑到我面前，同时用手指着公园中心的位置。我顺着望过去，看到一对紧紧拥抱在一起的年轻情侣，两人如新婚之夜那般热情地亲吻双方，而完全无视了周围感到相当诧异的人群！

所以，如果中国的年轻人不接受随意约会，而且当他们想约会的时候却发现没有合适的约会地点，那么他们生活中的爱情到底来自何处呢？一般来说，大学校园是爱情滋生的圣地。但是一个非常有趣的现象就是，每年在毕业季都会看到无数对大学情侣分手。更加奇怪的是，这些情侣在事先可能已经预料到了这种结果，因为毕业之后会受到来自家庭关系、工作、社会地位以及其他外界因素的压力，但是他们享受这种短暂的浪漫。另外一种极为普遍且可能是极为成功的方式就是父母的介绍，因为父母通常通过工作或者社会交往会获得某些“内部消息”，这些宝贵的消息可能会为他们的儿子或女儿找到合适的对象（Pimental，2000）。

此外，中国人在社会上存在各种各样的“关系”，这也可以帮助他们的子女找到潜在的合适对象。处于关系网中的关系人有义务相互帮助，通常这种让西方人难以理解的“关系”会产生奇迹般的结果。关系人通过“关系”可以迅速获得他（她）目前短缺的某种东西。因为我在前面的章节已经详细地分析过中国所独特存在的“关系”，所以在此不再赘述。父母可以通过“关系”为他们的孩子找到合适的潜在对象，这种方式通常是非常有效的（Riley，1994）。

父母也可能会通过在家里举办聚会或其他社交活动的形式来帮助他们的孩子找到配偶。当孩子带他（她）的朋友到家里之后，父母就有机会近距离接触所有可能的潜在对象。而且，当发现孩子可能的未来伴侣不是他们所期望的类型时，也可以将可能发生的不愉快的事情扼杀在摇篮之中。父母的帮助并不是简单的想让孩子接触更多可能的选择对象，有时候父母实际上是正式地将两人介绍给对方。一项调查研究表明，有接近45%的被调查者表示他们曾经被父母介绍过可能的配偶（Riley，1989）。特别是对于那些快要接近30岁这条“死亡警戒线”的未婚女性来说，父母的介绍被认为是非常重要的方式。按照中国人的一般思维，女性在30岁还没结婚是一件非常危险的事情，因为很少有人愿意娶30岁之后的“大龄”女青年。除了父母的帮助之外，中国的年轻人也可能从自己的交际圈中获得帮助，比如同学、朋友和亲戚（Riley，1994）。

可以肯定的一件事就是：在绝大多数情况下，中国的女性绝对不会嫁给任何比自己年龄、教育水平和身高要低的男人（Higgins，2007），身高尤其是她们首要考虑的因素。曾经有一个25岁左右的中国单身女人对我说，她不赞同她某个同性朋友在选择未来的结婚对象时所看重的那些看起来不重要的东西，比如金钱、教育水平、父母的社会地位等。她说她更在乎那些非物质上的东西，比如爱情、共同的信仰、气质等。我之后问她：

“你愿意嫁给一个比你矮的男人吗?”她立即不假思索地对我说:“当然不!”看她的样子不像是在开玩笑。直到下次我碰到她指出她话中前后矛盾的地方时,她才意识到自己说过这么前后矛盾的话。

性

我在北京的时候,有一位80岁高龄的中国老人曾对我说过外国人对中国人的一种固有的偏见就是中国人几乎没有什么性生活,而且对性生活根本不感兴趣。这位老人曾在纽约生活过几年,在非常著名的企业IBM工作,他很不满意外国人的这种偏见。他对我说如果这种偏见是真的,那么中国13亿人口是从哪里来的?

性在传统的中国是一个禁忌话题,我记得在纽约时代杂志上面看到某个记者对一位已婚中国女人的访谈报道,内容大概是这位中国女人和她丈夫之间的性生活所存在的一些问题。当该女子听说她所工作的公司部门知道这次访谈之后,感觉非常害羞并且坚持终止访谈。所以考虑到中国人敏感的天性,我从未与任何中国人聊过婚后性生活,因为他们认为这个话题是非常尴尬的。但是我记得曾经有一次,有一位已婚的中国女基督徒告诉我,中国的基督教会经常举办一些婚姻和家庭方面的研讨会,而且参与研讨会的基督徒首先讨论的话题就是“性”。当时听到她向我提到这个禁忌词的时候我感到非常惊讶,并且很快地就转移到别的话题,因为我担心深入的讨论可能会使双方都感到尴尬。但是如果我知道我将来会写本书的话,我肯定会和她继续聊下去。中国很少有关于“性”的实证研究,所以,中国人的“性”与婚姻之间的关系至今还是一个谜(Guo & Huang, 2005)。

在我引用一些严肃的学术研究结论以更好地说明中国人对性的态度及其观念之前,我想首先应该向读者叙述一些我搜集到的与之相关的二手资料。一次偶然的机会,有一个生于法国的美国教授告诉我他曾经交过几个中国女朋友,他说她们很讨厌性,而且对性一无所知。当然,这种证据是有偏见的,因为这仅仅是谣传,而且样本也太少(因为他只交过几个中国女友)。此外,这位教授自己对性也可能一无所知。但是考虑到这位教授是美国人，所以我觉得他至少应该知道一些基本的性知识，因此不妨假设他的观察结果是准确的。此外，中国的性教育也存在相当大的问题，从下面一段发生在 1987 年两个大学女生之间的简短的对话就可以看出来。有一个女孩充满焦虑地对另一个名为珍珍的女孩说："珍珍，因为伟伟亲了我，所以我怀孕了。"珍珍回应："傻女孩，是谁告诉你亲吻就会怀孕的？只有当男人碰到你的胸部时才会怀孕。"（Ma & Rosenberg，1998）。

当我在上海外国语大学任职的时候，有一位未婚的女学生告诉我，在她小的时候，家里的杂志都布满了大大小小的"洞"，因为有些内容经过父母审查之后都被剪掉了。一位中国的大学讲师也告诉我，中国的性教育课程仅在高中开设，而且老师在整个学期的性教育课程上面从未提及"性"这个字眼。甚至许多教授性教育课程的老师都是单身的女性，她们自己本来对"性"就一无所知。一位女大学生也曾经对我说，她的一个室友有一次问她如何使用避孕套。我的这位女学生当时感觉非常奇怪，问她要了解这个干吗。她室友说因为他男朋友觉得他应该用避孕套，但是不知道如何使用，于是叫她想办法解决。这些经历让我觉得中国人的妻子所享受的性生活可能不是那么完美。这些有趣的事情让我想起曾经有一位研究者在研究开始之前所做的假设，即考虑到传统思想和中国政府之前对"性"非常糟糕的态度，而且一般关于"性"的信息都是关于男性的，所以中国人的妻子可能对性生活是不满意的，这与我的猜想完全一致。但是，雷诺等在 1997 年的研究发现，中国女人比她们的丈夫对两人之间性生活的满意度更高。

性满足

雷诺等在 1997 年的研究结果与我们的直觉思维相反，为什么中国女性比男性的性满足要高呢？作者在文中也介绍了这种令人惊讶的现象的原因。首先是中国女性对性生活的期望与男性是不相同的。具体来说，是因为受到传统文化的影响，女性并没有期望从性生活中得到快乐，所以当她们在实际上没有得到性满足的时候也没有任何失望的感觉。但是，如果以西方人的角度上来看，这项研究也表明中国女性的性生活可能在实际上并不如她们本人所认为的那般美好。例如，在中国人的思想中，性生活中丈夫存在某些“损失”，损失之一就是很难和妻子有相互快乐的性爱体验，特别是妻子在性生活中缺乏“活跃”的回应。此外，本项研究也发现，女性一般比男性对“性”要更加“憎恶”和“关注”，报告中的女性比男性更多抱怨自己的另一半对自己没有足够的感情投入，在性生活中几乎没有亲吻等行为。帕里什等在 2007 年对这一相同主题的研究结果与雷诺等的相反，他发现中国人的妻子比她们的丈夫对性生活的满意度要低，原因可能是中国女性的思想更加传统，还可能是因为丈夫对性知识的了解不够。

调查结果表明性满足的 5 种决定性因素分别是：两性之间在社会和情感方面的相互尊重；身体健康，有活力；舒适的性爱环境；了解基本的性知识，健康的性观念和态度；多种方法的性实践（Parish，Luo，et al.，2007）。一个常识性的观点就是中国夫妇之间的感情越好，他们在性生活中的满意度就更好，更高的性满足反过来又可以促进两人之间的感情（Parish，Luo，et al.，2007；Renaud，Byers & Pan，1997）。健康与性满足一样，夫妻两人越健康，性生活就越有质量（Parish，Luo，et al.，2007）。良好性爱的环境因素对中国人来说也是一个挑战，典型的中国人和父母以及孩子生活在同一栋空间不足的房子里面。此外，害怕怀孕等因素使得中国夫妻之间的性爱方式是极其单调的（Parish，Luo，et al.，2007）。性知识、性观念和性态度的提升会增加性满足吗？帕里什等在 2007 年的研究发现性技巧知识越丰富，那么性实践的方式也就越多，进而可以促使更高的性满意度；但是多样的性实践可能会让伴侣感到不适，从而也可能导致性满足下降。在改革开放之后，越来越多的西方关于性的知识和开放的态度也随之涌入中国，中国正处于性爱革命的发展时期。

无性的情感

下面我将话题转向中国丈夫和妻子之间所存在的另一种有趣的关系那就是无性的情感。首先，除了“性”这种向配偶表达爱意和情感的方式之外，我将讨论其他可能的方式。相关研究已经证实，例如在公共场所牵手和亲吻，以及说一些比如“甜心、宝贝、亲爱的”等情感的表达方式在中国并不是非常流行的。实际上，一般性的拥抱在传统上也被认为是不合适的，即使是家庭成员，彼此也几乎不采用这种情感的表达方式。林语堂是一位非常著名的中国学者，曾经在西方留学，并且他的英语和汉语一样好。20 世纪 30 年代，他在西方火车站和机场旁边看到西方人在送别或接送人的时候相互拥抱和亲吻的情感表达方式之后，这样评述："如果典型的中国人看到这些，他们会认为这是令人恶心的场景。"

我有一位在美国住了多年的中国学生，当她在家里待了一段时间之后准备上车离开时，她几乎是毫无意识地拥抱了她的父亲（这在西方是非常普遍的），但是她父亲如遭受电击一样，慌忙推开自己的女儿，并问她在干什么。我在某所中国大学任教时，曾在课堂上给同学放了一部哈里森·福特主演的美国电影。当电影的结局出现哈里森·福特和家人团聚的幸福画面时，我忍不住扭转身，背对着同学偷偷擦掉眼中溢出来的泪水。但是我突然听到背后爆发出一阵显然不合时宜的笑声，我问大家为什么发笑，他们说哈里森·福特竟然和他的家人拥抱在一起！

还有一次，我从美国待了几个月之后刚返回北京，当时我还没有完全适应中国的文化习俗。当我走进几位中国老师的办公室时，因为见到他们是如此高兴，所以无意识地拥抱了离我最近的一位女教师，她当时的反应就像是我想要杀她那般恐惧。因此，不难想象在 20 世纪 80 年代之前，在公共场合即使是握手的行为都被视为"不正当的"，甚至是一种"社会犯罪"（Pan，1989b，in Renaud，Byars，and Pan，1997）。所以在中国，情感的表现应该隐藏在内心中，而不能通过拥抱和亲吻等外在行为得到宣泄（Renaud，Byars，and Pan，1997）。

很多研究表明，性行为的频率和充满深情的无性表达方式的频率在中国几乎是相同的。在中国生活多年之后，我对这样的研究结论并不感到惊讶。上述结论说明，中国人比西方人更加偏好于通过肢体的情感表达方式，但是这并不意味着中国夫妇之间是不相爱的，他们只是选择了一种与西方相反的情感表达方式。Renaud，Byars and Pan（2007）指出"对视"和"肢体语言"是一种中国人倾向于选择的方式。但是，我觉得赠送礼物可能是他们最喜欢的表达方式，每个中国人都像圣诞老人那般热心与慷慨。在我读完著名的中国民间作品《金瓶梅》（其英译本有四卷）之后，我发现有 55% 的内容都是在讲礼物的质量和价值，以及礼物的相互赠送过程。我听说曾经有一位丈夫，因为和妻子吵架而打破家庭和谐之后，在一个月内和家人没有任何交流。有一天，他仅仅带回来三种电影票，并且只字未提上个月所发生的不愉快的争吵。令人不可思议的是妻子和儿子拿着电影票和他一起去看电影，好像矛盾从未发生过一样。

我们并不能从牵手和拥抱在中国不可见的表面现象中得出任何实质性的结论。中国人就像美国的乡村歌手并不善于将“爱”大声地说出来。但是，至少在 Renaud，Byars，and Pan（2007）的研究样本中所得出来的结论表明，更多身体的情感表达和更加和睦的关系与性满足是相关的。而且他们的研究也表明，中国的年青一代逐渐倾向于公开的肢体情感表达方式，这说明束缚中国人在公开场所通过身体语言来表达情感的思想正在逐渐瓦解。而且在当代的大学校园内可以看到很多学生情侣牵手而行。有一次，我在和某个同学交谈的时候提到这件事情，他说其实有很多学生情侣都想公开地牵手，漫步在大学校园，但是有一些老教授可能对此深恶痛绝，因此他们不敢公然挑衅这些老教授的权威。

谁是主动者

下面我将讨论这个在中西方都存在的一个热门话题：到底是男性还是女性倾向于在性爱中采取主动？研究表明中国的丈夫比妻子更倾向于采取主动行为（Liu，et al.，1997 in So & Cheung），我想读者对这样的结论可能一点儿都不会感到惊讶。中国的女性很少在性爱中主动地表现，特别是对于那些对“性”感到羞涩的乡村女性来说尤为如此。但是，随着中国的性观念从传统向现代的逐渐转变，看起来年轻的中国女性开始抵制那些将她们的角色定位为性爱的被动接受者的传统思想（Zhang，et al.，1999，p. 585；quoted in So and Cheung，2005）。一些调查研究也表明，越来越多的年轻女性（即使相对来说还是少数的）在性爱中变得更加活跃了（Xu，1990；quoted in So and Cheung，2005）。

非自愿的性行为

接下来我们讨论不情愿的婚姻性行为。香港的一项调查表明，在所有调查样本中有超过 82% 的已婚女性认为妻子有权拒绝丈夫的性要求，但是仅有 67% 的男性认为他们的妻子有权拒绝（Fpahk，1997，in So and

Cheung，2005）。这种毫无绅士分度的观点可能也反映了在中国的传统思想中，“性”的目的仅仅是为了满足男人的快乐，而女性只是被动地接受。在2007年，有一篇研究性论文基于对中国城市的已婚女性不情愿性爱的调查数据，文章的结论是中国的妻子存在大量不情愿的性爱的结论。作者指出，考虑到中国在传统上对“性”的态度，这篇文章得出来的结论是具有说服力的。但是在改革开放之后，中国的传统思想受到自由和开放的西方思想的侵袭，我们也有理由相信中国的女性在实际上并不只是选择被动地接受非自愿的性爱。调查还表明，有52%的女性在目前的婚姻中至少经历过一次不情愿的性爱，并且有25%的被调查者说明在非自愿的性爱中涉及暴力行为。此外，在之前的一项关于非自愿性行为的调查中，也有27%的女性有过非自愿的性经历。有72%的被调查者表明，她们性爱的目的中仅仅是为了取悦丈夫。而且，有48%的女性发生过数次非自愿的性行为，43%的女性经常发生，仅有9%的女性只发生过一次。对这些经历过非自愿性行为的女性来说，非自愿性行为发生的平均时间跨度为5年，这大概是她们婚姻持续时间的67%。最后，作者也指出，中国在许多方面的调查结果和其他社会并没有显著的差别（Parish，Luo，Laumann，et al.，2007）。

为什么会出现这种非自愿性爱的现象呢？原因之一就是夫妻之间的关系并不是那么融洽。中国的夫妻缺乏日常的亲昵行为和性爱前的爱抚，大多数妻子都是非自愿地与丈夫发生性关系。此外，中国女性的经济地位比丈夫要低很多，因此妻子的身体和心理上所存在的问题也是导致她们被迫接受性爱的原因之一。中国的女性结婚后一般是远离原来的家庭，这可能会让妻子产生远离父母和朋友的孤立感，缺乏能保证让她感觉到安全的社交网络关系。因此，当面临丈夫性爱的要求时可能更加倾向于选择被动接受。最后，对性的传统文化思想也是非自愿性爱发生的原因之一。如果妻子认为性爱就是妻子的责任，或者有性爱是肮脏的思想，那么她就会感觉大多数她所参与的性爱是被迫的非自愿行为（Parish，Luo，Laumann，et al.，2007）。

“如果妻子在经济地位上能和丈夫匹配，那么这会减少非自愿性爱的发生率”这一观点肯定是正确的，但是我们必须注意到即使经济地位平等了，还是存在许多其他迫使不情愿性爱发生的因素。即使现代的城市女性在经济和社会地位上与男性更为接近，甚至是超越，但是她们还是经常屈服于非自愿的性行为。独立的女性对信奉男权主义传统思想的中国男人来说无疑是一种极大的打击，他们倾向于寻求暴力、撤销经济支持、婚外情等方式来宣泄不满的情绪（Fox，Benson，et al.，2002；Rivers et al.，1998；Im－em et al.，2004；Knodel，et al.，1999 all quoted in Parishb）。

有趣的一点就是，有一项研究表明中国男性对各类性技巧的熟悉程度和妻子非自愿的性行为是显著相关的（Parish，Luo，Laumann，et al.，2007）。作者推断，色情文学是导致这种有悖于常理结论的原因之一。实际上，作者在文章中表明有40%的被调查者（总体样本是所有性活跃年龄的城市男性）在接受调查之前的一年之内阅读过色情作品。而且调查发现，男性在之前阅读过色情文学的现象与在性生活中采用各类性技巧的关系在统计上意义上是显著的。所以，可以推测到，男性在色情文学中看到了新的性爱技术之后可能会将这些技巧用于与妻子的性生活中，而妻子可能认为这些新技巧是非常粗糙和让人感觉不舒服的行为。加之中国人缺乏基本的性知识，调查发现仅有30%的女性和56%的男性知道什么是性高潮，也仅有39%的女性和56%的男性知道阴蒂的位置。我猜测可能是由于中国人很难获得性知识，所以他们将在色情文学中看到的性技巧奉为真理，并应用于之后的性生活中。记得当我在北京生活的时候，经常看到抱着婴儿的中国女人站在小巷或胡同里。有人告诉我，这样的组合是在向想要购买色情作品的潜在顾客发出信号。我想黄色书籍的女贩卖者可能认为警察不会对抱有婴儿的女人产生怀疑。但是让我百思不得其解的就是，既然我一个外国人都能想得到的事情，为什么中国的警察就想不到呢？还有研究表明，有40%的中国已婚男性在调查之前接触过色情书籍。但是大家都知道，中国一直在严厉打击与黄色淫秽相关的书籍和卖淫行为，但是为什么可以在中国轻松地发现这两种现象呢？

非自愿的性爱会给女性带来多大的伤害呢？（Parish，Luo，Laumann，et al.，2007）的研究表明，在他们对经历过非自愿性爱的女性样本中，有40%的被调查者表示至少是存在某些伤害的，6%认为伤害是非常巨大的。

作者建议对受害者的治疗首先必须针对丈夫，之后才是妻子。丈夫在日常生活中应该更加关爱自己的妻子，延长性爱之前的爱抚时间。妻子也应该抛弃传统的性观念，比如很多女性认为性是肮脏的。此外，丈夫和妻子都应该学会更多的性技巧，但是这些知识绝不能在色情书籍中获得。

中国夫妻的性爱满意度

研究表明，西方夫妻对婚后性生活的满意度比未婚情侣之间的性生活满意度更高（Laumann et al. , 1994; Waite & Joyner, 2001）。但是在中国的情况恰好相反，已婚的中国女性比那些没有结婚的女性从性爱中获得的满意度要低（Parish, Luo, Stolzenberg, et al. , 2007 ）。作者引用 Xu and Ye (1996) 的理论说明这一结果产生的原因，即中国女性参与性爱更多是出于责任而非浪漫的爱情，这无疑会影响她们的满意度。这一发现也与 Pan (1993a, in Renaud & Byers) 的研究结论一致，超过半数的中国夫妻并不是因为爱情而结婚，仅仅是为了结婚而结婚。

中国男人的处女情结

我记得在 1995 年看到过一篇报道，有一位非常著名的中国男运动员与未婚妻分手的原因是她不是处女。当然这位运动员的未婚妻只是看起来不是处女，也有可能是检查的医生出现了差错。不论如何，“男人这种态度是否是正确的”这个问题历来就是中国人争论的焦点。这位男运动员显然是一位典型的思想极为传统的中国人，认为男性和女性的贞洁是最为宝贵的东西。下面有两篇研究性论文表明，这种传统的性观念在中国依然非常流行，尤其是对中国男人而言。其中一篇文章中的调查结果表明，中国的男人更能容忍男性发生的偶然性行为（相对于女性而言） (FPAHK, 2000a, in So and Cheung, 2005)。另一篇文章也指出，男性比女性调查者更倾向于认为，如果配偶之前与他人发生过性行为，那么夫妻之间的关系会受到不可弥补的负面影响。所以，强调女性贞洁的传统观念依然非常流行（So and Cheung, 2005）。

是否生孩子

既然我们已经讨论了中国夫妇的性观念以及性实践，那么接下来我们将研究他们是如何处理相关结果的。首先讨论避孕这个有趣的话题，中国存在计划生育的法律，因此采取必要的避孕措施是有必要的。接下来我们讨论的是孩子的生育问题，特别是中国的夫妇是如何度过产期的。

避孕

首先我引用以一项样本比较大的研究结论，此项研究以 1987—1995 年生活在上海的 7336 位新婚人士为研究对象，分析夫妻之间会采取、更改以及中止哪些避孕的方法。研究表明，有 12% 的被调查者有过婚前性行为，但是在这一群体中只有 1/3 采取了避孕的保护措施，而且有些被调查者在大多数性生活中没有采取避孕措施。所以在这 1/3 的群体中，有超过 12% 的人曾经受孕，且有 1/4 的人在怀孕之后选择人工流产或者闪婚（Che & Cleland，2003）。在所有的 7336 个样本中，有大约一半的样本在婚后采取过避孕措施以推迟第一个小孩的降临。尽管如此，还是有 40% 采取过避孕措施的样本经历过意外怀孕。是什么样的避孕措施导致如此低的避孕成功率呢？研究表明，中国人主要采取的避孕措施是使用安全套和禁欲（Che & Cleland，2003）。

在第一个孩子出生之后，几乎所有的中国夫妻（实际上是 98%）都会选择使用避孕工具，我想这可能是要避免违反计划生育法所作出的必要措施。但是他们的避孕措施的成功率是相当低的，大概有 1/3 的人经历过意外怀孕。因为这是第二次怀孕，所以大多数会选择人工流产。在总体样本中，有很多女性在第一胎的三年之内选择宫内避孕器，三年之后才会选择她们偏爱的其他避孕方法（Che & Cleland，2003）。

考虑到失败的避孕措施、强迫性流产、性知识的缺乏，以及随着传统性观念瓦解之后，逐渐流行起来的婚前性行为等问题的存在，在中国实施计划生育是一件非常困难的事情。

生孩子

中国的婴儿在传统上是由产婆接生的，产婆这个职位在中国历史上存在了数千年。了解中国历史的读者可以非常自信地说，大多数中国的产婆是可以胜任这份工作的，而且她们一般都富有同情心；甚至在现代中国的农村，这种基于传统医学中的“阴阳”理论的实践行为还可以见到。但是随着西方传教士、冒险家和商人所带来的西方科学，中国逐渐崇尚西方的科学和技术。1929 年，中国第一所西式的助产学校在北京创办，教导助产士学习西方的接生技术。但是现代的西方接生技术受到传统思想的抵触，加之“文化大革命”期间，教育体系和医疗体系受到严重摧毁，西方的接生技术直到“文化大革命”晚期才得以重生。1993 年，中国政府开始重视西方推崇的科学和技术，学习国际上的科学方法，产婆逐渐被护士和产科医生所代替。所以，受到西方现代技术的影响，产婆这一职业逐渐退出中国历史的舞台。一个必然的结果就是，目前大多数中国的现代女性采取的是剖宫产的方式（某些地区完全采用这种产子方式），而自然的阴道分娩逐渐被人们所遗忘（Huang，2000；in Cheung，2007）。有两个研究者也发现剖宫产比率在他们的研究样本中高达 62.9%，另一项研究中所得出来的比率与这个也是极为接近的（整个国家的预计比例是 46.2%）（Lumbiganon et al.，2010；Zhang，2009）。所以这可能是医生倾向于选择的一种安全、有效率和更为便利的产子方法。正如其他的美国小孩一样，我最年轻的女儿是在一位美国助产士的帮助下来到这个世界上的。但是尽管如此，现代医学职业正在将助产士这个职位推向消失的边缘。看起来中国对助产士这个职位至少在目前来说是相当尊敬的，这一点儿可能比美国要做得好。

坐月子

产妇由于分娩时出血多，加上出汗、腰酸、腹痛，非常耗损体力，需要一段时间的调补。因此，“坐月子”在中国是产后所必需的一种仪式性行为。此外，它也是促使产妇的生殖器官和肌体得到尽快恢复的一系列实践活动。这些实践活动包括饮食的调和、保护性礼仪、社会隔离、强制休息、女性亲戚帮忙处理日常事物等。产妇必须有一个合理的饮食安排，包括哪些需要吃，而哪些又不能吃的食物类别。这些知识源于中国传统的医学，至今已有数千年的历史。但是，不同地区的饮食规定可能各有不同，所以听起来有一丝怪异。一般来说，产妇就像皇后一样躺在床上，不需要做任何事情。但是，她们不允许做的禁忌行为也很多。例如：不允许产妇在某一段时期内洗头发（可能是产后十二天或一个月），每天必须吃 6 餐，必须吃大量的姜，在某一段时期内不允许其他人探望（可能是12天），不允许下蹲，洗澡时间不能过长，不能喝没有烧开的水等。各种实践活动正逐渐从仪式性的规定转变为促进产妇身体恢复的指导性策略。现代的年轻妈妈也不像她们上一辈那般严格遵守传统的规定，当她们觉得某种实践过于麻烦时，经常会违背母亲或者婆婆的要求（Holroyd，Lopez，and Chan，2011）。

产后期对全世界的所有家庭来说都是一段艰难的时期，但是中国母亲所面临的困难更为严重。首先，中国大多数母亲的分娩都是第一次也是唯一的一次经历，做一生中第一次也可能是最后一次的事情难免会有紧张的感觉。此外，尽管偏爱男孩的传统思想在现代中国有所弱化（Wu & Lu，2009），但是有些家庭还是期望第一个小孩是男孩。如果第一胎为女孩，那么整个家庭都可能会变得非常焦虑（Wang & Zhang，2008；in Lu，et al.，2011；Mao et al.，2008）。在现代中国，对婴儿性别的关注显然还是普遍存在的，以至于有很多中国父母试图通过选择性流产等实践来选择孩子出生的性别（Gao，et al.，2009；in Lu，et al.，2011）。其次，中国的家庭关系是极其复杂和难以理解的，产后的年轻妈妈必须每天处理好与婆婆之间的关系。在年轻的妈妈坐月子的时候，尽管婆婆和其他年长的女性亲戚的责任是给予帮助，但是，也有学者的研究表明，女性亲戚的帮助可能不能改善年轻妈妈所面临的困境（Leung，et al.，2005）。可以想象，有时候婆婆的帮助可能不仅仅是毫无作用的，还有可能使事情变得更糟。不管怎样，有一项仅有96个样本的研究发现，接近一半的年轻妈妈在产后经历了不和睦的家庭关系。家庭关系可能还会因对婚姻不满的情绪、分娩知识的缺乏和意外怀孕（如果怀孕是一个意外的惊喜）而变得更加恶化（Lu，et al.，2006；in Lu，et al.，2011）。

中国夫妻之间的关系

婚姻满意度

研究者已经证实了中国夫妻之间的婚姻满意度是性满足、教育水平和健康的增函数，即这三个因素越高，婚姻满意度也越高（Guo & Huang，

2005）。当然，大家对这个结果并不感到奇怪。但是，有一个比较有意思的发现就是，中国夫妇的小孩越多，他们的婚姻满意度就越高。让西方人感到奇怪的地方有两点。首先，对西方夫妇婚后幸福感的研究表明，西方家庭的小孩越多，夫妻的婚后幸福感就越低（Marini，1980；Twenge，Cambell & Foster，2003 in Guo and Huang）。因此，与中国的研究所得出来的结论是完全相反的。第二个比较有意思的地方就是，尽管中国现行的计划生育规定有独生子女政策，但是中国的父母显然从更多的小孩中可以获得更多的幸福感。另外一项发现，夫妻双方在婚姻中越平等，那么夫妻两人对婚姻的满意度就越高。这也可以解释为什么现代中国的男人和女人在同时制定决策时看起来是那么开心。但是，现代夫妻之间的平等主义存在的一个非常明显的例外，那就是家务琐事任务的分配，这一点我将在下面单独讨论（Pimentel，2000）。

另一个影响中国夫妻的婚姻幸福和满意度的重要因素就是父母的认可（Pimentel，2000）。正如我在前面章节中所提到的那样，我曾经要求两个大学生在我的商务英语课堂上给出一段即兴演讲，男同学的演讲内容是对未来妻子的五种最重要的要求，女同学则是对未来丈夫的五项要求。女同学首先说，未来丈夫必须具备的首要条件就是职业为整形外科医生，而且会赚钱。第二个条件就是必须得到父母的同意。男同学对未来妻子的首要要求就是身材必须凹凸有致。第二个条件也是必须得到父母的认可。我对这件事的印象非常深刻，我根本没有想到中国人将父母的意愿在他们自己的婚姻中看得如此重要。

有两种可能影响中国人在婚后满意度的特性，那就是对儿子的偏爱和对婚姻的包办。中国存在男尊女卑的传统思想，学者对“女婴是否会引起夫妻婚后满意度下降这一问题”也存在不同的意见。Guo 等（2005）发现女孩的降生并不影响夫妻两人的婚姻满意度。但是，Zeng 等（2002 in Guo and Huang）的研究表明，偏爱男孩的思想与高离婚率是显著相关的。至于包办婚姻方面，Xu 等（1990）的研究表明，中国女性自由选择的婚姻比包办婚姻的满意度更高，仅有一小部分包办婚姻中夫妻间的感情随时间的流逝而慢慢“升温”。但是在中国生活多年之后，我必须承认对包办婚姻的态度不如以前那般“敌视”了。我在美国看到了很多糟糕的婚姻状况，从表面上看，这些至少都是自由选择婚姻所导致的结果。但是，我同样在中国也听闻了许多由于包办婚姻所导致的惨剧，所以我也曾经怀疑中国是否会延续包办婚姻的传统。不管怎样，我确实认为中国父母适当地参与其子女的婚姻决策是一件很好的事情。在我看来，这种“协商婚姻”结合了中国包办婚姻和西方自由婚姻的优点，或许中国目前所存在的这种婚姻方式是世界上最好的。

家务事谁来做

西方男人有一种臭名昭著的特点，那就是不管他们有多少信奉婚姻平等主义和自由，都不会和妻子公平地承担处理家务琐事的义务。中国男人在这一方面看起来与西方男人并没有任何显著的区别（但是中国的上海男人是一个例外，我将在之后对其做一个简短的讨论），在这里我引用 Zuo 等（2001）的研究来深入地说明这个问题。妻子对于在家庭内所分配的更多无偿工作没有丝毫怨言吗？特别是当她们在外面还有一份有偿工作的时候？家庭内的工作任务存在男性角色和女性角色吗？如果存在的话，那么哪一种角色受到了歧视？女性平等主义在现实中是否真实存在？

第一个问题的答案是相当有趣的，西方人可能会认为，妻子会为受到不平等的家庭工作安排而非常恼怒。但是实际情况并非如此，中国女性对这种任务安排相当满意。即使有超过 90% 的已婚女性有家庭外的工作，而且基本上和丈夫一样有独立的经济来源（Bian, Shu & Loga n, 2000; Wolf, 1984; both cited in Zuo and Bian, 2001），不平等的家务活安排即使在现代中国还是普遍存在的（Honig & Hershatter, 1988; Whyte and Parish, 1984），而且只有很少的夫妻认为这种安排是不公平的（Feng, Anderson, Wang & Zheng, 1997; cited in Zuo and Bian, 2001），与西方的情形非常类似（Lennon & Rosenfield, 1994; Thompson, 1991; both cited in Zuo and Bian, 2001）。想要弄清楚为什么中国的妻子认为她们被分配的不平等的任务是公平的，我们必须首先理解性别在中国的内在含义，尽管中国政府一直在宣扬男女平等的思想。中国传统的性别角色要求丈夫是赚钱的养家者，而妻子则是包揽全部家务活的家庭主妇。通过将几乎让所有的中国女性获得一份有偿的工作的同时宣扬男女平等的思想，毛泽东等第一代中央领导集体试图消除这种带有性别歧视的传统观念。但是那个时代已经过去了，现代，中国男性和女性逐渐形成了一种“新传统和后现代主义”的思想，即丈夫是主要（但不是唯一）的家庭经济支持者，妻子是主要（但不是唯一）的家务活包揽者。因此，丈夫的主要任务是在外面觅得一份可以为家庭提供经济来源的工作，他的这种牺牲被认为应该从更少的家务琐事中得到弥补。另外，妻子因为是家务活的主要承担者，所以她们不需要成为负担养家的主要家庭经济支撑者，尽管她们也被期望有一些经济收入来增加家庭预算。双方看起来对这种任务安排比较满意，并没有觉得任何不公平之处。

让我感觉到讽刺的一点就是，婚姻性别角色在一个社会主义国家竟然比西方国家的划分还要严格。两项在 20 世纪 90 年代的调查研究表明，女性比男性更加认同“男主外，女主内”的观点，同时女性应该牺牲自己的职业以支持丈夫的事业（Sha，1995；Tao & Jiang，1993）。有些女性在婚后甚至成为了全职的家庭主妇（Zheng，1997）。当中国的妻子被问到：“如果你在外面有一份有偿工作的同时还包揽了一大堆的家务活，此时你会有什么想法?”大多数人的回答是：“这是我的家庭，我做这些完全是为了家庭。”很明显，中国的妻子认为家务琐事和有偿工作是同等重要的，所以一个好的妻子应该能够将家庭责任和自己的事业结合起来。其中，还有些成为了全职太太，她们认为家庭工作是如此重要，将它视为与丈夫的工作同等重要。正如某位中国的妻子所说：“他的钱就是我的钱。”如果有人想颠倒这种被普遍认同的角色作用，即变为“女主外，男主内”，那么这也是不能被接受的。角色颠倒的例子在 Zuo 等（2001）的研究样本中是很少的，也一般被视为具有一定的负面影响。在大多数中国人的眼中，家庭主夫是没有抱负、雄心，无能和吃软饭的男人的代名词。

非常有趣的一种现象就是，上海的性别角色和家务劳动与中国其他地区非常不同。上海男人在中国非常有名，被誉为是这个国家最好的丈夫。他们会做饭、包揽家务活、购物等。实际上他们会做妻子吩咐的各种事情。因为如果拒绝的话，可能就没有上海女孩愿意嫁给他们。我曾经和上海外国语大学毕业的一位上海女生的丈夫有过一段愉快的交谈，我问他：

“上海男人会做所有妻子要求的事情吗？比如做饭、拖地、购物等。”他毫不犹豫地回答说：“是的。”我继续问他为什么上海男人愿意这么做，于是他拿出一本家庭相册，从中翻出一张他妻子奶奶的照片（非常漂亮），接着又翻出一张他妻子母亲的照片给我看（也非常漂亮），最后笑着对我说：“这就是我为什么愿意做的原因，这也是我将来年老的时候所期望的事。”我也笑了起来，因为我非常清楚上海女人是名副其实的中国最漂亮的女人。

尽管接下来的一段内容可能与本节的主题有点不相关，但是我还是想讨论一下上海女人是否是最漂亮的话题。首先，有人认为成都和大连的女性更漂亮，尽管不是所有人都承认这一点。我曾经去过成都和大连，并没有发现那里的女人有多么漂亮。不过大连女性的时装是非常时髦的。有一天中午，当我走在大连的某条大街上的时候，我感觉自己就像是在一部好莱坞电影的首映礼上。但是在我看来，她们还是不如上海女人那般漂亮。上海女人不仅穿着时髦，而且脸蛋也是非常精致的。我曾经问过一个上海的教授，为什么上海女人都这么漂亮。他给我列举了几点原因：首先，上海当地的水源中含有一种能让女人变漂亮的特殊矿物质；第二个原因就是，上海本地人所使用的面霜中也含有使人美容的特殊矿物质；最后，因为上海的历史还不到两个世纪（以中国的标准，这是一段很短的历史），而且居民是由各类民族的精英人士汇聚而成的，从某方面来说是存在一定的好处的。

离婚

20世纪80年代中期开始，中国的离婚率有了明显的提升。我知道有一位在政府机关工作、负责处理离婚事物的律师。他的工作职责就是尽量劝说陷入麻烦中的夫妇不要离婚，但是这些咨询服务看起来在大多数情况下都不起作用。我也听说有一对夫妇花10元从民政局办了一张结婚证，但是三天之后又花50元从这里带走一张离婚证。尽管民政局的官员嘲笑这对夫妇是多么的愚蠢，但是他们确实以50元的价格将一张离婚证给成功“销售”了，而且没有任何的律师费用。

离婚率如果以每年在1000个已婚人士中的离婚人数所占比例计算的

话，那么1985年的离婚率仅为0.9（单位：个/千人，下文中的离婚率若无特别说明均为此单位），但是到2001年的时候，这一比率上升至1.96。用更为确切的数字来表达或许更为直观一点，中国在2002年登记离婚数达到945万例。这一上升的比例可以反映出中国夫妻之间对彼此愈加不满的情绪吗？不完全是这样的，离婚的原因可能有：中国有一种强大的传统信念，那就是离婚被认为是极为不符合社会和道德标准的，即使婚姻中出现了重大的危机。因此，即使家庭不和的婚姻也可以从社会和道德方面得到维持完整的保障。但是，随着中国人对婚姻和家庭观念的改变，夫妻对婚姻质量的关注更加从自身的角度审视，而不是以家庭为整体的传统角度，所以观念的转变也是高离婚率的原因之一。但是需要注意的一点就是，即使中国的离婚率与之前相比有了较大的增加，但是与美国的离婚率相比还是相当低的。在2001年，中国的离婚率为1.96，但是当时美国的离婚率是4.01，是中国离婚率的2倍多（Guo and Huang，2005）。

中国父母和孩子

我在上文已经提到，中国文化中根深蒂固的以父子关系为轴心的家族延续思想，即垂直的父子关系比横向的联姻关系要强得多。一次角色扮演活动让我对这个问题有了更深入的理解。当时在课堂上的角色扮演的场景就是某个学生扮演参加某次会议的一个女商人，与旁边另一位陌生的商人（由我扮演）之间的一段对话。其中有一段对话是这样的，我问她："你是和家人一起来的吗？"她说不是的，然后我说："那可太糟了，开完会之后只能孤独一人，连陪你说话的人都没有。"但是她说："不，我孩子和我一起来的，我们打算会后去观赏小镇风景。"可是我记得她刚才明明说没有家人一起来，于是我再一次地向她确认，她说家人确实没来，自己的父母都住在老家。活动结束之后，我问班里的同学是如何理解"family"（家人）这个词的，大家都说这个词意味着父亲和母亲。这让西方人感到相当困惑，因为他们对"家人"的理解是现在的家庭成员，即丈夫、妻子和孩子。在中国，大多数夫妻和双亲（丈夫的父母亲）以及成年小孩住在一起，中国人传统的孝顺思想可以从这里得到充分的体现，这也是我在下面将要介绍的一个主题。

混住和孝顺

一直以来，研究者都对儒家家庭主义思想和成年孩子与父母混住的现象两者之间的关联感兴趣。孝顺可以解释这种普遍长期混住在一起的现象吗？或者是否还有其他一些重要的影响因素被研究者所忽略？另外一个让研究感兴趣的问题就是现代化（工业资本主义和自由市场的发展）对儒家思想的家庭观念会产生什么样的影响。传统的中国家庭强调家长权威，而且只有某一个成年的儿子能和父母亲住在一起，其他的孩子都必须搬离大家庭。但是有学者预测，现代化革命将改变这一切。因为更多的女性在现代化社会拥有独立的经济，拥有更多的自主权，也受到别人更多的尊重。因此，性别歧视会逐渐变小，成年儿了和父亲居住在一起的固有模式也会被打破。年轻人对个人自主和自由的需要将逐渐增大，核心家庭（由夫妻两人及子女组成）的地位也将逐渐高于跨代之间的关系，这种趋势将使得传统的父子混住模式逐渐瓦解。但是，下面的统计结果将清楚地表明上述推测是错误的。

在开始讨论之前，我先作出一些必要的说明。首先，我们必须区分实际的居住模式和偏爱的居住模式。有大量的研究表明，中国的成年孩子以及他们的父母都不愿意住在一起，但是实际上他们在多数情况下还是混住在一起的（Zhang，2004）。另外一个需要注意到的地方的就是，混住模式也有两种，即以孩子为中心和以父母为中心的混住模式。以孩子为中心的混住模式是父母为了孩子的利益而住在一起，例如父母移居是为了更好的儿童抚养条件和更好的教育等。而以父母为中心的混住模式是为了父母的利益，例如混住更多是考虑到年迈的父母需要更多和更好的照顾。我在下文将不区分这两种混住模式。

下面有一些相关的统计数据：1984 年，有 71% 的老年人与他们的成年孩子居住在一起。在改革开放期间（1977—1982 年）的第一个五年计划里，新婚夫妇与父母居住的比例是在之前近半个世纪内最高的（Unger，

1993；cited in Logan，et al.，1998）。1936 年，中国著名的人类学家费孝通在一个小村庄曾做过一项非常著名的调查研究，发现 49% 的家庭是父亲和已婚孩子混住在一起的。他在 1981 年又在这个村庄做了相同的调查，发现这一比率仅仅下降 5 个百分点（Fei，1982；cited in Logan，et al.，1998）。在 1993 年展开的两项对大城市家庭的调查表明，老年人与成年孩子居住在一起的家庭占总样本的 67%，与 1984 年的调查结果相比仅仅下降 4%。这表明，中国传统的儒家家庭主义在中国依然盛行。在孩子没有结婚之前，不管是男孩还是女孩都是和父母一起居住的。但是当成年的孩子结婚之后，混居模式在绝大多数情况下都是以丈夫为中心的，即新婚夫妇和丈夫的父母（而非和妻子的父母）居住在一起。

在上文提到，Levy 在 1949 年预测传统中国的家庭主义思想将在西方化和经济现代化的改革浪潮中逐渐消亡，这看起来是一个相当合理的推测。现代中国有更多的住房供给，这解决了之前的住房短缺问题，为成年孩子和父母分居提供了现实条件。西方人的隐私观念也逐渐被中国的年轻人及其父母所接受，这可以进一步促使他们分开居住。但是，让人有点不解的是，为什么 Levy 的预测会失败呢？我在下面将列举出一些可能可以解释这种跨代的混居模式在面临现代化的冲击下依然存留的原因。

第一个可以解释的原因就是，家庭主义观念比预期中的要强得多，但是也有人认为混居行为不能反映出中国人的价值观，反映的可能仅仅是强加于父母和孩子身上的某种政府决策或市场力量。因此，第二个解释混居行为的原因就是，中国政府通过某些政策强化儒家家庭主义中从父居的思想，即新组建的家庭和丈夫之前的家庭一起居住。例如，政府通过控制房地产市场从而导致住房短缺，这无疑会迫使很多家庭的三代家人挤在同一栋屋子里；还有中国政府并没有为年长者提供足够安全和全面的社会保障服务，这迫使他们不得不与孩子居住在一起；最后一点就是国有企业和私人单位在住房分配的时候更加照顾男性，因此男性比女性在住房短缺的时候获得住房的几率要大，因此男性更有资格要求自己的父母一起居住，这产生了更多的从父居的现象。父母一般来说都比刚成年不久的孩子富有，这迫使成年孩子依赖于父母的经济支持；加之年长的父母一般都保留有传统的封建思想，通常会要求成年的孩子和自己生活在一起（Zhang，2004）。

第二个原因就是在改革后期，现代经济中的市场力量迫使父母和孩子选择住在一起。这与国家政策类似，混居模式并非源自于儒家文化的价值观，而是受外力迫使下的必需选择。严格共产主义思想的消亡意味着国有企业必须在自由市场上面临激烈的市场竞争，而大量由于竞争或管理不当而倒闭的国有企业使很多父母丢掉了“铁饭碗”。而且自由市场注重的是教育和技能，而非资历，所以社会财富和资源迅速从老一代转向年青的一代。没有经济收入的年迈父母必须依靠年青一代的帮助才能度过晚年，因此变得富裕起来的年轻一代会选择和父母居住在一起以方便更好地照顾他们（Zhang，2004）。

此外，中国实行的独生子女的计划生育政策也可以作为解释原因之一。独生子女家庭现在已经成为了城市家庭的主体部分（Li，2007；Lin & Yi，2011）。我们可以想象一下，如果独生子女家庭继续混居的话，这意味着典型的中国夫妇必须抚养一个小孩和照顾四位父母亲。但是，双方的父母亲显然是不可能和他们的孩子住在一起的。所以看起来，如果独生子女的政策继续实施的话，那么混住模式的比率可能会逐渐变小。如果是这样的话，那么读者可能会产生这样的疑问，即现代化进程会降低混住模式的选择意愿吗？

尽管讨论了这么多，但是我们确实很难知道如此多的中国成年的年轻人和父母居住在一起的真正原因。但是，我们至少可以确定的一点就是，这种现象在现代中国还是普遍存在的。

教育孩子的方式

蔡美儿是一位现任耶鲁大学法学院终身教授的中国女人，她所写的一本书《虎妈妈的战歌》（2001）在美国引起了相当大的轰动。该书介绍了她如何以中国式的教育方法管教两个女儿，例如要求每科成绩拿优秀、不准看电视、作业没做完就不准吃饭等。这位中国妈妈教育孩子的方式可能是中国虎妈妈的一个极端的例子，但是她的这种教育子女的思想确实已经融入了每一位中国母亲的灵魂中。正如中国大部分其他事情一样，这种教育理念也源自于儒家文化。

有两个极富有中国特色的词语和他们教育子女的方法相关，即“教训”和“管教”，两者的目的都是让孩子的行为和思想符合父母和社会对他们的期望。但是，严厉的管教的目的并不是要完全控制孩子，而是确保他们与其他社会成员之间有一个和谐的关系（Lau & Cheung，1987；cited in Chao，1994）。儒家思想的主要宗旨就是保持五种基本关系处于和谐的状态：君—臣、父—子、兄—弟、夫—妻、朋友—朋友。和谐这个词语在中国随处可见。小孩处于较低的层级，但是他们的父母处于较高的层级，所以他们肩负有正确地管教孩子的责任，甚至要教小孩表现出忠诚和尊重（Chao，1994）。儒家思想极大地影响了中国的社会模式，中国社会注重集体价值。对中国人而言，他们看重的是整个集体（家庭、社会），例如和谐、相互依赖和相互关联（Triandis，1989，1995；Triandis，et al.，1988；cited in Bush，et al.，2002），并不怎么重视个人的价值，比如独立、创造性（Ho 1986；cited in Bush，et al.，2002）、个人决策、自由、自主和自信（Ching 1997；Triandis，McCusker & Hui，1990；Yang，1981；cited in Bush，et al.，2002）。因此，毫不奇怪的一点就是，研究发现中国的父母抑制了孩子的独立性和创造性等特质的发展（Ho，1986；cited in Bush，et al.，2002）。孩子受到的教育是，自己的努力是为了服务社会而不是个人。他们也被期望遵从社会主义思想意识，要学会自我牺牲以尊重家庭和集体的决定（Ching，1997；cited in Bush，et al.，2002）。

从我个人的经历来看，中国儒家文化在两方面会影响孩子的教育方式。首先，中国人总是把“个人应该为社会作出牺牲”这种话语挂在嘴边。例如，我的汉语教材里面有很多与之相关案例和练习题。某一篇短文的主题是为了建设社会主义中国，很多年轻的大学生牺牲自己的大好前途，前往西部的农村学校教书。我曾经有一个学生的名字就叫做“建国”，还有一个学生的名字叫“军人”。中国人的一个典型榜样就是雷锋，他是一名为国捐躯的军人。可以毫不夸张地说，雷锋是一个完美的人（如果这是真的话）。他为人单纯、热心、工作努力、善待动物、尊老爱幼，还经常扶老奶奶过马路。当然，他一直在为国家建设贡献自己的力量。我曾经赞扬一位中国父亲的儿子在学术上取得了很大的成就，他立即对我说他儿子所做的事情都是为了“社会”。

另外一个方面就是深受儒家文化“洗脑”的中国学生缺乏推理能力和创造性的思维，他们善长于单纯的记忆和大数值的运算。很多在中国任教的外国教师都可以证实这一点。创造性的思维看重的不是一致性以及和谐，而要求有探索性的冒险思想，这种思想可能易于遭受缺乏创造性思维者的嘲笑。所以，创造性思维意味着羞愧和丢面子，而这正是中国人极为讨厌的事情。多年来，每当我要求中国学生举手为某件事投票，或表达他们的观点时，大多数同学仅仅是坐着不动，瞪着眼睛安静地看着我（我发誓我教过他们如何举手——肘部必须伸直，手指头必须高过头顶以确保别人能看见你举手了）。

既然我们已经了解到中国母亲的脑海里面被灌输的都是传统的儒家思想，那么这些虎妈妈的目标是什么？她们会采取何种方式来实现目标？中国母亲对孩子有两个最大的期望，那就是希望他们能够具备社会从众性[①]以及取得优异的学习成绩。两个目标实际上并不是孤立的，它们之间存在紧密的逻辑关系。因为衡量成功的一种方式就是孩子在学校的表现，而遵从社会准则又是衡量孩子在学校是否成功的标准之一（Wu & Tseng，1985，p. 11；cited in Chao，1994）。请相信我，中国的母亲极其渴望孩子取得优异的成绩，为了让孩子取得高分甚至不惜一切代价。我曾经在一所中国的英语培训学校担任校长，所以我有很多机会与许多为自己孩子挑选最好培训学校的中国母亲交谈。我记得有一次，一位富有的母亲对我说，她要将自己的儿子送往一个为专门想去美国读书的孩子开设的特别班级。对于中国母亲来说，到美国读书就像是孩子们进入的是天堂一样。所以当我对这位富裕的中国母亲说，她的孩子根本听不懂我所说的任何一句英语，所以他学业可能没有希望的时候，她显得非常伤心。我当着她的面，给她的孩子一场即兴的英语口语测试。我问他叫什么、住在哪里、今年多

① 译者注：社会从众性是指团体经常对个体施加压力，以使团体成员的态度和行为表现出与团体中多数人相一致。

大了、最喜欢的颜色是什么。这位中国母亲有一些基本的英语知识，在回答了我每一个问题之后对着儿子说："快点照着我的话复述一遍！"我想她当时可能没有意识到这是一种作弊行为。她拒绝将孩子从特别班级转到其他基础班级。尽管美国大学和学员的入学标准降低了，但是我并不知道她是否意识到，想让一个仅能说一两句英语的孩子去念美国的大学是一种过度自信的表现。

中国的虎妈妈在孩子幼年时期极大地牺牲了自我，目的完全是为了孩子的"健康"成长。典型的中国母亲通过满足孩子的一切要求，为孩子创造一个极为舒适的成长环境（Wu，1985；Young，1972；cited in Chao，1994）。所以虎妈妈的苛刻要求并不是为了让自己变得坚强，而是为了创造一个紧密关联和亲密的母子关系（Chao，1994）。

中国母亲的价值观是什么？从 Chao（1996）文中一些描述中国母亲的思想意识的表格中，我摘出一些与欧美母亲的观念所存在的不同条目，读者将很容易理解为什么中国母亲一直被认为是相当有"威势的"。中国母亲在下列信念中的得分比欧美母亲要高（加＊的条目表示中国和欧美母亲在此信念上的区别是显著不同的）。

- 父母必须尽早地开始训练孩子*
- 只要孩子努力，他们几乎在任何方面都可以取得进步
- 母亲必须教育孩子努力工作和遵守纪律*
- 母亲应该通过指出别人好的行为的方式教育孩子*
- 孩子学习的最好方法是将他置身于成年人的世界
- 当孩子继续违抗你的时候，应该打他/她的屁股*
- 母亲对孩子的爱主要通过帮助孩子取得成功得以表现，特别是当他们在学校的时候*
- 母亲的唯一兴趣就是照顾她的孩子
- 孩子应该一直得到母亲或家庭的照顾*
- 为了孩子的教育，母亲应该做出某些牺牲

我相信蔡美儿的《虎妈妈的战歌》让中国母亲极具"威势"的形象深深地印在美国人的脑海中，但是正如我在下面将要讲到的那样，这是一种

错误的偏见。我现在明白，当你在试图理解一种与本国完全不同的异国文化时，你当时所作出的自认为是正确的种种结论可能在以后逐渐被证明都是错误的，错误的观念可能要在数年之后才能得到纠正。正如我听到很多中国人在费力地理解美国文化时所犯的错误。我喜欢叫中国人猜测拥有枪械的美国人的数目。持有枪支的美国人的实际比例大概为40%，但是一般的中国人估计的比例是100%。他们以为所有的美国人都携枪，而且认为我们有一个军械库的枪支供我们玩耍。在闲暇的时候，我们会和妻子、儿女带着机枪到野外疯狂地射击废旧的汽车。实际上，这在我生活的南卡罗来纳州可能是真实的场景，但是我也得向他们解释，美国也是存在地区差异的，所以请不要做出泛化的结论——并不是所有的美国人都拥有枪。

同样，美国人对中国母亲“虎妈妈”的固有偏见也是一种泛化结论的表现，可能部分由于忽略了中国母亲的本性，部分由于文化差异导致的。有大量学术类的心理学文献将中国式的教育描述成“限制”“控制”“专制”“拒绝”和“敌对”。但是学者发现如果西方的小孩遭受这样的教育方式，那么他们在学校的表现将非常糟糕；但是如果是亚洲的小孩，他们在学校的表现可能会反而非常优秀。两种完全不同的结果可能源自于不同文化对“威势”的不同反应。西方人对“威势”和“严厉”的理解是父母的“敌视”“侵略性”“不信任”和“统治”，而亚洲人对此的理解倾向于父母的“关注”和“关心”。“父母的控制”传达的信息更多是为了让家庭事务的处理过程更为顺畅，而不是为了限制孩子的自由（Chao，1994）。换句话说就是，“威势”对中国孩子来说是一种好的教育方式，而对西方孩子来说就未必如此了。从字典上对“管教”标准的定义也可以看出两种文化是存在差异的。在西方字典上对其的解释是“管理、控制、掌控、受到纪律的约束”，而这个词在中国实际上带有积极的含义，有“关心和爱护”的含义。所以，父母的关怀、关注与对孩子牢牢的控制、指导是等同的（Tobin，et al.，1989；cited in Chao，1994）。

在牢记上面的告诫之后，我们接下来讨论中国母亲采取哪些教育孩子的方式。第一种方法是“机会教育”，这在研究文献中也有提及。中国父母经常意识到太多抽象的说教方式可能没什么实际效果，甚至会起反作用。所以，他们选择仔细观察孩子在生活中的表现行为，以发现绝佳的“教育”机会。例如，中国母亲在看到另一个行为不端的孩子受到他父母的训诫时，她会教导自己的孩子不要做那样的事情，否则会产生这种不愉快的结果。第二种方法就是“黑脸和白脸”，即“黑脸”的父亲（母亲）将严厉地训斥孩子不好的行为，“白脸”的母亲（父亲）将试图缓和配偶的愤怒（Fung，1999）。但是中国人对这种管教方式存在不同的看法，因为有些父母不认为这是一种好的教育手段，他们认为父母应该对孩子的不好行为表现出一致的态度。但是对中国父母来说，他们一个特别突出的教养方式就是羞辱孩子。下面我将给出几个例子，相信你看完之后会感谢上帝没有让你受到这种中国式教养方法的严酷的打击。

我们需要对羞愧做一个简单的定义。羞愧与内疚是两个相近的概念，如果不仔细思考的话可能会很难区分。但是尽管两者所表达出来的情感是相似的，都含有对曾经做过的错事感到后悔的意思，但是两者还是存在不同之处。首先，内疚是由于违反了道德原则所产生的，而羞愧可能是也可能不是。一个人可能因为输掉一场球赛而感到羞愧，但是绝不会因此而感到内疚。其次，内疚往往是个人在良心和道德上的一种自我谴责，而羞愧是受到其他人不满的情绪所产生的。所以一个人可以因为曾经做过无人所知的坏事而感到内疚，这种情感是来自内心的，而羞愧是来自外界的力量。再次，羞愧所带来的惩罚更加特别，包含有害怕受到群体抛弃的情感。最后，内疚可以通过忏悔和补偿来得到平息，但是羞愧是不可修复的。我们不可能修正一件令人羞愧的事情，我们只能尽量避免这样事情（Fung，1999）。中国是一个荣誉社会，失去荣誉所带来的羞辱感是一种致命的打击（Darwin，1872；Nathanson，1992；cited in Fung，1999）。

尽管中国父母对他们孩子的羞辱是一种被西方父母视为不道德的做法，但是实际上，这不是一种恶意的攻击行为，只不过是一种教育方式而已。中国父母在羞辱孩子的时候懂得如何把握分寸，因为过度的话可能会严重挫败孩子的自尊心。同样，好的中国父母将不会因为某件孩子实际上没有做过的错事而羞辱他。尽管对于中国父母来说，在错怪孩子之后向孩子道歉几乎是一件不可能的事情，但是我确实听说有某些中国父母这样做过。1995 年，我和妻子以及三个孩子在上海的公寓里面和一群学生聊天，他们对我那三个孩子的童年生活非常感兴趣，所以一直在问这方面的问题。我在交谈的时候犯了一个小错误，大女儿提醒了我，而我立即对大家说“抱歉”，但是出乎意料的是所有的中国学生开始笑了起来。那一天我听到太多我无法解释、甚至有时候是不合时宜的笑声，我总是问他们发笑的原因，这一次当然也不例外。于是有一个中国学生对我说：“中国的父母是从来不向他们的孩子道歉的。”所以很明显的一点就是，中国的孩子一直是被羞辱的对象，但是当父母犯了不可避免的错误时，孩子们几乎没有收到过父母的道歉。

一个有趣的事实就是，中国小孩被灌输“羞耻感”的平均年龄为三岁半，所以这些思想已经深入到每个中国人的灵魂中。这给我们的启示是非常明了的，那就是西方人在和中国人打交道的时候必须非常小心，千万不要说或者做一些让中国人感到尴尬或羞耻的事情，他们对此是极为敏感的。与中国人交谈历史或政治问题是非常困难的，因为外国人和他们谈论这些问题好像是对他们的一种羞辱。比如鸦片战争、八国联军入侵、火烧圆明园等，对他们来说讨论的不是法律和条约的问题，而将之视为“令人难堪和感到羞辱”的事情。记得曾经有一个学生对我说，作为一个美国人，我肯定会感觉相当不错，因为美国有世界上最强大的军事和政治力量，所有人都“尊敬”我们。我对他说不是那样的，我并没有感觉很好。相反，我感觉这种身份是危险和昂贵的，我的儿子可能必须服兵役，可能会有死亡的危险，而且世界上大多数国家并不尊重我们。我想这位学生和我讨论的最初动因并不是世界和平和国际礼仪，而是荣誉。

在我向读者介绍一些我在研究论文中所写的关于羞耻的教育方法之前，我想先说明中国人的羞耻概念是如何闯入我的意识中来的。中国的孩子不管付出多大的努力和取得多大的成功，他们总是被家长拿来和一些比自己更加优秀的孩子做比较。如果他在考试中得了 90 分，那么父母会问他为什么没有得 95 分。或者会被告知他的堂兄得了 95 分，为什么他就不能得 95 分。而每次不管我如何向中国父母赞扬他们聪明的小孩时，其父母总是说孩子做得还不够好。我起初猜测这可能是中国谦逊思想的一种表现，直到后来有人告诉我这是一种教育孩子的方法。因为如果过分地表扬孩子会让他们骄傲，从而变得懒散，不愿意刻苦学习；但是如果你一直告诉他们做的事情有多么糟糕，这种羞辱的方式会让他们学习更加用功。

中国的学生一直被用来相互比较，被羞辱的学生在今后会更加刻苦地学习，以超过之前被比较的对象。此外，中国的学校（包括中学）也会将学生的考试成绩公开地贴在墙上，而且每一科都按照学生成绩排名（注意，不是按照学生姓的首字母排序）。作为一名教授，我非常喜欢这种方式，因为我可以将学生成绩公开地传到校园网上，而没有任何的忧虑。但是如果我在美国这样做的话，肯定会有些对隐私极为看重的、脆弱的学生到美国公民自由联盟投诉我，这会让我损失好几万美元。中国的学生在很小的时候就遭受了很多这样的羞愧事件，所以他们已经学会了如何忍受羞愧（Fung，1999）。我记得曾经在一次模拟案例分析比赛中，看到一位中国教授微笑地对某一参赛队伍说，“如果要他们给一个分数的话，那将是‘F’（最低分）。”我觉得这支队伍的成员会表现沮丧，但是相反，他们微笑地对这位教授说出了一些感谢的话语。

中国母亲是如何经常让他们的孩子感到羞愧的呢？他们会对孩子说这样的话，例如“你真是让我颜面扫地”“我真想找个洞钻进去”等。还会用一些肢体上的动作来配合语言，比如转过整个身子背对着孩子，然后以讽刺的口吻对孩子说“我怎么会有你这样的孩子”。中国母亲还会列举一大堆其他孩子的优点，以此作为标杆来羞愧孩子，其他孩子都是“正常的”“行为端正的”和“规矩的”，而自己的孩子则没有那般乖巧。而且中国母亲可能会教育小孩子，当全家人出去游玩的时候，他应该待在家里做作业。在公共场所打孩子的屁股的事情经常发生，父母此时可能非常生气，之后有外人介入来劝说。但是可能孩子所做的事情确实是让人不得不发怒，所以可能会说出一些“必须严厉惩罚”的话，在盯着孩子看了一会儿之后可能会叹气，皱眉，抿嘴，最后沉默下来（Fung，1999）。可能会有读者想知道，中国是不是有“柔弱的美国人”这个短语。中国孩子在从童年“存活”下来之后，他们根本不需要接受任何军事训练。

我猜测当你看完我在下面描述的一个中国妈妈教育孩子的例子后，你将会产生畏惧的感觉，这个例子是由一位人类学家所记录的。在一个公共场合，这位人类学家将他的便携式摄像机丢在一旁。此时，有一个只有三岁大的中国小孩慢慢接近这部摄像机（记住是接近，而不是毁坏），我想如果是西方母亲的话将会阻止小孩继续玩弄别人的东西，然后事情就这么结束了。但是我想读者肯定没有想到可怜的迪迪（这个小孩的小名）会经历什么样的遭遇。迪迪的母亲叫他赶快回来，否则就要打他的屁股，而且对周围的人说迪迪是一个非常规矩的小孩。迪迪现在也确实是非常顺从地走了回去。尽管如此，这位凶悍的母亲还是揍了迪迪一顿，于是小孩子坐在地板上哭。她好像还不满意这种惩罚，所以继续对着小孩大声呵斥“我们不要你了”，对着旁边的人说“让他哭，这没关系”。对可怜的迪迪来说悲剧还没有结束，他的一个五岁的姐姐也参与进来，姐姐开始对他说：“丑八怪！丑八怪！”之后还催促母亲继续惩罚他，得到许可之后便开始打弟弟的屁股！（我有很多学生对我说，在他们小时候经常被父母要求惩罚年幼的弟弟或妹妹）迪迪的惩罚持续了四分半钟，而他受惩罚的原因只不过是接近了一部摄像机（Fung，1999）。

与中国“虎妈妈”以培养出具有“坚强”“优秀”“规矩”等性格的孩子相反，中国在近年来出现了另外一种抚养小孩的教育模式，在这种教育环境下成长的孩子一般被称为“小皇帝”。这些小孩的父母都是从“文化大革命”中“存活”下来的幸运者，大多数经历了数年的贫穷和屈辱的折磨，加之独生子女的计划生育政策，对家庭的唯一的“小皇帝”极度溺爱。你可以经常看到这些圆胖的小家伙站在麦当劳的门外，疯狂地用舌头舔着冰淇淋，而他们的父母则在店内排队给他们买“巨无霸”。但是，我个人认为这种现象相对来说有点儿不正常，至少不符合主流的教育方式。记得在20世纪90年代早期，我曾听说过一个被溺爱的中国女孩所发生的故事。当时，有一名十几岁的年轻女孩在宁夏回族自治区是非常有名的，因为她未婚先孕了。这种现象在之前“虎妈妈”的教育方式之下是根本不可能发生的。

假如西方人看到中国母亲教导孩子如厕的方式的话，他们一定会觉得不可思议。所以如果不提及这种特殊的如厕方式的话，那么关于中国母亲对孩子的教育方法的讨论就不是完整的。现在可能在中国的城市看不到以前小孩被教导的如厕方法了，“帮宝适”[①] 现在随处可获得。但是20世纪90年代后期，这种东西在中国根本就不可见，甚至尿布都很少有孩子使用。

当时的小孩子穿的裤子在裤裆处都有一条长长的裂缝，即使小孩子在冬天被包得像粽子一样，他们被冻得红彤彤的屁股还是得裸露在冰冷空气中。我对此产生的一个疑问就是，这些小孩子在公共场所是如何如厕的？他们肯定不会脱掉裤子，否则裤子就没有必要裂开那么长的口子。所以当我有一次在公共场所碰到这些穿着裂开一个大口子的裤子的小孩的时候，我就密切地关注他们。终于有一个小孩子对妈妈说要“嘘嘘”（意为小便），我观察到孩子的母亲仅仅将孩子抱到路边，然后小孩子就开始快乐地“嘘嘘”了。因为小孩子一次性排出来的“废水”很少，所以根本不会破坏中国城市的生态系统。所以当时我想，中国人避免使用“帮宝适”同样也可以做到保持一个环境友好型的社会。直到有一次，当我在一家商店选购商品时，看到一位中国母亲抱着孩子蹲在柜台后面，突然从柜台下面的玻璃板看到有“液体”流出来。之后我就认为，“帮宝适”对一个开放、发展和和谐的社会来说是一种必需品。

上面的例子说明“帮宝适”在中国20世纪90年代是几乎不可见的，这也说明当时中国的纸张是非常紧缺的，但是在2000年之后情况有所好转。我当时已经习惯在日常生活中极力地囤积和节省用纸，餐馆中的餐巾纸也是一包非常小的“克里奈克斯”纸巾，每次我妻子都小心翼翼地保存着。西方人习惯去公共厕所不带厕纸，但是在中国这是一种非常愚蠢的习惯。尽管在现代中国，依然有很多公共厕所没有厕纸供应。所以当你急匆匆地冲进公共厕所之前，请务必确认身上带有厕纸。我知道有一位年轻的中国女人有一次在用完公共厕所之后，发现自己根本就没有带厕纸。但是，足智多谋的她将手从门下的缝隙中伸到外面，然后大声地乞求：“有人能给一些卫生纸吗？”之后有一位热心的人将“礼物”放到她伸在门外

① 译者注：帮宝适是美国宝洁公司生产的一种吸水性能良好、佩戴舒适的一次性纸尿裤。

的手中。但是我想你不可能像她那样走出那样令人尴尬的困境，因为你根本不会说中国话。

独生子女政策

独生子女政策是中国政府在1979年开始实行的，当初实行的原因就是为了减少当时数量庞大的中国人口。当中华人民共和国在1949年成立时，其总人口数为5.4亿，到2005年中国的人口总数激增到13亿，中国成为了世界上人口总数最多的国家（McLoughlin，2005）。避孕药在1954年被正式地允许使用，从1962年开始被广泛使用。从1970年开始，中国政府开始实施每个家庭不超过两个小孩的计划生育政策，最终在1979年实行更为严厉的独生子女政策。当时政府设立的目标是在2000年中国的人口总数不超过12亿，实际上在2000年的全国人口普查结果表明当年的人口总数为13亿，这与之前政府设定的目标是相当接近的（Fong，2002）。

从字面上看，独生子女政策仅允许每个家庭有一个孩子。但是实际上并非如此，对于很多迫切想要孩子的中国父母来说还是有很多例外的。例如，第一胎是女孩的农村夫妇也可以生育第二胎，此外少数民族也被允许有两个或三个孩子，甚至是四个孩子，特别是对藏族人没有生育限制（Bulte，et al.，2011）。另外一个著名的例外就是如果父母亲都是独生子女的话，那么他们就可以允许有两个孩子（McLoughlin，2005）。

政府过去使用“萝卜加大棒”的方式来实行独生子女政策。那些仅有一个孩子的夫妇在孩子14岁之前每年都可以得到特殊的补贴，而违反独生子女政策的家庭将面临严厉的罚款。而且，政府将拒绝为那些超生子女上户口，这意味这些孩子很难进入公立学校、享受社会福利，长大后也很难获得政府部门的岗位。超生的子女在产科护理时比第一胎的收费要贵，而且第一胎子女有优先权选择好学校、获得稀缺的公共住房和卫生保健，这都迫使中国父母严格遵守独生子女的生育政策。独生子女可以享受免费的婴儿护理和医疗护理。但是，比政府给予的特权更具有强迫力的是来自家庭和社区对独生子女政策支持的社会压力（McLoughlin，2005；Rosenberg & Jing，1996）。

独生子女政策的目的是非常明显的，那就是控制中国日益增长的人口。但是由政府单方面制定的社会政策经常会导致意想不到的结果，独生子女政策在实行后同样伴随着一些负面的影响。首先是性别比例失衡。全世界男性与女性的生育比率是105/100，中国在1964年的男女比率是103.5/100，而在1992年这一比率迅速上升至118.5/100（Rosenberg and Jing, 1996）。为什么会出现这种现象？有一种假设认为，这种现象是独生子女政策和对男孩存在偏爱的传统思想所导致的。因为如果夫妇被允许只能生育一个孩子的话，那么他们会竭尽全力保证第一胎是男孩，比如在生育前通过检查发现怀的是女孩的话就会选择堕胎。尽管医生利用超声波设备检查胎儿的性别是非法的，但是还是有很多人愿意冒险。并且在20世纪90年代，超声波设备即使在农村地区也是被广泛使用的。所以有学者指出，独生子女政策是导致中国目前男女比例严重失衡的一个重要因素，但是最主要的因素还是中国人重男轻女的传统思想。

独生子女政策所带来的另外一个副作用就是摧毁了中国传统的家庭关系，这可能是它最具有深远影响力的副作用之一（Rosenberg and Jing, 1996）。当你到中国不久之后就会发现，“家庭”这一概念对中国人来说是相当重要性的。不是家庭成员的朋友甚至是陌生人都会相互地叫着亲切的“家庭称呼”，例如很多可爱的小孩子都叫我“爷爷”。许多中国人在出生时就有一个字辈，这是将所有亲戚的同辈人联系在一起的一种方式，而且几乎所有家庭都由一位年长的亲戚保管有一本族谱。记得有一次，一个和我家人待在一起中国学生接到一个住在底特律（美国的一座城市）的亲戚的电话，挂掉电话后他激动地对我们说：“我太高兴了！我的第五个表弟要来这里看我!”“第五个表弟!”儿子对这位同学因将见到第五个表弟，而表现出如此激动的反应感到怀疑。而且以我个人的经验来看，我从来没听过有谁有第五个表弟。当我这个学生和她的第五个表弟重聚时，这位从底特律前来的表弟带给她一台彩色电视机，然后去迪士尼世界游玩。

中国人对亲戚的称呼也是相当复杂的，很多称呼在英语中都是同样一个单词。例如，中国人称呼父亲的兄长为伯伯，父亲的弟弟为叔叔，母亲的兄弟为舅舅，但是西方人统称为Uncle（叔叔）。所以对父亲和母亲原有家庭亲戚的称呼是不相同的，而且不同地区的称呼可能也不相同。大家庭赖以延续的基础就是众多的兄弟和姐妹，因为他们可以衍生出侄子/女、表兄弟/姐妹、叔叔、伯伯/母、舅舅/母，姑父/母等，但是独生子女政策让这些关系在下一代或下几代都不复存在了。

独生子女政策不仅摧毁了传统的家庭结构，而且可能对孩子自身也存在负面影响。在中国，如何教育独生子女以及如何保证他们的心理健康是被广泛讨论的一个社会话题之一。一种普遍的观念就是独生子女比非独生子女受到父母更多的宠爱，所以性格上比较任性。大多数研究证实了这一观点，但并非全部。例如，研究发现独生子女与非独生子女相比，他们缺乏任务完成的坚持性和对自己行为的控制力，也更以自我为中心（Jiao，Ji & Jing，1986；cited in Rosenberg and Jing，1996）。此外，独生子女缺乏注意广度、固执、不尊重长辈、专横、胆小、缺乏主动性（Wan，et al.，cited in Rosenberg & Jing，1996）。但是，也有研究表明独生子女也有他们独有的优势，特别是具有认知和学识上的优势，例如想象力、语言、创造性思维（Falbo，1982；cited in Rosenberg & Jing，1996）。也有研究表明，独生子女和非独生子女之间不存在明显的区别（Rosenberg & Jing，1996）。

最后，独生子女政策可能对中国母亲存在一些负面的影响。那些因为该政策而不能将孩子生下来的中国母亲可能会选择非自愿的绝育手术或堕胎（Aird，1990；Mosher，1993；cited in Fong，2002）。我知道有一位上海的年轻男人面临艰难的抉择，假如他怀孕的妻子（是一个基督徒）生下第二个孩子的话，这可能对他的事业带来负面的影响。最终，他还是决定（还有几位怀孕母亲的亲戚也是这么决定的）让妻子做人流。尽管这位可怜妻子基于道德伦理方面的考虑拒绝堕胎，但是最终还是抵不住来自家庭方面的压力。有很多学术研究记录了那些渴望更多孩子的妻子，当她们因为生了女孩而遭受丈夫及其家人的责备时所遭受的痛苦，还有很多中国女人遭受监视、强制的妇科检查和避孕、罚款、失去工作等（Anagnost，1988，1995；Greenhalgh and Li，1995；Kaufman，1993；Wolf，1985；cited in Fong，2002）。

我曾经在高中的课堂上问学生对独生子女政策的看法，令人惊讶的是这些中国年青的一代对此观点支持和反对的人数是差不多的。他们对这项政策的背景知识的了解是非常有限的，可能仅仅知道它的目的。支持这一政策的人大多数认为这有益于减少中国的人口；而反对的人的主要原因是他们想要更多的孩子（实际上是两个，我还从没有听过有学生想要三个孩子）。当我问他们“我知道你们这一代的人口密度要比上一代小很多，所以当你们上一辈人年长的时候，谁会照顾他们?”他们表现非常惊讶，因为他们可能根本没有想过这个问题。而且很少有中国人从道德的角度思考问题，例如没有人想过政府这种强制规定每个家庭最多拥有小孩的数目的行为是否是道德的。以我个人的经历来看，大多数中国人想到的是“社会和谐”，或“这种政策是否对我有好处”。

尽管西方人熟知独生子女政策所存在的负面作用，但是他们可能没有想到，这种政策对城市家庭的独生女儿来说是非常有利的。这些城市的独生女儿独享家里所有的资源，因此可以获得最好的资源，比如教育。但是有研究者指出，农村独生女儿可能没有这般幸运，因为在农村的教育机会是非常少的（Fong，2002）。我曾经和两位来自中国农村的妇女交谈过，她们的兄长都接受过教育，但是所有的姐妹都没有上过学。我不确定如果她们是农村家庭唯一的小孩的话，是否可以享受接受教育的机会。其中有一个农村女孩是我们家的“阿姨”（即女管家），她家里共有六个女孩和一个儿子，而她排行第六。家里这么多小孩的原因是她父母一直想要生一个儿子，在第六次失败之后终于完成了心愿。这么多的小孩对本来就贫困的家庭来说更是雪上加霜，这位阿姨从来没有过玩具，也没有获得接受教育的机会。因为公立学校不是免费的，家里所有的经济都用来支持他们唯一的儿子读完高中。如果我们的阿姨是独生女，那么她是否有机会接受教育呢？我不知道，但是我希望她能够。我与之交谈的另一位在农村长大的女人是我在一次旅游中认识的。她告诉我她还有两个兄弟，但是家里只有能力让其中一个接受教育。这位幸运儿把握了这种宝贵的机会，最终获得北京大学的博士学位。而她依靠一些仆人之类的工作，维持了自己上学的费用，顺利从大学毕业，并且计划攻读硕士学位。她周游各地并且看起来非常具有商业头脑，如果不是她自己说的话，我不可能知道她是在农村长大的。我敢肯定如果她是独生女的话，那么她将会获得更好的学习机会以及取得更高的学位。

另外顺带提一点，每次当我听到那些关于性别歧视的经典故事时，我都很奇怪那些女孩子在叙述的时候怎么会显得那般平静，她们看起来根本没有表现出丝毫埋怨和苦涩的情感。在1995年，当我和妻子在上海一家饭店感到束手无策时（因为当时不熟悉中国的菜肴），有一位热心的女孩过来帮我们点餐。在我们交谈的过程中，我了解到她是上海外国语大学的研究生，在申请一份特别的工作之后遭到拒绝。于是我问她问什么被拒绝，她甜甜地笑得对我说："因为我是一个女孩！"看起来，她根本没有女权主义者表现出来的任何愤怒之情。

中国与美国南部家庭观念的相似之处

在中国生活多年之后，我发现了很多中西在很多方面所存在的不同之处。但是有一天，我突然意识到中国有很多事情与我所在的美国南部存在相似之处。首先是两者都很强调家庭。如果愿意的话，美国的南方人可以与他的家人、亲戚一直聊天到凌晨。一个来自美国北方的南卡罗来纳大学的教授在班上向他的学生讲了一个故事。有一次他在南卡罗来纳州迷路了，于是向一个当地的女人问路。原以为她只会指出一条大概的行走路线，但是出乎意料的是除此之外，这位女士还给他介绍他所要找的这个人的详细家谱。这位美国教授在当时显然是感到相当困惑的。我自己也从未发现我们家乡存在这种文化，直到有外人指出之后才意识到，因为我们每天生活在一个自己所熟悉的环境中，所以可能已经习惯了周围的各种文化。在大多数时候，那些极富有民族特色的文化可能在一个局外人指出时才被我们所发现。当然，这种注重宗谱的文化在中国也是非常普遍的。始终代代相传的族谱时刻提醒后代，他们的祖先是一直存在的。同样的，美国的南方人也很尊崇他们的祖先，即使他们的先辈是酒鬼、小偷或骗子。

中国是一个推崇荣誉的国家，中国人非常看重家族和个人的荣誉，而羞耻是他们尽力想避免的事情，这与美国的南方人非常相像。美国南方人的决斗大多数是为了荣誉而战，尽管它早已成为历史。荣誉对美国的南方人来说是非常重要的东西，这就像他们非常看重家族姓氏一样。孩子在成长过程中，最糟糕的莫过于干过玷污家庭荣誉的事情。当小孩子做了这样的坏事时，他们的母亲通常就会狠狠地教训他们，并且被告知这种行为丢了家族的脸，这一特性和中国人非常相似。

我猜测中国和美国南部类似的乡村文化基础也可能产生很多文化上的共性。比如我发现，在我所生长的美国南部，即使是在如今人们对别人称呼也都带有敬意，比如“简女士”“单先生”等，这与中国人对其他人的称呼存在相似之处。中国人称呼别人的时候喜欢带上他们的职业，比如“王老师”“黄警官”等。此外，美国的南方人经常称呼不是家庭成员的人为“乔叔叔”，中国人在这一方面有过之而无不及。小孩子经常叫我“爷爷”，家庭的女管家被称呼为“阿姨”，外国男子则经常被中国人称呼为“伯伯”。

“礼貌”和“好客”是中国文化和美国南方文化所存在的另一个共同之处。我记得最近美国南部的某个学院为纪念罗伯特·李而成立的一个组织，该组织提供与礼仪相关的公开课程。因为我已经厌倦了“原始野蛮”的现代美国流行文化，所以看到这个消息的时候我感到非常高兴。当然，美国南方人的“好客”特性在美国是众所周知的事情，中国人同样具备这样的优良美德。从我在十六年前来到中国开始，每次和朋友一起吃饭的时候我都尽力尝试地埋单，但是鲜有成功的例子。记得有一次，我的一些学生叫我和他们一起去吃饭。在饭后当我起身付款的时候，他们非常生气地拉住了我，同时对我说：“你是客人！”然后迅速地去柜台结账。而且，他们还经常用一些充满“诡计”的话语来阻止你埋单，比如说“下一次你请客好了”。当然，当你下次准备付款的时候，他们又会对你说“下一次你请客”。他们对外国人就像对待皇室贵族一样，非常尊敬和客气。正如我在前面的章节提到的那样，在我 1995 年第一次到中国教书的时候，学生们总是抢着擦黑板。每次进出门的时候，即使是女生也一定会坚持让我先进或者出去。因为美国南方的文化思想教导我应该“凡事都必须女士优先”，所以我每次穿过门口的时候都会有剧烈的思想挣扎。在餐桌上我总是被中国主人安排在贵宾席位，他们都会遵从我点的饮品，以表示对我的尊敬。在和中国朋友一起坐出租车时，他们也会要求你坐在后座的右边座位上，因为这是“贵宾席”。一开始我不了解的时候，我觉得这些要求是非常奇怪的，但是后来我才意识到这些只不过是中国好客和礼貌文化的外在表现。

我想指出的最后一点相同之处就是，中国和美国南部的母亲都有着相同的价值观，她们都会问心无愧地打孩子屁股（当然是小孩子不听话或者做错事的时候）。有很多博学的社会科学家指出，这种对孩子严厉的管教行为会扼杀他们的个性，显然这些母亲丝毫没有被这种“科学”结论所吓到。此外，她们知道惩罚孩子的最终目的是为了教育孩子，因为她们都清楚虐待和管教之间的区别。经研究发现，中国和欧美母亲在下面列出来的两点价值观上是显著不同的（Chao，1994）。但是我想，如果将美国南部和中国母亲为研究样本的话，那么她们对下面两条价值观的认同在统计意义上将不会有显著的区别。

- 母亲必须教导他们的孩子努力工作以及遵守纪律。
- 当小孩对你的话充耳不闻的时候，他/她就该被打屁股。

第十四章　现代中国的老年人

中国人有尊敬老年人这一良好品德的口碑。有一次，当我在银川的公交车上时，因为乘客比较多所以我得站在车上。但是，有一个40岁左右的中国女士起身给我让座，因为美国南部的文化是给女士让座，所以当时我感到非常紧张。尽管我知道这是中国的习俗，但是真要我坐下去我实在是办不到，就像是在强迫我犯罪一样。所以我坚持让她坐着不要动，但是她也坚持要让座，于是我们一直在相互劝说。尽管我一直对她说“女士优先”，但是她从来没对我说过“老年人优先”，但是我知道这种思想是导致她这种“固执”行为的根源。因为我一个老头子站在她旁边让她感觉如坐针毡。但是如果要我霸占一位女士的座位，这肯定比杀了我还要难受。

西方人和中国人对年龄的态度也不一样，我想大多数西方人都不喜欢别人提醒你到了一个“危险”的年龄。但是中国人喜欢相互问对方的年龄，并且认为年长是一件好事。有一次我在银川坐出租车时，司机问我有多大年纪了，我说有59岁了。但是他建议我下次应该说成60岁，因为60岁代表你有更多的阅历。如果我说59岁，那显得我还没有变老，还不够成熟。中国人在称呼别人很喜欢加一个“老”字以显示尊敬，比如某个姓王的中年人可能会被称呼为“老王”。Santa Claus在中国被翻译成“圣诞老人”。而且每次当小孩子喊我“老爷爷”的时候我都感觉自己真的很老了。

忘年之交

从字面上的意思看来，“忘年之交”的意思是“忘记年龄的交情”，实际上是指两个相差大概20岁的人之间的友情；除了年龄之外，和同辈之间的友情没有什么不同。我想这种高尚、纯洁、近乎缥缈的友谊在西方也是存在的，但是在中国可能更为常见，而且一般发生在同性之间。我是在和一个大约25岁的中国单身的女性同事交谈的时候才知道这个词的，因为她总是提到一位在网上认识的一位男性朋友，所以我问她那个神秘的男子是不是她的男朋友。她说不是的，她认识的那个人是生活在澳大利亚的一位“老人”。作为西方人，如果你和我一样对各类事物充满疑问的话，那么你肯定会立即猜测这位“老人”肯定是一个想“猎取”这位单纯的中国女孩的“老流氓”。但是事实上，这位男子是一位婚姻美满的澳大利亚商人，有几个孩子。他是在一次中国旅行的时候与我同事认识的，之后在网上保持联系。我的这位同事是在农村长大的，所以她在思想上和其他乡下人一样淳朴和保守，而且我知道她是有男朋友的。但是我还是不相信这是一段“单纯”的关系，所以我告诉她在西方是不存在这样的关系的。她听完之后感觉有点吃惊，然后充满疑惑地问我为什么没有，因为这种“忘年之交”的关系在中国是非常普遍的。当时我不知道如何回答她这个问题，不过现在还是一样。

不久之后，我又问了一个25岁的年轻女孩是否了解“忘年之交”，这位进口商品店的女经理说她当然知道，并且几乎中国人都知道。我继续问她是否有“忘年之交”，她说她大多数朋友都可以归入这一类，因为有一半以上的朋友与她的年龄差距至少有15岁，有些甚至超过40岁。尽管大多数“忘年之交”都是同性，但也有一些异性，而且她并没有觉得与后者之间的这种关系有丝毫不妥。当我说西方几乎不存在这类关系的时候，她也和我同事一样感到非常惊讶。

为什么中西方对这种关系的看法存在如此大的差异呢？我想这背后还是有一些原因的。首先，这类关系在中国是被普遍所接受的，而且还有“忘年之交”的雅号，但是在西方并没有。此外，中国人有西方人所没有的尊敬老年人的传统美德。还有，上面提到的那位进口食品店的女经理告诉我，之所以年轻人愿意和老年人交朋友，是因为老年人能够和他们分享宝贵的人生经验，而这正是年轻人所缺乏的。听完之后我忍不住一声叹息，在我年轻的时候，我的那些嬉皮士朋友经常谆谆教导我不要相信任何超过30岁的人，这将我与那些睿智的老人完全隔离了。

为了更加深入地理解"忘年之交"，我将这个词语作为关键字输入到中国的一个搜索引擎中，然后随机地选择了两篇讲述异性之间的"忘年之交"的网络文章。第一篇文章是一个年轻的大学女孩写的，她的"忘年之交"是一位中年商人（可能是她父亲的朋友）。当有一次他来家里拜访，这位女孩与之交谈中发现他和自己一样喜欢摄影，并且有一个女儿在她所读大学的那个城市，于是他们的关系有了进一步的发展。我有时候非常不理解，为什么中国人听到有人和自己所在的城市有丝毫的关联的时候会表现得那么兴奋。我觉得这根本就不是巧合，因为一个很小的城市大概有好几百万居民。当这位年轻的女孩回到大学校园的时候，她经常和那位商人联系。而且当这位商人来这座城市看望他的女儿的时候也会去找她。但是这时女孩有了一丝担忧：这个男人是"色狼"吗？随着时间的流逝，两人对彼此也逐渐更加了解，她的疑虑也就慢慢消失了，她对这种友谊感到非常满意。但是不幸的是，有一天这位商人对这位女孩说她的身材有点"走形"，这让她感到非常生气，而且燃起了对这位男士是否是"色狼"的疑虑。所以她将自己的故事贴到网上，想让网络上的朋友帮忙判断一下这个男人是"色狼"还是值得信赖的"忘年之交"。如果我有胆量发表评论的话，那么我将告诉她，我都不记得有多少次听到中国人在我面前肆无忌惮地讨论着我的腰围，而且他们看起来一点恶意都没有，所以为什么要这么多疑呢？

第二篇文章的故事主角是两位在20世纪非常出名的文学人物，柳亚子和萧红。柳亚子（1887—1958）是一位经常参与政治活动的诗人，曾任孙中山总统府秘书，新中国成立后任中央人民政府委员。他是在1939年去香港旅行时与萧红（1911—1942）在一家医院相识的。萧红比柳亚子小24岁，非常崇拜鲁迅，而且过着悲惨和放荡的生活。她被未婚夫抛弃在一家旅店，因为没钱支付住宿费，所以被店老板卖给妓院；后来与新找的丈夫定居在哈尔滨，但是不久之后就离婚了；再后来嫁给另外一个人，夫妻两人到香港以谋求生计。但是就是在香港，她听信谗言做了一次让她变成哑巴的外科手术，并且最终为此丢掉了性命。柳亚子和她所发生的故事也就发生在她住院的那段时间，有一次当萧红躺在病床上的时候，作为长者和文学前辈的柳亚子的突然到来，使萧红既吃惊又感动，从而不禁潸然泪下。看着躺在病床上情绪沮丧的萧红，柳亚子鼓励她坚强起来，战胜疾病，树立生活的信心。柳亚子与萧红订交于病榻，时常探视，侧坐而谈，不以为累。一次，柳亚子前来看望萧红，恰逢萧红丈夫在她病榻前端药侍茶，聊天解闷。柳亚子十分感慨，即兴作诗《赠蕻良一首并呈萧红女士》："谔谔曹郎奠万华，温馨更爱女郎花。文坛驰骋联双璧，病榻殷勤伺一茶"。还有一次，柳亚子捧来一束盛开的菊花。那菊花绚丽多姿，透出沁人的清香。萧红斜坐病榻，接过鲜花，深深地闻了一下。哦，好香！萧红感到生命在复苏，感到一种激情在涌动。她将鲜花插入旁边小柜上的花瓶里。萧红的丈夫后来回忆说："在柳先生身上，我们发现师道和友情萃于一身。在一位纯真的老者身上，滋润着热情的灵苗。柳先生饱经忧患，但他总给别人以鼓舞和信心。"

上面两段关于"忘年之交"的故事中给我们的启示是什么呢？我想如果年长的男士想在中国找到一位年轻的异性"忘年之交"的话，他最好不要提起女性的体重和外表，而且当他献花的时候最好可以吟出一首好诗。

老年人在现代中国的地位

根据中国在2000年的全国人口普查结果，年龄超过60年的中国人有1.32亿，占全国人口总额的10.32%；而且在60岁以上的老年人中，有65%居住在农村（Pang，et al.，2004）。有人口统计学家预计到2020年，60岁以上的老年人的人口将高达16%，总人数大约为2.3亿。2050年这一群体的总数将上升到4亿左右，这意味着那时26%的中国人都是超过60岁的老年人，这一数字是1960年的两倍多（Wong and Tang，2006，2007）。

人口老龄化的问题对中国来说是一大难题，而造成这一现象的原因有很多，包括退休年龄提前和独生子女政策等。此外，逐渐步入工作岗位的中国家庭女性使得年老的父母可能缺乏必要的照顾（Wang and Tang，

2007）。独生子女政策导致老年人与年轻人的比率严重失衡，从理论上来说如果夫妇两个都是独生子女，并且他们也只有一个孩子的话，那么他们必须要照顾四个老年人和一个小孩（Olson，1998）。这种“4—2—1”的跨代的家庭模式在中国的城市地区是非常普遍的。这意味着每一对这样的夫妇必须承受照顾四个老年人和一个小孩的巨大的压力（Wong and Tang，2007）。此外，中国强制退休的政策也使得这个国家的老年人陷入困境。中国的政策规定男性和女性的退休年龄分别是60岁和55岁，按照拉美标准来看，这是非常提早的退休年龄。这种政策的目的是为了提供更多的岗位给受过良好训练的年轻人，但同时也延长了退休之后的老年人无所作为的时间，也可能需要更多必要的支助（Olson，1998）。

如果说城市中的老龄化问题是很难处理的，那么农村中的老龄化问题就更加棘手。随着医疗技术的进步和生活水平的提高，逐渐增长的平均寿命意味着老年人需要获得更多的支助。农村地区的养老金是非常少的，而且在农村长大的孩子在受到城市更好的物质生活的引诱之后，会逐渐逃离农村。此外，现代中国的城市竞争压力是相当大的，这些教育和技术都不占优势的农村人可能并没有足够的经济来源以让年长的父母获得更好的生活。所以，被抛弃在农村的老年人还必须为生活而劳作，而且缺乏必要的照顾。下面我要讲述的一个故事是从一位研究者的观察笔记中摘下来的，从中我们可以知道一位典型的农村老人的生活有多么的艰辛。

> 56岁的杨贵全和他53岁的妻子生活在辽宁的一个贫困的小村庄里面，夫妻两人的经济来源就是种植水稻和养猪。杨老汉有一个住在同一个院子里面的儿子，但是儿子和儿媳妇和两位老人的经济是相互分开的，而且杨老汉也从未期望完全依靠儿子，只要身体上允许，他就打算一直劳作下去。老杨的妻子负责养猪和照顾外孙们，尽管去年中风了，但她还是坚持要做好自己的“本职”工作。在她对我们说她经常会出现疼痛的感觉后，我们问她为什么不歇息一下，她说如果你想吃饭的话，你就必须劳动……这是保证房子里面有充足食物的关键。

与城市地区相比，政府为农村地区所提供的服务相对较少，基础设施建设也相对滞后，医疗费用对农村人来说也是难以负担的。子女对老年父母细心照顾的传统儒家美德也正在逐渐消亡（Xu and Chi，2011）。特别是，中国传统式的大家庭生活模式正在快速解体。在中国经历了二十多年的快速经济发展时期后，许多年长的中国人和他们的孩子都是异地而居的（Pang et al.，2004）。此外，独生子女政策、退休政策、大规模迁徙到城市的农村人口等因素也是导致农村老年人生活艰苦的原因。

现代中国对老年人的关怀

现代中国对老年人的照顾方式主要有三种：第一种是通过老年人自身的努力（说实话，这只能算是自我照顾），第二种是政府的福利计划的支助，第三种是来自非政府组织的帮助。接下来，我们将逐一讨论这三种方式。

严格上来说，老年人自食其力并不算是社会对他们的帮助。有时候，老年人自身的努力甚至是在帮助别人。例如，年长的家长可能为他们成年的孩子另外建造或者重修一套房子，因此孩子可以将住房省下来的资金用于其他有利可图的投资。老年人的想法是，儿子比他们更懂得如何利用有限的资源（Pang，et al.，2004）。大多数中国的老年人，特别是在农村，只要身体允许，他们就会一直劳作下去。这意味着他们经常在生病或者身体疼痛的情况之下还在继续工作。例如有一个77岁的黑龙江老人依然坚持要每天到田地里去干活，尽管他已经身患有前列腺癌，每天都在忍受着疼痛的折磨。当被问到为什么在如此条件下还要继续干活，老人回答“如果我不干活，那谁来养活我呢?”（Pang，et al.，2004）

老年人在退休之后也可能得到政府的支助。20世纪80年代早期开始的改革开放促使中国从计划经济走向市场经济，与此同时中国政府也采取了一系列解决中国人口老龄化问题的措施。出版社也开始关注这个严峻的现实问题。1980年，中国第一本完全聚焦老年人的杂志《长寿》开始出版发行，这是中国最早的老年养生保健刊物。“老龄问题世界大会中国委员会”于1982年在北京成立（1995年改名为“中国老龄协会”），并在当年代表中国政府出席了在维也纳召开的“老龄问题世界大会”。1982年在北京召开的一次关注老年人问题的大会上，提出了解决老龄化问题的几点建议，包括让老人们保持活力、发展老年教育、发挥老年人才作用、给年轻人展示国家支助老年人的项目以消除他们害怕变老的心理、鼓励和发展尊重关爱老年人的传统美德、制定解决老年人医疗难问题的方案等（Olson，1998）。

为了解决老年人所面临的各种难题，20世纪80年代除了各种存在相关的会议以及出版物之外，实际上也存在很多相关的项目和改革活动。例如，养老金制度在20世纪50年代早期就已经建立了，在20世纪70年代经过重新修订，并在80年代初期得到拓展。所以在1982年开始，不仅仅是从国有企业退休的老人，所有的老年人都有资格领取养老金。这些条目不仅仅是作为法规颁布，而是被包含在宪法条文中，例如下面两条宪法所规定的条款（Olson，1998）。

> 劳动者在年老、生病或者丧失劳动能力的时候，有获得物质帮助的权利。国家逐步发展社会保险、社会救济、公费医疗和合作医疗等事业，以保证劳动者享受这种权利（Article 50，1978 Constitution）。
>
> 中华人民共和国公民在年老、疾病或者丧失劳动能力的情况下，有从国家和社会获得物质帮助的权利。国家发展为公民享受这些权利所需要的社会保险、社会救济和医疗卫生事业。国家和社会保障残废军人的生活，抚恤烈士家属，优待军人家属。国家和社会帮助安排盲、聋、哑和其他有残疾的公民的劳动、生活和教育（Article 45，1982 Constitution）。

老年人也有可能获得非政府的私人组织的支助，一般来说这些组织都是非营利性的。之所以有这些公益性组织的出现，是因为国家对中国老年人的照顾还不到位。中国政府在1998年开始允许登记和注册民办非企业单位，而且用免税和降低公用事业费（例如水、电、煤气等）等方法促使更多私人机构从事老年人护理的事业。在计划经济时代，照顾老人对中国家庭来说是一件非常沉重的负担，而且国家也不堪重负，最后规定只支助符合“三无”条件的老人，即没有家人、没有能力劳动、没有任何可以维持生机的手段。即便如此，政府在当时也不能保证完全资助满足上述条件的老年人。中国的福利机构是民政部，这个部门也曾指出需求是相当大的，而国家的资源有限，所以不能保证所有需要支助的老年人得到政府的救助。此外，这些政府福利机构的管理被认为是“死板”“目的不明确”，“一成不变”和“昂贵”的。所以在大多数情况下，各地区的民政部都是在做一些表面上的工作，而将照顾老年人的重担实际上推到了私人机构身上（Wong & Tang，2006，2007）。

在中国，成立一家私人的养老院需要具备什么条件呢？首先，这类机构必须是非营利性的。而且，所有成立的资金和资源都必须来自私人，而不能动用国家的资源。成立这类机构所需要的官僚程序也是繁杂的，比如注册、执照许可、监管和管理监督等。无论是企业、社会组织或个人成立一家养老院，其主要的负责人必须要有管理这类机构的专业知识，也必须保证遵守政府的法规。自 1998 年通过“民办非企业单位登记管理暂行条例”之后，中国私人养老院就如雨后春笋般地迅速发展起来。1999 年有 5901 家私人养老院注册，2000 年激增到 23000 家，2001 年达到了 82000 家，到了 2004 年，更是有 133000 家私人养老院注册。那么，这些颇具规模的养老院的经营情况如何呢？一项以 130 家养老院为样本的调查研究表明，仅有 22 家（16. 9%）是盈利的，而且盈利额很少（当然是合法的收入，并且盈利所得可能并不归于养老院的创办者）；61 家（46. 9%）养老院是收支平衡的；而且还有 41 家（36. 9%）处于亏损状态。值得一提的是，认为在不久的将来能有收回投资成本的养老院仅占总样本数的 20. 2%；29. 4% 认为可能会收回成本，但是需要一段很长的时间；另外还有 50. 5% 认为根本不可能收回成本。因为私人养老院的财务收入是如此的“触目惊心”，所以有人会猜测将来的养老院的家数可能会逐渐减少，而且养老院设施和服务的发展步伐也会受阻，例如建筑物的现代化和服务的专业化（Wang and Tong，2006，2007）。

除了财务危机之外，养老院还面临许多其他难以对付的难题。首先，老年人一般身体都比较虚弱，所以容易出现突发事故（例如突发性疾病），所以让这些私人机构时刻面临潜在的法律诉讼和赔偿要求。而且这类老年人都不能够投保，因为没有保险公司愿意承担这类较高的风险。除此之外，养老院还必须忍受社会公众对他们持有的敌对态度，一般人认为养老院都是带有剥削性质的，因为养老院所占用土地在传统上都是由国家掌握的。显然，许多中国人并没有感激这些创办以及经营养老院的企业家对社会所做出的贡献。很多备受指责的私人养老院的企业家抱怨国家没有采取纠正公众对他们所存在错误观念的行为，正如他们经常抱怨国家没有提供财政支持、建议以及其他帮助一样。

此外，很多养老机构还找不到合适的创建地址，大部分养老机构的房屋都是租借的，所以可能面临租金上涨，甚至被驱逐的危险。1998 年在管理条例中所保证的低公用事业费率也经常被国有事业部门否认，这更增加了这类养老机构的财务压力。所以说，经营一家私人的养老机构所面临的困难是相当大的，这可以用某位这类机构的管理者所说的话来得以说明："简而言之，民办的养老机构所面临的问题和遭受的苦难可以说是一波未平一波又起，每次都是相当严峻的考验。国有的养老机构不需要支付任何租金，而且他们会首选挑选那些比较健康和在生活上基本能够自理的老人……如果我早知道会这么难的话，我肯定不会创业。"

第十五章　现代中国的语言

普通话

中国人和西方人之间所存在的语言障碍是很难逾越的。我在想，如果让我教一些母语为英语的大学生中文的话，我第一天对中文的简单学习介绍可能会将一些基础较差的学生直接吓得取消这门选课。因为我的第一次教学可能是这样开始的：

同学们，我很钦佩你们选这门课的勇气。但是，我并不认为你们选这门课是一个明智的选择。如果你想学西班牙语的话，你只需要在每一个英语单词后面加一个“O”就可以了，这非常简单。但是对于中文来说，这可不是加一个“O”就可以学会的语言。所有的汉字大概有数千个像意大利面条那样杂乱地纠缠在一起的文字，你可能要花好几年去认识它们。我说的“认识”并不代表你能够正确地书写，这可能又要花费数年。此外，我觉得你也不可能在短期内能够读出这些文字，因为汉字并不是字母的组合，所以相同的汉字有不同的发音。这意味着不同地区的中国人对同一汉字的发音可能不同，即有各自不同发音的方言。所以中国政府将所有汉字的读音经标准化后形成一种官方语言，即普通话。在学普通话之前，你首先得掌握以字母顺序排列为基础的罗马字母体系，不同的字母组合就对应着不同汉字的不同发音，这种组合体系就是拼音。通常来说，每一个汉字的发音以一个辅音开头，而以一个元音结束。

接下来我们说下拼音，我想你肯定会用英语的发音方式去说这些看起来就是英文的字母组合，但是拼音不是英语，它有自己独特的发音规则。而且最糟糕的是，所有的汉字的读音都可分为四种发音，并且每一种音调都代表不同的含义。例如，mā（第一声）代表“妈妈，或句尾疑问词‘吗’”，má（第二声）代表“麻木”，mǎ（第三声）代表“马”，mà（第四声）代表“咒骂”。所以如果你想用中文说：“妈妈骂马”，那么你就得这样发音：“māmāmàmǎ”。

但是还有很多让你头疼的问题，为了不让你们彻底失去学习的勇气，下面我只简要地列举几个。第一，每一个由辅音和元音组成的汉字可能有不同的含义，俗称多义字。第二，相同的读音所代表的汉字有很多。第三，有很多汉字在不同的音调下所代表的含义也不相同。第四，相同的词语或句子在不同的语调下所代表的含义是不相同的。第五，很不同的汉字所代表的含义是非常相近的，俗称多义字。

如果你认为已经理解了单个的汉字，那么接下来你要学习的就是由单个汉字组成的词语。大多数词语是由两个汉字组成，但是三个，甚至是四个汉字组成的词语也不少。其中四个汉字组成的词语被成为成语，一般是由历史典故衍生而来，所以即使你认识成语中所有的汉字，也可能对此所代表的含义毫无所知。

说完单个的汉字和由汉字组成的词语，那么接下来我们看看由汉字所组成的完整的句子。要理解中文中句子的含义，我想你首先必须先具备一些基本的语法知识。下面我引用一本名为《外国人实用汉语语法》（Dejin and Meizhen，1994）的书籍中的一个句子来简要地介绍中文的基础语法，请记住这是一本相当于中国小学生所学习的中文语法规则的书籍，这个句子是：“形容词充当的程度补语是补充说明中心语动作进行的程度的，是描写性的；而形容词状语是修饰动作进行的状态、方式的，是叙述性的。”请看我用下划线标注的词语，难道你还没发现汉语的实用性是多么的强大吗？这真是一种伟大的语言！同一个词在同一时间可以被当作形容词或者动词。

> 我本来可以继续说明不同地区的中国人在说普通话时所带有的不同地方的口音有多么困难，我也可以告诉你不同地区的方言存在多大的差别，而不同的方言和普通话之间又存在有多大的区别，但是我还是不讲这些了，因为我真的不想打击你们学习的热情。
>
> 作为第一节课的课后作业，那么我请大家先好好地练习“龘”这个汉字，直到能够依靠记忆力默写下来。这个汉字的拼音是 dá（第二声），其含义是“龙腾飞的样子”。一旦你掌握了这个字，那么当你下次在看到龙在飞腾的时候就可以对别人说这个字了。而且在我教你如何用草书写这个字的时候，你可能会发现写的速度会快上很多。哦！对了，我差点忘了你必须严格按照标准的笔画顺序来写，如果你的笔画顺序不对，那么对不起，你写的字可能是不对的！我想这对大家来说是一个非常简单的任务，因为这个汉字仅有48 笔。顺便说一句，除了草书之外，中文的书写方式还存在很多种其他的字体，每一种看起来都不大一样。
>
> 哦！下课了，那我们下节课再见吧，要是还有下一节课的话。

我曾经问过一个大概有 40 岁的美国学生，她学汉语的动机是什么。她说因为别人告诉她学汉语可以让她从不愉快的离婚中走出来。这一招看起来相当管用。当她在为学习神秘且复杂的汉语而头疼的时候，根本没有时间去考虑婚姻的事情，甚至可能没有足够的脑容量去记住她前夫的名字。

几乎可以肯定地说，你在学习普通话时会面临上述我所提到的所有困难，此时你可能因为绝望而想放弃。但是，需要明白的一点就是，汉语对中国人是非常重要的。因为它不仅仅是一种语言，有些大师用其特殊的书法所写的汉字被中国人当作艺术品而珍藏。有一个中国人曾告诉我，因为中国人从很小的时候就开始学习汉字，所以它能促使中国人形成了特殊的中国式思维，这是西方语言所不具备的功能。据说，中国书法还可以刺激中国人内心中的诗意。尽管很少有西方人能够掌握汉语，但是任何希望探索中国文化的外国人都需要学习一点普通话。

中国式英语

上面仅仅是对汉语的一个简短的介绍。所以通过换位思考，你也可以想象得到学习英语对中国人来说也不是一件简单的事情。这也是为什么当我看到如此多的中国人在学英语时，我对中国人是有多么敬畏。这个国家对英语的热爱程度可以用“疯狂”两个字来形容。我曾经收听过一个中国的流行音乐节目的音乐电台，主持人是一位来自银川的年轻姑娘，在广播节目中所说的英语是非常流利的，而且她唱的几乎都是英语歌曲，而银川只不过是中国西北部的一个普通的城市而已。目前，中国的学生在小学阶段就开始学习英语了。

尽管中国人能掌握如此复杂和难学的汉语，英语对他们来说还是存在一定难度的。有时候中国人所写的句子的语法和结构都是正确的，但是措辞和含义可能和西方人习惯的表达方式有一些出入。他们写的句子有时候是充满诗意的。中国人以汉语的习惯所写出来的存在很多错误的英语句子被称为中式英语。目前存在好的和差的两类中式英语。差的中式英语是指按照汉语的语法和句子结构规则所写出来的英语，这种语句是令人无法理解的。例如一家商店的招牌名为：让你大流口水的精美小饭店。另一方面，好的中式英语是指英语单词，语法和句子结构都是正确的，但是句子的含义有些怪癖。例如在 2011 年百老汇上映的《中式英语》剧中有一句这样中式英语：“侵入将受到痛苦的处理。”这句话没有语法和词汇上的错误，但是这个奇怪的句子原本想表达的意思仅仅是“禁止擅入”。我从来没有遇到过没有被中式英语逗乐的外国人，但是我听到某些老古板认为外国人在被中式英语引得发笑的时候，其实是在嘲笑中国人，没有什么比这种看法更离谱了。我想在外国人看来，中式英语应该被视为一种艺术形式而得到保留。斯蒂芬·普奇是一位会讲普通话的英国演员，也是 2011 年百老汇剧片《中式英语》中的主角，他曾说：“我认为这部滑稽剧肯定探索了某些东西，并促进了中西双方的相互理解和对彼此更深入的了解。”（Understanding Chinglish，2011）奥利弗·卢茨·拉德克曾是德国的一位电台广播员，目前他的博士论文主题就是中式英语，而且被公认为是世界上对这一主题最为权威的研究学者。他在接受《纽约时报》的采访时曾说："中国应该将英语和汉语之间巧妙的融合视为一种富有动态和生命力的语言的特征……中式英语是一种'濒危'的语言，应该被保留下来。""如果你将所有的中式英语标准化，那么带走的不仅仅是在公园散步时听到这类语言时所带来的欢乐，而且还关闭了一扇了解中国人思维的窗户。"（Jacobs，2010）杰弗里·姚是我之前在上海外国语大学任职时的上司，在《纽约时代》对其采访时曾说："有些中式英语的短语是非常富有表现力的，甚至可以说得上是优雅的……这向西方人提供了一扇了解我们中国人是如何理解母语的窗户。"姚先生还提供了两个中国人对"请勿践踏草坪"这种标语的中文翻译来例证他的观点，两种翻译分别为："小草正在睡觉，请勿打扰""别伤害我，我怕疼"（Jacobs，2010）。这一类标语在中国是随处可见的，但是不幸的是，有些令人扫兴的人想要剥夺外国人看到这类标语时的快乐。例如，社会科学院英语学院的学者王晓敏在看到外国朋友翻看拍摄中式英语标志的照片而发笑时，她就感到非常生气，即使她知道别人并没有冒犯的意思（Jacobs，2010）。至少我不是这么想的，我很乐意听到中国人在我的家乡南卡罗来纳州对我说一些"红脖子"笑话。

最后，我列举我在中国这么多年来所看到的一些比较有意思的中式英语。这些都是我私人的"珍藏"，现在我把它们送给各位读者。

有一个中国的大学女教授在一次会议中抱怨住在楼上的一位男教授总是在晚上做举重的训练，但她是这样说的，"那个男人总是在深夜2点到凌晨4点之间重击我！"

在一个只允许小汽车而禁止卡车和大巴士通行的过道旁边贴有一块这样的标语，"起飞的私人场所。"

在北京一家非常高的医院建筑上面有一幅很大的霓虹招牌，上面写着："北京肛门和肠道医院。"

在一个卫生间的墙壁山贴有这样的标语："回到你的后面。"

北京的一家汉德曼酒店里面有一个小标语警示客人不要将染色的

衣服放到洗浴盆中，但标语上面是这样写的：“禁止在洗浴盆中死亡。”①

有一个餐馆的菜单上有一种菜叫做“犹太人流血的鼻子。”还有一种罐装饮料上面的标签写有“犹太人耳朵果汁。”（我至今都不明白为什么会取这样的名字）

一位外国老师有一次在班上放了一部电影之后，有一位中国学生对这位教师说：“被这部电影感染了。”

在一位研究生所发表的论文里面有这样一句话，“现在，我到了一个女孩渴望性爱的年龄。”（我想她可能是想说“渴望恋爱”）

在蒋介石的故乡溪口，有一块标识向游客介绍这位总司令的家庭中的某位女性成员的命运，即“她进入了一座修道院，成为了一名‘留有头发的尼姑’，这是为了区分她和其他的光头尼姑”。

在2010年上海世博馆中的卫生间的墙上挂有这样的标语：“卫生纸不是用树做的。”（这绝对是实话，从触摸的感觉上来看，我猜测它们可能是用塑料做的）

在某家餐馆的菜单上有这样一道菜名：“以螃蟹的卵巢和腺体为馅的饺子。”

在某间卫生间的墙壁上有这样的标语：“为了保持厕所的干净和整洁，请倾倒在垃圾桶中。”

在楼梯处的标语：“请不要在过道上玩耍，不要在楼梯上走动。”

在垃圾桶上的标语：“有毒的和邪恶的垃圾。”

---

① 译者注：“染色的”和“死亡”的动名词的英文单词都为dying。

参考文献

[1] AI JIN. Guanxi Networks in China: Its Importance and Future Trends [J]. China & World Economy, 2006, 14 (5): 105 -118.

[2] AIKMAN D. Jesus in Beijing: How Christianity is Transforming China and Changing the Global Balance of Power [M]. Washington, D. C.: Regnery Publishing Inc, 2003.

[3] AIRD J S. Slaughter of the Innocents: Coercive Birth Control in China [M]. Washington, D. C.: AEI Press, 1990.

[4] ALLISON M. Five Mistakes to Avoid When Sourcing Business English Training [EB/OL]. (2010 -11 -17) [2011 -04 -05] . http: //www.buzzle. com/articles/five - mistakes - to - avoid - when - sourcing - business - english - raining. html.

[5] ANAGNOST A. Family Violence and Magical Violence: The "Woman - as - Victim" in China's One - Child Family Policy [J]. Women and Language, 1988, 1 (2): 16 -22.

[6] ANAGNOST A. A Surfeit of Bodies: Population and the Rationality of the State in Post - Mao China [G] // New World Order: The Global Politics of Reproduction. F. D. Ginsburg and R. Rapp, eds. Berkeley: University of California Press. 1995: 22 -41.

[7] FARQUHAR J. Appetites: Food and Sex in Post - Socialist China [M]. North Carolina: Duke University Press, 2002.

[8] BATJARGAL B. LIU M. Entrepreneurs' Access to Private Equity in China:

The Role of Social Capital [J]. Organization Science, 2004, 15 (2): 159 -172.

[9] BATJARGAL B. Internet Entrepreneurship: Social Capital, Human Capital, and Performance of Internet Ventures in China [J]. Research Policy, 2007, 36 (5): 605 -618.

[10] BIAN Y, SHU X, LOGAN J R. Wage and Job Inequalities in the Working Careers of Men and Women in Tianjin [G] // B. Entwisle and G. Henderson. Redrawing Boundaries: Gender, Households, and Work in China. Berkeley: University of California Press, 2000.

[11] BLUM S D. Lies that Bind: Chinese Truth, Other Truths [M]. New York: Rowman & Littlefield Publishers, Inc. 2007.

[12] BODDE D. Sex in Chinese Civilization [C]. Proceedings of the American Philosophical Society, 1985, 129 (2): 161 -172.

[13] CARLISLE E, FLYNN D. Small Business Survival In China: Guanxi, Legitimacy, And Social Capital [J]. Journal of Developmental Entrepreneurship, 2005, 10 (1): 79 -96.

[14] CARLSON D K. Americans and Guns: Danger or Defense? [EB/OL]. (2005) [2012 - 02 - 15] http: //www. gallup. com/poll/14509/americans - guns - danger - defense. aspx.

[15] CHANG JUNG, HALLIDAY J. Mao: The Unknown Story [M]. London: Jonathan Cape, 2005.

[16] CHAN R Y K, CHENG L T W, SZETO R W F. The Dynamics of Guanxi and Ethics for Chinese Executives [J]. Journal of Business Ethics, 2002, 41 (4): 327 -336.

[17] CHANG KUANG CHI. A Path to Understanding Guanxi in China' s Transitional Economy: Variations on Network Behavior [J]. Sociological Theory, 2011, 29 (4): 315 -339.

[18] CHAO R K. Beyond Parental Control and Authoritarian Parenting Style: Understanding Chinese Parenting Through the Cultural Notion of Training

[J]. Child Development, 1994, 65 (4): 1111 – 1119.

[19] CHE YAN, CLELAND J. Contraceptive Use Before and After Marriage in Shanghai [J]. Studies in Family Planning, 2003, 34 (1): 44 – 52.

[20] CHEN C C, CHEN YA RU, XIN K. Guanxi Practices and Trust in Management: A Procedural Justice Perspective [J]. Organization Science, 2004, 15 (2): 200 – 209.

[21] CHINA EASY BOOKING. Top 20 Foreign Language Training Organizations in China [EB/OL]. [2011 – 03 – 24] http://booking.at0086.com/rank/Top – 20 – Foreign – Language – Training – Organizations – in – China.html.

[22] CHINA MARKET INTELLIGENCE CENTER. China Education & Training Industry Report, 2007 – 2008 [EB/OL]. (2008 – 03 – 22) [2011 – 04 – 05] http://chinamarket.ccidnet.com/report/content/3190/2008 03/40441.html.

[23] CHING MAN LAM. A Cultural Perspective of the Study of Chinese Adolescent Development [J]. Child and Adolescent Social Work Journal, 1997, 14 (2): 85 – 113.

[24] CHONG H G, VINTEN G. The Auditing System in China and the U.K.: A Critical Comparison [G] // BLAKE J, GAO S. Perspectives on Accounting and Finance in China. London: Routledge, 1995: 319 – 345.

[25] CHOU LI FANG, CHENG B S, HUANG MIN PING, et al. Guanxi Networks and Members' Effectiveness in Chinese Work Teams: Mediating Effects of Trust Networks [J]. Asian Journal of Social Psychology, 2006 (9): 79 – 95.

[26] CHUA A. Battle Hymn of the Tiger Mother [M]. London: Penguin Press, 2011.

[27] CUI NIAN, LI MIN XIANG, GAO ER SHENG. Views of Chinese Parents on the Provision of Contraception to Unmarried Youth [J]. Reproductive Health Matters, 2001, 9 (17): 137 – 145.

[28] CUI Y T, LIANG L F. The Countermeasures and Multi – Dimensionality Analyses of Mental Disorders among College Students in the Socialist Market Economy [C] // Proceedings of the Third Pan – Asia Pacific Conference on Mental Health. Beijing: China Association for Mental Health, 2001: 26 –40.

[29] DANIELS J D, KRUG K, NEIGH D. US Joint Ventures in China: Motivation and Management of Political Risk [J]. California Management Review, 1985, 27: 46 –58.

[30] DARWIN C. The Expression of the Emotions in Man and Animals [M]. London: John Murray, 1872.

[31] DAVIES H, LEUNG T K, LUK S, et al. The Benefits of Guanxi: The Value of Relationships in Developing Chinese Market [J]. Industrial Marketing Management, 1995, 24: 207 – 214.

[32] DE GROOT J J M. The Religious System of China [M] . Oriental Book Store, 1982.

[33] LI DE JIN, CHENG MEI ZHEN. A Practical Chinese Grammar for Foreigners [M]. Beijing: Sinolingua, 1994.

[34] DUKES E J. Everyday Life in China [M]. London: Cornell University Library, 2009.

[35] ENGEL J W. Marriage in the People's Republic of China: Analysis of a New Law [J]. Journal of Marriage and Family, 1984, 46 (4): 955 –961.

[36] EVANS H. Women and sexuality in China: Female sexuality and gender since 1949 [M]. New York: Continuum, 1997.

[37] FALBO T. Only Children in America [M] // Lamb and B. Sutton – Smith. Sibling Relationships. Hillsdale, N. J.: Erlbaum, 1982: 285 –304.

[38] FAMILY PLANNING ASSOCIATION OF HONG KONG. Knowledge, Attitude and Practice Study on Family Planning [EB/OL]. Family Planning Association of Hong Kong, (1997). http: //www. famplan. org. hk/

fpahk/en/template1. asp? style = template1. asp&content = home/main-page. asp.

[39] FAMILY PLANNING ASSOCIATION OF HONG KONG. Report on Youth Sexual Study (Out - of - school Survey) [EB/OL]. Family Planning Association of Hong Kong, [2000]. http: //www. famplan. org. hk/fpahk/en/template1. asp? style = template1. asp&content = home/main-page. asp.

[40] FARRER J. Opening up: Youth sex culture and market reform in Shanghai [M]. Chicago: University of Chicago Press, 2002.

[41] FARRER J, SUO GE FEI, SUN ZHONG XIN, et al. Re - Embedding Sexual Meanings: A Qualitative Comparison of the Premarital Sexual Scripts of Chinese and Japanese Young Adults [J/OL]. Sexuality and Culture, [2011 - 11 - 22] DOI 10. 1007/s12119 - 011 - 9123 - 0.

[42] FEI XIAO TONG. Peasant Life in China, a Field Study of Country Life in the Yangtze Valley [M]. London: Routledge & Kegan Paul, 1939.

[43] FEI XIAO TONG. On Changes in the Chinese Family Structure [J]. Tianjin Social Science, 1982 (3): 2 - 5.

[44] FENG L, ERSON A, WANG S, et al, Research on Marriage, Family and Women's Status in Beijing [M]. Beijing: Beijing Economic Institute, 1995.

[45] FOCK K Y, WOO K S. The China Market: Strategic Implications of Guanxi [J]. Business Strategy Review, 1998, 9 (3): 33 - 43.

[46] FONG V L. China's One - Child Policy and the Empowerment of Urban Daughters [J]. American Anthropologist, 2002, 104 (4): 1098 - 1109.

[47] FONS. English language training in China [EB/OL]. (2002 - 05 - 09). http: //answers. google. com/answers/threadview/id/14057. html.

[48] FOX G L, BENSON M L, DEMARIS A A, et al. Economic Distress and Intimate Violence: Testing Family Stress and Resources Theories [J]. Journal of Marriage and the Family, 2002, 64: 793 - 807.

[49] FUNG HEI DI. Becoming a Moral Child：The Socialization of Shame among Young Chinese Children [J]. Ethos，1999，27 (2)：180－209.

[50] GAO E，TU X，LOU C. Reproductive Health Status of Unmarried Young Adults In China [J]. Population Science of China，1999，6：47－54.

[51] GAO L L，CHAN W C，MAO QING. Depression，Perceived Stress，and Social Support among First－Time Chinese Mothers and Fathers in the Post－Partum Period [J]. Research in Nursing and Health，2009 (32)：50－58.

[52] GILDERN G. Wealth and Poverty [M]. San Francisco：ICS Press，1993.

[53] GREENHALGH S，LI JI. Engendering Reproductive Policy and Practice in Peasant China：For a Feminist Demography of Reproduction [J]. Signs，1995，20 (3)：601－642.

[54] GUL F A，NG A Y，TONG M Y J W. Chinese Auditors' Ethical Behavior in an Audit Conflict Situation [J]. Journal of Business Ethics，2003，42 (4)：379－392.

[55] GUO BAO RONG，HUANG JIN. Marital and Sexual Satisfaction in Chinese Families：Exploring the Moderating Effects [J]. Journal of Sex & Marital Therapy，2005 (31)：21－29.

[56] GUO CHUN，MILLER J K. Guanxi Dynamics and Entrepreneurial Firm Creation and Development in China [J]. Management and Organization Review，2010，6 (2)：267－291.

[57] GUTHRIE D. The Declining Significance of Guanxi in China's Economic Transition [J]. China Quarterly，1998 (154)：254－282.

[58] HIGGINS L T，SUN CHUN HUI. Gender，Social Background and Sexual Attitudes among Chinese Students [J]. Culture，Health，& Sexuality，2007，9 (1)：31－42.

[59] HO Y F. Chinese Patterns of Socialization：A Critical Review [M/OL] // Michael H. Bond. The Psychology of Chinese People. Hong Kong：Oxford University Press，1986.

[60] HOIVIK H V W. East Meets West：Tacit Messages about Business Ethics

in Stories Told by Chinese Managers [J]. Journal of Business Ethics, 2007, 9 (74): 457 -469.

[61] HOLROYD E, LOPEZ V, CHAN WAI CHI. Negotiating "Doing The Month": An Ethnographic Study Examining the Postnatal Practices of Two Generations of Chinese Women [J]. Nursing & Health Science, 2011, 13: 47 -52.

[62] HONIG E, HERSHATTER G. Personal voices: Chinese women in the 1980's [M]. Stanford, CA: Stanford University Press, 1988.

[63] HSU (XU) F L K. Under the Ancestors' Shadow, Chinese Culture and Personality [M]. New York: Columbia University Press, 1948.

[64] HUANG J, BOVA C, FENNIE K. P, et al. Knowledge, Attitudes, Behaviours, and Perceptions Of Risk Related To HIV/AIDS Among Chinese University Students in Hunan, China [J]. AIDS Patient Care and STDs, 2005 (19): 769 -777.

[65] HUANG X H. The Present and Future of Caesarean Section [J]. Journal of Chinese Applied Obstetrics and Gynecology, 2000 (16): 259 -261.

[66] IM - EM W, ARCHVANITKUL K, KANCHANACHITRA C. Sexual Coercion among Women in Thailand: Results from the WHO Multi - country Study on Women's Health and Life Experiences [C]. Boston: Population of America Association, 2004.

[67] IP P K. Is Confucianism Good for Business Ethics in China? [J]. Journal of Business Ethics, 2009, 88: 463 -476.

[68] JACOBS A. Shanghai Is Trying to Untangle the Mangled English of Chinglish [EB/OL]. New York Times, Asia Pacific Edition [2010 - 05 - 02]. http: //www. nytimes. com/2010/05/03/world/asia/03chinglish. html.

[69] JIANG S. A Survey of Sexual Values And Behavior Among Unmarried Urban Young People In The 1990s [J]. Chinese Journal of Population Science, 1997 (3): 265 -68.

[70] JIAO S, JI G, JING Q. Comparative Study of Behavioral Qualities of Only

Children and Sibling Children [J]. Child Development, 1986 (57): 357 -361.

[71] KAUFMAN J. The Cost of IUD Failure in China [J]. Studies in Family Planning, 1993, 24 (3): 194 -196.

[72] KINDYROO. Report on China's Online English Training (OET) Market [EB/OL]. [2011 -04 -05]. http://www. marketavenue. cn/upload/ChinaMarketReports/REPORTS_ 1168. htm.

[73] KNODEL J, SAENGTIENCHAI C, VANLANDINGHAM M, et al. Sexuality, Sexual Experience, and the Good Spouse: Views of Married Thai Men and Women [M] // Genders and Sexualities in Modern Thailand, JACKSON P A, COOK N M. Bangkok: Silkworm Books, 1999: 93 -113.

[74] KONTULA O, ELINA H M. Sexual Pleasures: Enhancement of Sex Life in Finland [M]. Aldershot, VT: Dartmouth Publishing Company, 1995.

[75] LAU S, CHEUNG P C. Relations between Chinese Adolescents' Perception of Parental Control and Organization and Their Perception of Parental Warmth [J]. Developmental Psychology, 1987, 23 (5): 726 -729.

[76] LAUMANN E O, JOHN H, GAGNON R T, et al. The Social Organization of Sexuality: Sexual Practices in the United States [M]. Chicago: University of Chicago Press, 1994.

[77] LEHMAN J A. Intellectual Property Rights and Chinese Tradition Section: Philosophical Foundations [J]. Journal of Business Ethics, 2006, 69 (1): 1 -9.

[78] LENNON M C, ROSENFIELD S. Relative Fairness and the Division of Housework: The Importance of Options [J]. American Journals of Sociology, 1994 (100): 506 -531.

[79] LEUNG S S K, MARTINSON I M, ARTHUR D. Postpartum Depression and Related Psychological Variables in Hong Kong Chinese Women: Findings from a Prospective Study [J]. Research in Nursing and Health, 2005 (28): 27 -38.

[80] LEVY M. The Family Revolution in Modern China [M]. Cambridge: Harvard University Press, 1949.

[81] LI W. The Research of the Only Child Parents' Aged Life Question in Urban Area [J]. Journal of Pingyuan University, 2007, 24 (3): 32 -34.

[82] LI Y. Sexuality and Love of Chinese Women [M]. Oxford University Press, Hong Kong, 1996.

[83] LI Y, COTTRELL R R, WAGNER D I, et al. Needs and Preferences regarding Sex Education among Chinese College Students: A Preliminary Study [J]. International Family Planning Perspectives, 2004, 30 (3): 128 -133.

[84] LIU C T. Health Care Systems in Transition II. Taiwan Part I - A General Overview of the Health Care System in Taiwan [J]. Journal of Public Health Medicine, 1998 (20): 5 -10.

[85] LIU D, NG M. L, ZHOU L P, et al. Sexual Behaviour in Modern China: Report on the Nationwide Survey of 20, 000 Men and Women [M]. New York: Continuum, 1997.

[86] LIU T B, ZHANG H, ZANG D X. Sex Differences of Masturbation Behaviour and Its Influence on Mental Health of Adolescents [J]. Chinese Mental Health Journal, 1997 (11): 148 -150.

[87] LOGAN J R, BIAN F, BIAN Y. Tradition and Change in the Urban Chinese Family: The Case of Living Arrangements [J]. Social Forces, 1998 (76): 851 -882.

[88] LU H, GENG X W, LIU Y. Role Adaptation of Family and Influencing Factors in the Postpartum Period [J]. Chinese General Practice, 2006 (9): 1780 -1782.

[89] LU XIAO HE. A Chinese Perspective: Business Ethics in China Now and in the Future [J]. Journal of Business Ethics, 2009 (86): 451 - 461.

[90] LUMBIGANON P, LAOPAIBOON M, GULMEZOGLU A M, et al. Method of Delivery and Pregnancy Outcomes in Asia: the WHO Global Survey

on Maternal and Perinatal Health 2007 - 2008 [J]. Lancet, 2010 (375): 490 -499.

[91] LUO Y, CHEN M. Managerial Implications of Guanxi Based Business Strategies [J]. Journal of International Management, 1996 (2): 193 -316.

[92] MA HONG NAN, ROSENBERG Ed. Learning Womanhood in China [J]. Anthropology and Humanism, 1998, 23 (1): 5 -29.

[93] MANSFIELD M T. Chinese Superstitions [J]. The Folk - Lore Journal, 1887, 5 (2): 127 -129.

[94] MAO Q, SU S Y, GAO L L. Stress and Related Factors in Spouses of Primiparas [J]. Chinese Mental Health Journal, 2008 (1): 37 - 39.

[95] MARCH A L. An Appreciation of Chinese Geomancy [J]. The Journal of Asian Studies, 1968, 27 (2): 253 -267.

[96] MARINI M M. Effects of the Number and Spacing of Children on Marital and Parental Satisfaction [J]. Demography, 1980, 17: 225 -242.

[97] MCCOMB R. 2009: China's Human Resources Odyssey [J]. The China Business Review, 1999, 5: 27 -29.

[98] MCLOUGHLIN C S. The Coming - of - Age of China's Single - Child Policy [J]. Psychology in the Schools, 2005, 42 (3): 305 -313.

[99] Wikipedia, Feng Shui [EB/OL]. [2011 - 12 - 28] http: //en. wikipedia. org/wiki/Feng_ shui#cite_ ref - 74.

[100] MOSHER S W. A Mother's Ordeal: One Woman's Fight against China's One - Child Policy [M]. New York: Harcourt Bracd Jovanovich, 1993.

[101] MORGAN R M, HUNT S D. The Commitment - Trust Theory of Relationship Marketing [J]. Journal of Marketing, 1994, 56: 20 -38.

[102] OLSON P. Modernization in the People's Republic of China: The Politicization of the Elderly [J]. The Sociological Quarterly, 1988, 29 (2): 241 -262.

[103] PAN S. A Sex Revolution in Current China [J]. Journal of Psychology and Human Sexuality, 1993, 6: 1 -14.

[104] PAN S, YANG X. Love and Sex Ten Years: An In - Depth Nationwide Study of the Sexual Lives of University Students [M]. Beijing: Academy of Social Sciences, 2004.

[105] PAN S M. The Contemporary Situation of Sexuality in China [M]. Beijing: Guangmin Daily Publishing House, 1995.

[106] PAN S M. Quantitative Behavioral Analysis of Public Heterosexual Petting Chinese Public Parks [J]. Sexuality in Asia, 1989, 173 - 184.

[107] PANG LI HUA, DEBRAUW A, ROZELLE ST. Working until You Drop: The Elderly of Rural China [J]. The China Journal, 2004, 52: 73 - 94.

[108] PARISH W L. Sexual Behavior in China: Trends and Comparisons [J]. Population and Development Review, 2007, 33 (4): 729 - 756.

[109] PARISH W L, LUO Y, LAUMANN E O, et al. Unwanted Sexual Activity among Married Women in Urban China [J]. Journal of Sex Research, 2007, 44 (2): 158 - 171.

[110] PARISH W L, LUO YE, STOLZENBERG R, et al. Sexual Practices and Sexual Satisfaction: A Population Based Study of Chinese Urban Adults [J]. Archives of Sexual Behavior, 2007, 36 (1): 5 - 20.

[111] PARK S H, LUO YA DONG. Guanxi and Organizational Dynamics: Organizational Networking in Chinese Firms [J]. Strategic Management Journal, 2001, 22: 455 - 477.

[112] PEOPLE'S DAILY ONLINE. English Language Training Profitable Industry in China [EB/OL]. (2011 - 04 - 05) [2002 - 01 - 23]. http://english.peopledaily.com.cn/200201/22/eng20020122_89150.shtml.

[113] PEOPLE'S DAILY ONLINE. English Classes to Start from Third Grade [EB/OL]. (2011 - 04 - 05) [2001 - 07 - 06] http://www.china.org.cn/english/MATERIAL/14054.htm.

[114] PEOPLE'S DAILY ONLINE. Olympic Bidding Success Spurs English Language Fever in China [EB/OL]. (2011 - 04 - 05) [2001 - 07 - 29]. ht-

tp: //english. peopledaily. com. cn/200107/29/eng20010729 _ 76042. html.

[115] PIMENTEL E E. Just How Do I Love Thee?: Marital Relations in Urban China [J]. Journal of Marriage and the Family, 2000, 62: 32 - 47.

[116] QI Y, TANG W. Reproductive Health Knowledge and Education Needs among Unmarried Adolescents [J]. Population Science of China, 1999, 6: 59 -62.

[117] RENAUD C, BYERS S E, PAN SUI MING. Sexual and Relationship Satisfaction in Mainland China [J]. The Journal of Sex Research, 1997, 34 (4): 399 -410.

[118] RILEY N E. Gender and Generation in Modern Beijing [D]. Baltimore: Johns Hopkins University, 1989.

[119] RILEY N E. Interwoven Lives: Parents, Marriage, and Guanxi in China [J]. Journal of Marriage and Family, 1994, 56 (4): 791 - 803.

[120] RIVERS K, AGGLETON P, ELIZONDO J, et al. Gender Relations, Sexual Communication and the Female Condom [J]. Critical Public Health, 1998, 8: 273 -290.

[121] ROSENBERG B G, JING QI CHENG. A Revolution in Family Life: The Political and Social Structural Impact of China's One Child Policy [J]. Journal of Social Issues, 1996, 52 (3): 51 -69.

[122] SARTON G. Introduction to the History of Science [M]. Baltimore: Williams and Wilkins, 1927.

[123] SILVA A. Top 10 Ridiculously Strong Drinks [EB/OL]. (2010 -12 -16) [2012 -02 -21]. http: //www. time. com/time/specials/packages/article/0, 28804, 2031497_ 2031504_ 2031466, 00. html.

[124] SIMMONS L C, ROBERT M. SCHINDLER. Cultural Superstitions and the Price Endings Used in Chinese Advertising [J]. Journal of International Marketing, 2003, 11 (2): 101 - 111.

[125] SISSON K. Review of Judith Farquhar (2002), From Mao to Viagra: What a

Long, Strange Trip It's Been Appetites: Food and Sex in Post – Socialist China [J]. The Journal of Sex Research, 2003, 40 (2): 225 –227.

[126] SISSON K. From Mao to Viagra: What a Long, Strange Trip It's Been [J]. Review of Research, 2003, 40 (2): 225 –227.

[127] SO HO – WAI, CHEUNG F M. Review of Chinese Sex Attitudes & Applicability of Sex Therapy for Chinese Couples with Sexual Dysfunction [J]. The Journal of Sex Research, 2005, 42 (2): 93 – 101.

[128] SPIRA A, NATHALIE B, et al. Sexual Behaviour and AIDS [M]. Aldershot: Avebury, 1994.

[129] SU, CHEN TING, SIRGY J M, et al. Is Guanxi Orientation Bad, Ethically Speaking? A Study of Chinese Enterprises [J]. Journal of Business Ethics, 2003, 44 (4): 303 – 312.

[130] TANG Y W. Issues in the Development of the Accounting Profession in China [J]. China Accounting and Finance Review, 1999, 1: 21 –36.

[131] TANNER H M. China: A History [M]. Indianapolis, Indiana: Hackett Publishing Company, 2009.

[132] TAO, JIANG. The Monkey King. International Movie Data Base [EB/OL]. (1993) [2012 – 02 – 16]. http: //www. imdb. com/character/ch0074135/.

[133] THOMPSON L. Family Work: Women's Sense of Fairness [J]. Journal of Family Issues, 1991, 12: 181 – 195.

[134] TOBIN J J, WU D Y H, DAVIDSON D H. Preschool in Three Cultures [M]. New Haven, CT: Yale University Press, 1989.

[135] TRIANDIS H C. The Self and Social Behavior in Differing Cultural Contexts [J]. Psychological Review, 1989, 96 (3): 506 –520.

[136] TRIANDIS H C, BONTEMP R, VILLAREAL M J, et al. Individualism and Collectivism: Cross – Cultural Perspectives on Self – Group Relationships [J]. Journal of Personality and Social Psychology, 1988, 54 (2): 323 –338.

[137] TRIANDIS H C, MCCUSKER C, HUI H C. Multimethod Probes of Individualism and Collectivism [J]. Journal of Personality and Social Psychology, 1990, 59 (5): 1006 - 1020.

[138] TSANG W K. Can Guanxi Be A Source Of Sustained Competitive Advantage For Doing Business In China? [J]. Academy of Management Executive, 1998, 12: 64 - 73.

[139] TWENGE J M, CAMBELL W K, FOSTER C A. Parenthood and Marital Satisfaction: A Meta - analytic Review [J]. Journal of Marriage and the Family, 2003, 65: 574 - 583.

[140] Understanding Chinglish: A New Play Tries to Bridge the Language Gap [EB/OL]. [2011 - 10 - 26]. http: //www. bbc. co. uk/news/magazine - 15471753.

[141] UNGER J. Urban Families in the Eighties: An Analysis of Chinese Surveys, in Chinese Families in the Post - Mao Era [M]. University of California Press, 1993.

[142] WAITE L, JOYNER K. Emotional and Physical Satisfaction With Sex in Married, Cohabiting, and Dating Sexual Unions: Do Men and Women Differ? [J/OL]. LAUMANN E O, MICHAEL R T. Sex, Love, and Health in America, 2001: 239 - 269.

[143] WAN C, FAN C, LIN G. A Comparative Study of Certain Differences in Individuality and Sex - based Differences between 5 - and 7 - year Old Only Children and Non - only Children [J]. Acta Psycholgica Sinica, 1984, 16: 383 - 391.

[144] WANG H H, ZHANG C H. The Mental Health Status of Primiparas' Spouses during the Postpartum Period in the Rural Area [J]. Maternal and Child Health Care of China, 2008, 34: 4884 - 4885.

[145] WANG XIAO LEI, BERNAS R, EBERHARD P. When a Lie Is Not a Lie: Understanding Chinese Working - Class Mothers' Moral Teaching and Moral Conduct [M]. Texas: Blackwell Publishing, 2011.

[146] WANG Y S. Chinese Traditional Political Philosophies [M]. Beijing: Chinese Language Teaching Publisher, 1999.

[147] WEI LI QUN, LIU JUN, CHEN YUAN YI, et al. Political Skill, Supervisor – Subordinate Guanxi and Career Prospects in Chinese Firms [J]. Journal of Management Studies, 2010, 47 (3): 437 –454.

[148] WHYTE M K, PARISH W L. Urban Life in Contemporary China [M]. Chicago: University of Chicago Press, 1984.

[149] WIKIPEDIA. Islam in China [EB/OL]. (2012) [2012 –02 –21]. http: //en. wikipedia. org/wiki/Islam_ in_ China.

[150] WOLF M. Marriage, Family, and the State in Contemporary China [J]. Pacific Affairs, 1984, 57: 213 –236.

[151] WOLF M. Revolution Postponed: Women in Contemporary China [M]. Stanford: Stanford University Press, 1985.

[152] WONG CHI YAN, TANG C. Understanding Heterosexual Chinese College Students' Intention to Adopt Safer Sex Behaviors [J]. The Journal of Sex Research, 2001, 38 (2): 118 – 126.

[153] WONG LINDA, TANG JUN. Dilemmas Confronting Social Entrepreneurs: Care Homes for Elderly People in Chinese Cities [J]. Pacific Affairs, 2006/2007, 79 (4): 623 –640.

[154] WU D. Child Training in Chinese Culture [M] // TSENG W S, ORLANDA D W. Chinese Culture and Mental Health, FL: Academic Press, 1985.

[155] WU D, TSENG W S. Introduction: The Characteristics of Chinese Culture [M] // Chinese Culture and Mental Health, W. S. Tseng and D. Wu. Orlando, FL: Academic Press, 1985.

[156] WU H, LU H. The Role Adaptation of New Mothers [J]. Nursing Research, 2009, 23: 596 –598.

[157] WU W, LEUNG A. Does A Micro – Macro Link Exist Between Managerial Value Of Reciprocity, Social Capital And Firm Performance? The Case

of Smes in China [J]. Asia Pacific Journal of Management, 2005, 22 (4): 445 -463.

[158] XIE CHUAN JIAO. Buddhists Praised for Contributions [EB/OL]. (2006 -11 -22) [2011 -02 -21]. http://www.chinadaily.com.cn/china/2006 -12/22/content_ 765071. htm.

[159] XINHUA NEWS AGENCY. (2002 -01 -22). English Language Training Profitable Industry in China [EB/OL]. (2002 -02 -22) [2011 -04 -05]. http://www.china.org.cn/english/SO - e/25691. htm.

[160] XU LING, CHI I. Life Satisfaction among Rural Chinese Grandparents: The Roles of Intergenerational Family Relationship and Support Exchange with Grandchildren [J]. International Journal of Social Welfare, 2011, 20: 148 -159.

[161] XU XIAO HE, WHYTE M K. Love Matches and Arranged Marriages: A Chinese Replication [J]. Journal of Marriage and the Family, 1990, 52: 709 -722.

[162] YAN Y. Private Life under Socialism - Love, Intimacy, and Family Change in A Chinese Village 1949 -1999 [M]. California: Stanford University Press, 2003.

[163] YANG KUO SHU. Chinese Personality and Its Change [M] // Michael H. Bond, Psychology of the Chinese People, New York: Oxford University Press, 1986.

[164] YANG M. The Resilience of Guanxi and its New Deployments: A Critique of Some New Guanxi Scholarship [J]. China Quarterly, 2002, 170: 459 -76.

[165] YANG X, YAO P. Youth and Sex 1989 -1999: A Survey of Sexual Attitudes and Behavior of Chinese Urban Youth [M]. Shanghai: Shanghai People' s Press, 2002.

[166] YEUNG I Y, TUNG R L. Achieving Business Success in Confucian Societies: The Importance of Guanxi [J]. Organizational Dynamics, 1996,

3: 54 -65.

[167] YOUNG N F. Independence Training From a Cross - cultural Perspective [J]. American Anthropologist, 1972, 74 (3): 629 -638.

[168] YU D. Negotiating Intimacies in an Eroticized Environment: Xiaojies and South China Entertainment Business [J]. International Journal of Business Anthropology, 2011, 3 (1): 121 - 133.

[169] YU P K. Complex Guoqing and Intellectual Property Reforms in China [J] // YU P K. Intellectual Property, Economic Development, and the China Puzzle [M] // Gervais D J. Intellectual Property, Trade and Development: Strategies to Optimize Development in a TRIPS Plus Era, Oxford University Press, Oxford, 2007: 173 -220.

[170] ZHANG J. Analysis on Incidence of Cesarean Section and its Related Influencing Factors for 10 Years In Haidian District of Beijing [J]. Chinese Journal of Family Planning, 2009, 4: 219 -222.

[171] ZHANG K, LI D, LI H, et al. Changing Sexual Attitudes and Behaviour in China: Implications for the Spread of HIV and Other Sexually Transmitted Diseases [J]. AIDS Care, 1999, 11: 581 -589.

[172] ZHANG QIANT. Economic Transition and New Patterns of Parent - Adult Child Coresidence in Urban China [J]. Journal of Marriage and Family, 2004, 66: 1231 -1245.

[173] ZHANG S B. An Investigation on College Students about AIDS Knowledge [J]. AIDS Bulletin, 1993, 4: 78 -71.

[174] ZHANG ZAI LIN. Theories of Family in Ancient Chinese Philosophy [J]. Frontiers of Philosophy in China, 2009, 4 (3): 343 -359.

[175] ZHENG X. On the Phenomenon of Female Retreat to the Home [J] // Social Transition and Women' s Development, 1997: 113 -120.

[176] ZHENG ZHEN ZHEN, ZHOU YUN, ZHENG LI XIN, et al. Sexual Behaviour and Contraceptive Use among Unmarried, Young Women Migrant Workers in Five Cities in China [J]. Reproductive Health Matters,

2001, 9 (17): 118 - 127.

[177] ZUO JI PING, BIAN YAN JIE. Gendered Resources, Division of Housework, Perceived Fairness - A Case in Urban China [J]. Journal of Marriage and Family, 2001, 63: 1122 - 1133.

译者后记

本书的作者丹·特罗特（Dan Trotter）博士，现为汕头大学商学院外国专家教授，他自1995年以来先后在中国工作和生活了16年。特罗特博士热爱中国，热爱中国人，热爱中国文化。他依据自己在中国的生活经历和感受，用英语写了一本自传性的旅游民族志 *Redneck in Red China：An American Southerner's Life in Modern China*，由美国的一家学术出版机构——北美商务出版社于2012年出版发行。在细读了其英语原著之后，我们深深感受到作者对中国的友好情怀和写作诚意。特罗特教授以其独特的视角、深刻的洞察力，窥见并试图多层次记录下其在中国所生存的时代，篇头段尾，足见特罗特教授的笃诚用心。内容虽多以小处着笔，却已取得管中窥豹的效果，记录了这个变化最快的国度与时代，也为其他国家的人们提供了认识中国的索引。当然，身处这个时代的我们，也生活在特罗特教授的字里行间，如此真实地存在。

鉴于此书在西方读者中的一致好评，田广教授与特罗特教授商议将其翻译为中文在中国发行，并邀请汕头大学研三学生胡明志同学作为主翻译，由田广教授对翻译过程进行全面指导并仔细校阅翻译文稿。校译者觉得，作者基于客观的所见所闻所感的描写成就的此书。作者从一个外来者的角度来阐述中国生活、文化中的各种现象，更为客观地反映一些与我们夙夜相伴却从未引起足够关注和重视的中国现实问题和文化特征；同时也可以让国人去了解老外眼中的中国世界，以人为镜。考虑至此，我便欣然应允。

此外，本书语言幽默诙谐。翻译中，亦是忍俊不禁。当然，作为译者我们需要提醒读者注意的一点是，由于中西文化之间的巨大差异，作者对中国某些现象的理解并非完全正确。所以，请读者不妨带着辩证的思维权衡并取舍书中的观点。此外，由于原著所描述记录的生活现象和事实时间跨度较大，书中描述的某些现象现在中国可能已经不常见，甚至绝迹。但这正是本书的一个价值所在，用当时的真实记录，为我们记录和描述了中国社会的巨大变化。

本书的原名直译的话应该是《红脖子在红色中国——一个美国南方人在当代中国的生活》，考虑到中国人的阅读习惯，也考虑到作者对中国的热爱和深厚的情感，同时也鉴于我们中国人通常以女性的“她”来指称国家，所以我们多次协商并征得原作者的同意，同时还在一定的范围做了个民意调查，最终决定将中译本的书名定为《中国，我的红颜知己》。

本书是作者在洞察中国这个世界，而翻译却是译者在模拟作者的内心与情感，在试图去准确呈现作者所理解的中国，实非易事。本书的译稿初步完成之后，田广教授对全部译稿进行了细心校订，使得译稿在信、达、雅各方面都大大地提高了一步。当然，由于原书作者的背景不同，加之校译者水平有限，译本难免存在某些偏颇之处，敬请广大读者谅解、批评与指正。

译　者
2013 年 12 月 25 日
汕头大学